経済学叢書 Introductory

入門
日本経済論

釣　雅雄

新世社

はじめに

　本書では，骨太の日本経済論を目指しました。インターネットの普及によって，知識のあり方，学び方が変わっています。手がかりが少しあれば，ネット検索により瞬時に知識を得ることができるようになりました。

　とはいえ，そもそも，コンピュータに深い思考ができないように，単なる知識の寄せ集めでは有益な結論は導き出せません。情報に容易にアクセスできるようになっても，あるいは，そうであるからこそ，適切な判断ができることが重要になっています。日本経済の理解も同じで，情報を入手してそれを分析するとともに，本質をつかむことができるかどうかが問われます。

　経済学は，直観的にはわからない経済の本質を，一歩踏み込んで分析できるツールになっています。本書で紹介している経済学は入門レベル（一部は高度な分析の単純化）ですが，それでも，経済統計とあわせて，ずいぶんといろいろなことが見えてくるはずです。本書では，経済分析，経済統計，経済制度・構造，事例を学びつつ，現代日本経済の真実の姿をつかめるようになることを目指します。

　書店ではいくつもの優れた日本経済の教科書を入手することができます。共編著の場合，それぞれの専門家の鋭い視点が簡潔に書かれています。一方，本書は単著のためそれらとは違い，総合的・横断的にダイナミックな日本経済の動きを観察しました。また，グラフや表により事実の確認を丹念に行うとともに，それらを視覚的に感じ取れるように配慮しました。

　本書では，日本経済の動きを主に時間軸に沿って学びますが，経済史を網羅的に取り上げるのではなく，現代日本経済を理解するための事例を多く取り上げています。そして，ところどころで現代日本経済の課題と比較しています。必ずしもテーマごとではないため，経済理論などの分析は，同じものが繰返し出てきます。この点は体系的な通常の教科書とは異なります（ただし，後半に行くにしたがって，徐々に分析が高度になるように配慮しました）。まだまだ

書き足りない日本経済の事例・課題がありますが，あえてしぼることでシンプルかつ一歩踏み込んだ内容にしました。

　また，本書は，大学生が日本経済（教養基礎科目・経済学応用科目どちらでも）をじっくり学ぶことを想定しています。読み終える頃には，経済時事問題にも対応できる力を身につけることができると思います。さらに，時間のあまりないビジネスパーソンや公務員の皆さんが，ある程度の短い期間で日本経済の本質をつかめるようになることも目指しました。図説によって，この2つのニーズをともに満たせるのではないかと考えています。

　さて，本書の最大のテーマは，日本がどのようにしてここまで豊かになったのか，そして，今後どうすれば繁栄を維持できるのかということです。

　本書を書き上げて思うのは，日本経済の発展は必然ではなかったということです。人々の努力の他に，政府の適切な判断，最適な政策もありました。そして，逆に，太平洋戦争やバブル経済など，判断ミスが日本経済を破壊的な状況に追いやったこともありました。

　これまで，日本経済の論点であり続けたのは，エネルギーと金融政策でした。現在も，原子力発電所の停止に伴いエネルギー・電力の安定供給の確保が論点となっており，金融政策も異次元緩和が採用されています。この2つに対する国民の理解と判断は，日本経済にとって非常に重要です（ただ，現在は，少子高齢化，経済のグローバル化，財政，デフレ等の問題が加わっており，より複雑化しています）。

　日本経済は鉱物資源に欠けています。一方で，その重要性には気がつきにくいようにも思います。産業革命時の英国では石炭が豊富でした。土地や天候に縛られていた経済活動は，鉱物資源の利用により劇的に生産コストが削減されて，工業化が進みました。一方，日本ではエネルギーを輸入に頼ってきました。円高対策，すなわち輸出振興が日本の（暗黙の）国是となったのは，資源輸入のために外貨獲得が必要だったからだと考えます。現在でも，日本人は輸出産業が日本経済の要であることを直観的に感じ取っているように思います。

　しかし，これには誤解もあります。重要なのはバランスであり，一方的な円安や円高，輸出量増加ではうまくいきません。たとえば，円安になるとエネルギーコストが上昇します。そのため，価格転嫁できなければ，企業にとって同

じくコストである賃金に低下圧力がおよぶ場合があります。「円安→輸出増→賃金上昇」という関係は，単純には実現しません。経済学でもっとも重要な概念は均衡で，アダム・スミスのいう市場の「見えざる手」を導く自由な経済取引が（すべてではないにしろ）欠かせません。

終戦直後，誰一人として現在の日本経済の姿を想像できた人はいないでしょう。資源制約にたびたび直面した日本経済が，大きな転機を迎えることになったのがエネルギー革命でした。その頃に朝鮮戦争が勃発したことで，偶然にも日本は資源の輸入に必要なドルを獲得することができました。そして，1950年代半ば頃から，エネルギーを安く海外から輸入できるようになったのです。石油危機後の原油価格上昇も石炭，天然ガス，原子力発電などの代替エネルギーの登場で乗り切ることができました。今後も，予想しないような技術革新があるかもしれませんので，私はそれほど悲観的ではありません。それでも，現在のところエネルギーは輸入に頼っており，新興国の経済発展に伴い，エネルギー価格が上昇傾向にあることは事実です。

本書は教科書のため，中立的な立場で書くよう心がけました。ただし，エネルギー問題と経済政策による景気循環は本書の執筆中，常に意識にありました。その点で，著者独自の日本経済論が見え隠れしているかもしれません（主張が強いと思われる箇所は，ぜひ，反論を考えてみてください）。

執筆中，日本経済の教科書という包括的に経済を学ぶための本を，1人で書くことの無謀さにたびたび気力を奪われました。経済統計の入手は容易になり，図表の作成も個人のパソコンで可能です。しかし，そのままでは意味のない大量のデータから，日本経済のエッセンスを見つけ出すのはそう簡単ではありません。

それでも，過去の経済学者，エコノミスト達の議論を現在の視点から振り返るのは，さまざまな発見があって楽しいことです。経済分析が今ほど高度化されていなかったばかりでなく，統計も整備されておらず，パソコンもネットも，より昔であれば，テレビさえない時代に，高度な議論を展開していたことは驚きです。また，経済学は机上の空論と批判されがちですが，私が大学・大学院で恩師から学んだのはそうではありませんでした。そのことを本書で少しでも伝えられるなら幸いです。

はじめに

　マクロ経済では実験ができません。そこで，少し先の経済を自身のブログで公表しつつ考えることにしました。（予期しない出来事がない限り）理論・統計，経済把握による予想が正しいかどうかの擬似的な確認です。たとえば，東日本大震災後，サプライチェーンの寸断や復興需要で需給両面からインフレになることを予想しました。加えて金融緩和があったにもかかわらず，そうはなりませんでした。円高もあると思いますが，それ以上に日本経済の強さを確認しました。（沿岸部ではそうではないものの）自動車など，産業によっては数カ月でサプライチェーンの寸断から生産が回復しました。私は，低インフレの要因には日本の高度な供給網・調整力もあると考えるようになりました。

　細々と書いていた個人のブログはBLOGOSへの転載のお誘いを受け，さらに，池田信夫氏が中心となり運営されている「アゴラ　言論プラットフォーム」に不定期で投稿させていただいています。ネット上の議論は想像以上に活発で，多くの方から学ぶことができました。

　本書は岡山大学経済学部での日本経済論の授業や，ゼミでの学生との議論をベースに執筆されました。まじめな岡山大学の学生は，大学で著しく成長します。真剣に聞いてくれるため，授業でのごまかしはききません。本書は，そんな厳しさの中での積み重ねでもあります。

　岡山大学の同僚で経済史が専門の尾関学氏には，とくに戦前日本経済資料の紹介やアドバイスをいただきました。新世社の御園生晴彦氏には，長い期間にわたり励ましの言葉とコメントをいただき，出井舞夢氏にはとても丹念に編集と校正をしていただきました。あれこれ考えていると，どうしても結論が出せなくなり，文章がはっきりしなくなります。そこで，妻の郁里に原稿を読んでもらい，読者の視点から文章を直してもらいました。心から感謝したいと思います。

2014年2月

釣　雅雄

目　次

第Ⅰ部　日本経済を理解するための基礎

第1章　日本経済の温故知新　2
1.1　世界でも豊かな国，日本 …………………………… 2
1.2　戦前の日本経済 ……………………………………… 6
■キーワード（29）　問題（29）
●コラム：なぜ金輸出解禁を行ったのか（21）　アベノミクスとリフレ政策（26）　補論：対数値（28）

第2章　日本経済の読み方　31
2.1　経済統計の読み方のコツ …………………………… 31
2.2　国民経済計算（GDP）の読み方 …………………… 47
■キーワード（58）　問題（58）
●コラム：消費者物価指数，その他の物価指数（42）　GDP成長率のゲタ？（55）　補論：実践・日本経済を読む（56）

第Ⅱ部　戦後復興，高度成長からバブル崩壊まで

第3章　戦後復興とハイパー・インフレーション　60
3.1　終戦後の民主化政策 ………………………………… 60
3.2　ハイパー・インフレーション ……………………… 65
3.3　復興の経済政策 ……………………………………… 78

■キーワード（84） 問題（84）

●コラム：マネーと貨幣数量説（76） 経済復興の経済政策（83）

第4章 景気循環と経済成長　85

4.1 高度成長期の景気循環 …………………………………… 85
4.2 景気循環の指標 …………………………………………… 92
4.3 高度成長の理論と実際 …………………………………… 98
■キーワード（112） 問題（113）
●コラム：景気基準日付（91） 最近のエネルギー情勢（109）

第5章 高度成長期の構造変化　114

5.1 高度成長期の総需要分析 ………………………………… 114
5.2 需要の拡大と産業構造，経済政策 ……………………… 124
5.3 石油危機と高度成長の終焉 ……………………………… 138
■キーワード（143） 問題（143）
●コラム：中国の経済成長（121） 専業主婦の増加（131）

第6章 石油危機から日米経常収支不均衡へ　144

6.1 石油危機後の低成長・安定成長 ………………………… 144
6.2 日本経済の構造 …………………………………………… 155
6.3 国際経済との関係とバブル経済への道 ………………… 161
■キーワード（173） 問題（173）
●コラム：フィリップス曲線と予想インフレ率（152） 労働コストか生産技術か（159） 国際収支表（164）

第7章 バブル経済の発生と崩壊，対応　175

7.1 円高対策としての低金利政策 …………………………… 175
7.2 バブル経済 ………………………………………………… 183
7.3 バブル崩壊と不良債権問題 ……………………………… 194

■キーワード（203）　問題（203）
●コラム：割引現在価値（186）　繰り返されるバブル（189）

第Ⅲ部　日本経済の現在

第8章　1990年代以降の日本経済　206

8.1　1990年代以降の経済成長 …………………………… 206
8.2　長期不況下における日本経済の構造変化 ……… 212

■キーワード（226）　問題（226）
●コラム：就業構造の変化（217）

第9章　構造改革への取り組み　227

9.1　行財政改革のはじまりとその意義 ……………… 227
9.2　1990年代以降の行財政改革・構造改革 ………… 236

■キーワード（244）　問題（245）

第10章　財政・財政政策　246

10.1　財政・財政政策の仕組み ……………………… 246
10.2　財政政策には効果があったのか ……………… 259
10.3　政　府　の　借　金 ……………………………… 263

■キーワード（268）　問題（268）
●コラム：社会保障と税の一体改革，公的年金制度（267）

第11章　企業活動と金融・金融政策　270

11.1　1990年代以降の企業と金融政策 ……………… 270
11.2　金融政策を考える ……………………………… 286

■キーワード（291）　問題（292）
●コラム：為替介入（284）

おわりに	293
人名索引	299
事項索引	303
著者略歴	314

第 I 部

日本経済を理解するための基礎

第1章　日本経済の温故知新
第2章　日本経済の読み方

第1章

日本経済の温故知新

　本章では戦前の日本経済を観察します。各概念の定義や経済理論の解説は後回しにして，まずは経済をとらえる経済分析とはどのようなものなのかを感じ取ります。

　戦前の日本経済は，私たちが想像している以上に発展していました。なぜ，それが崩壊してしまったのでしょうか。戦前にも日本経済は，現在の長期不況に似たデフレ傾向に直面しました。金本位制への復帰という金融引き締めにより不況にも陥りました。その対策としての金融緩和は，景気を回復させる一方で軍事費の調達手段となり，政府債務が膨らみました。戦前の日本経済がどのような状況だったのかを学び，現代への教訓を導き出します。

　ただし，過去の似たような出来事が，再び同じ状況をもたらすとは限りません。何かしらの異なる要素に対して，経済は複雑な反応をするからです。現在と過去とでどのような違いがあるかに注意しながら，分析することが必要です。

1.1　世界でも豊かな国，日本

　現在の日本は，世界の中でも豊かな国の一つです。特別に豊かな国といってもよいほどです。国の豊かさの指標の一つとして，一定期間の国の経済活動水準を計る **GDP**（国内総生産；Gross Domestic Product）統計があります[1]。図表1-1 の（1）は2010年における各国GDPの世界に占める構成比

■図表 1-1　世界の GDP と人口の構成

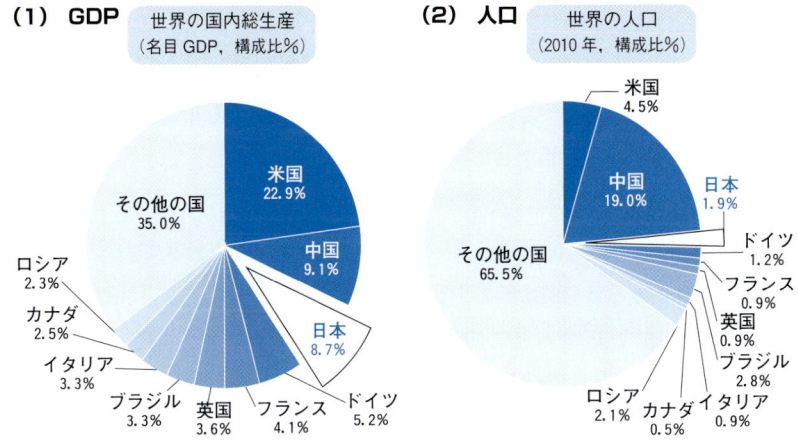

（出所）　総務省統計局（2012）『世界の統計 2012』より作成。
（注）　名目 GDP は米ドル値。人口は国連人口部による 2010 年 7 月 1 日現在の推計人口の中位推計値。中国は 2005 年値。

（%）を示し，(2) は各国の世界人口に占める構成比（%）を示しています。

世界の国々の経済水準には大きな偏りがあります。世界には約 195 カ国あります。しかしこの図で挙げた国のうち，中国を除いた上位 9 カ国のみで世界 GDP の 56% を占めています。一方，これら 9 カ国の人口は世界の 15.6% にすぎません。

日本の人口は世界の 1.9% にすぎませんが，GDP は世界の 8.7% を占めています。米国や日本は，1 人あたりの経済水準や経済規模などを総合的にみると，桁外れの豊かさを誇っているといえるでしょう。

では，どのように日本経済はここまで発展したのでしょうか。図表 1-2 では，日本の長期の実質 GDP（購買力平価[2]）の推移を英国と米国と比較しています。(1) が 1990 年基準の実質額（ドル）の推移で，(2) は縦軸に対数

1　GDP については次章で詳しく学びます。

目盛をとったものです。

経済統計分析では**対数**をみることがよくあります。対数を用いると水準の変化と成長率を直観的にグラフ上でも把握できて便利です（本章補論を参照）。GDPの長期グラフを描いて，その水準が膨れあがっているようにみえても成長率は一定の場合があります。対数値では異なる年の値の差が変化率になるので，直観的に成長率の変化がわかります。たとえば，成長率が一定の場合にはグラフが直線になります。

図表 1-2 (1) を眺めつつ，(2) の対数目盛のグラフをみてみましょう。まず，米国をみると 1920 年の大恐慌時に成長率が落ち込み，第 2 次世界大戦中は上昇しています。ところが，それ以外はほぼ直線で，長い目でみると安定的な成長です。計算すると，1820 年から 2008 年までの平均成長率は約 3.5% です。

一方で英国は，直線なのは米国と同じですが，傾きが緩やかで，平均成長率は 2% 程度です。1870 年頃までは英国は米国よりも高い経済水準でしたが，その後は逆転され，徐々に差が開きました。その背景には人口の変化があります。英国の人口は 1870 年頃に米国を下回り，現在では米国の 5 分の 1 程度です。最近の日本経済を考える上でも人口成長がカギになっています。

さて，次に日本をみてみましょう。実は 1870 年からの 138 年間という長期で比較すると，日本の平均成長率は約 3.4% で米国の約 3.3% とほぼ同じです。

けれども米国と英国が直線なのに対して，日本のグラフは揺れ動いています。20 世紀初頭までは米国と同じ動きですが，1945 年の敗戦時に大きく落ち込み，その後 1970 年代初めまでの高度成長期に線グラフの傾きが急になっています。逆に 1990 年代に入ると，他の 2 国と比べて成長率が低くなってしまっています。このように日本経済は波瀾万丈で，多くのドラマがそこにありました。

ここで注目したいのは，戦前にも日本経済は成長していたということです。

2　**図表 1-2** は 1990 年を基準とした実質値ですが，これは購買力平価によるものとなっています。各国の物価は為替レートによってドル表示されます。けれどもその為替レートでモノの値段が同じになるとは限りません。購買力平価とは，そのような各国の物価水準の違いを調整して自国通貨建て GDP をドル表示にしたものです。購買力平価は第 7 章で詳しく学びます。

■図表 1-2　実質 GDP の推移：英国，米国，日本

(1) 実質水準

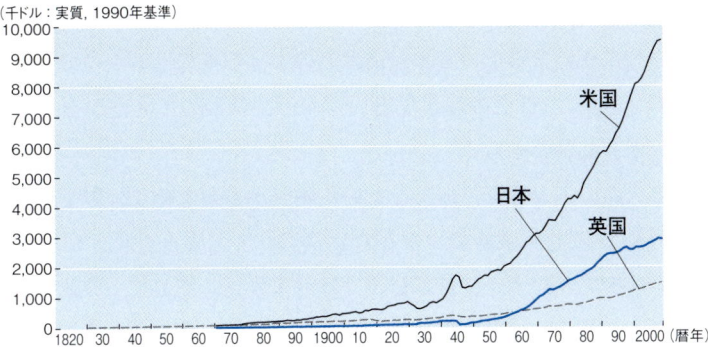

(2) 対数値

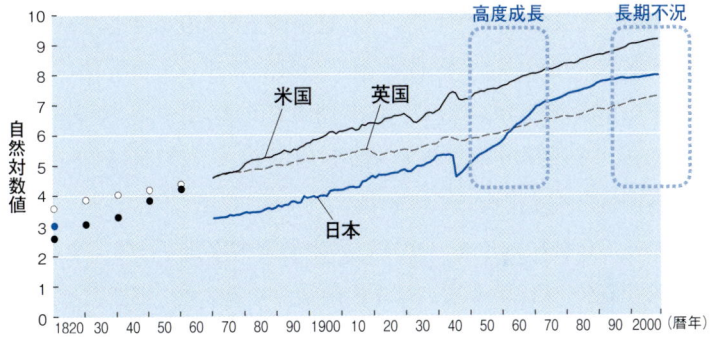

(出所)　マディソン（2000）[3] より作成。
(注)　ゲアリー＝ケイミス方式（GK）による実質ドル値（マディソン（2000）参照）。1820〜1870 年の間は推計データが一部のみなので，点で示す。

現在の水準にまで日本経済が至る過程では，戦後の高度成長だけではなく，戦前経済にも何らかの働きがあったと考えるのが自然です。

---

[3]　アンガス・マディソン（2000）『世界経済の成長史 1820-1992 年——199 カ国を対象とする分析と推計』（金森久雄監訳），東洋経済新報社。

1.2 戦前の日本経済

▶ 戦前日本の経済成長

太平洋戦争が始まる前の日本経済はどのようなものだったのでしょうか。「戦争」に向かった社会の動きを思い浮かべ，停滞のイメージを持っている人も多いかもしれません。

確かに人命のみならず，建物などの実物資本もおよそ４分の１が戦争によって失われ[4]，戦前と戦後のつながりは途切れてしまったように思えます。けれども前節でみたように日本経済は戦前も成長しており，終戦後，まったくのゼロから経済発展を実現したというわけではありません。

図表1-3 にあるように，経済全体の規模を示す実質 GNP[5] は，1915年から1935年までに２倍以上になっています。成長率は高度成長期にはおよばないものの，工業化という同じような経済構造の変化も生じていました。

中村・尾高（1989）は「戦間期全体（1915-37年）をならしてみれば実質工業生産の年成長率は6.8％で，同時期のドイツ（1.4％）や英国（1.5％）はもちろん，イタリア（2.0％），米国（2.9％），ソ連（4.5％）に比べてもずっと高かった」[6]と指摘しています。

図表1-4 では純国内生産（NDP）[7]の産業別構成比率（％）を示しています。1900年頃から1930年頃に第１次産業から第２次・第３次産業へと経済構造の比重が変化しています。増加の中心となったのは造船や鉄鋼などの重化学工業と軽工業では生糸の製糸業や綿紡績[8]などです。

このような経済構造の変化は，農村から都市部への人口移動を促しました。

---

[4] 経済安定本部（1949）『戦争被害調査資料集』による。

[5] 現在はマクロの経済指標をみるときにGDPが参照されますが，かつてはGNPと呼ばれるものでした。今は統計上，GNIと呼ばれるものにあたります。詳しくは第2章で学びます。

[6] 中村隆英・尾高煌之助(1989)『日本経済史6　二重構造』岩波書店，31-32ページ。

[7] 国内総生産GDPに対して，固定資本減耗を除いたものを国内純生産NDPといいます。これも第2章で学びます。なお，ここでは統計原典の表記に従って，純国内生産としています。

[8] 現在のトヨタ自動車は豊田自動織機，そして豊田紡織という紡績業をルーツに持っています。豊田紡織は1918年に創立されました。その他にも東洋紡（1882年創立），クラボウ（倉敷紡績，1888年），シキボウ（旧敷島紡績，1892年），富士紡（1896年），ユニチカ（旧大日本紡績，1899年），日清紡（1907年）など多くの紡績会社が戦前に創立されました。

■図表 1-3 実質 GNP とその構成

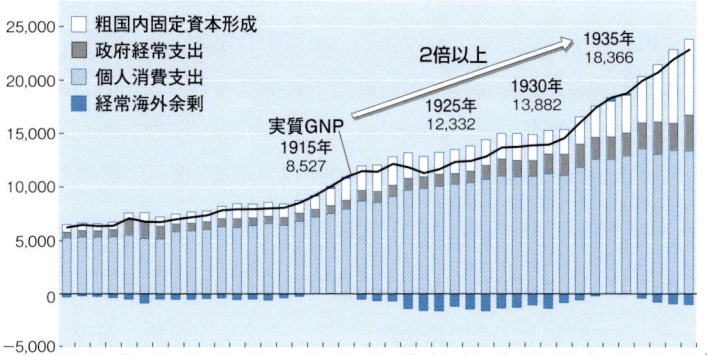

(出所) 大川一司・高松信清・山本有造（1974）『長期経済統計 1――推計と分析　国民所得』（東洋経済新報社）より作成。

■図表 1-4 産業別純国内生産構成比

(単位：%)

年	第1次産業	第2次産業	第3次産業
1900	39.4	21.3	39.3
1905	32.9	21.1	46.2
1910	32.5	26.1	41.4
1915	29.0	29.8	41.2
1920	30.2	29.1	40.7
1925	28.1	27.1	44.8
1930	17.6	31.6	50.8
1935	18.1	36.6	45.3
1940	18.8	47.4	33.8

(出所) 大川一司・高松信清・山本有造（1974）『長期経済統計 1――推計と分析　国民所得』（東洋経済新報社，240ページ表）より作成。
(注) この表では簡易的に「農林水産業」を第1次産業，「鉱工業」と「建設業」を第2次産業，「運輸・通信・公益事業」と「商業サービス業」を第3次産業としている。

さらに 1923 年に発生した関東大震災後の帝都復興事業により東京の社会資本整備が進みました。このようにして都市は，現在につながる情景へと変化していきました。

「1920年代には，東京・丸の内に代表される近代的なオフィス街が形成され，都市内部で人口が都心から郊外へと移動するドーナツ化現象もみられるようになった。都心と郊外を結ぶ鉄道が民間の手によって敷設され，現在の小田急電鉄，京王電鉄，東京急行電鉄，阪急電鉄，京阪電鉄などの主要な私鉄路線はこの時期までに開業した。これらの沿線では住宅開発や観光開発,商業施設の建設が進められた。」(岸田真（2009）『日本経済史1600-2000――歴史に読む現代』(浜野潔他，慶應義塾大学出版会），166ページ。）

都市化により，都市部にいわゆる**サラリーマン**が増えていきます。**ホワイトカラー**という呼称もこの頃に定着しました[9]。「全国規模の商業新聞や大衆雑誌，映画・ラジオの普及，衣食住の洋風化など，現在のわれわれの生活スタイルの原型はこの時代に姿を現した」(岸田（2009）同上，168ページ）のです。

とはいえ，第1次産業で働く人々の数が，まだ就業者全体の半数以上を占めていました。**図表1-4**にあるように第1次産業の経済規模は1920年で30％程度です。50％の人々が30％程度の生産額に止まっているということは，1人あたりの生産額でみて第2次・第3次産業従事者との間に所得格差が生じたことを意味します。

▶1920年代の慢性的不況

実は日本経済は戦前の1920年代に，最近と同じような「デフレ経済」を経験しました。**デフレ**（デフレーション）とはモノの値段が下がり続ける現象です。では，なぜデフレとなったのでしょうか。

その直前，1914年から1918年までの第1次世界大戦の期間中に，日本経済は**大戦景気**と呼ばれる好景気に沸きました。輸出と輸入が増加し，とくに軍需関連，造船など，重化学工業の生産が増大しました。

---

[9] 岩瀬彰（2006）『「月給百円」サラリーマン――戦前日本の「平和」な生活』(講談社現代新書，26ページ）によると，大正時代までホワイトカラーは「俸給生活者」や「月給取り」と呼ばれるのが標準だったそうです。「腰弁(こしべん)」という言い方もありましたが，蔑称だったようです。

しかし，海外需要の増加は国内での**超過需要**をもたらしました。需要が供給（生産量）を上回ったために，物価が上昇する**インフレ**（インフレーション）が生じました。

カギとなるのは輸出と輸入の差額である**貿易収支**です。「第1次大戦期の大幅な貿易収支黒字は，……輸出伸長と輸入不足を通じて国内における大きな超過需要を生み出し，インフレを激化させた。1914年から20年までの間に，物価は2倍以上上昇」（新保（1995）[10]，171ページ）となりました。

超過需要とは生産可能量を超えた需要が生じている状態です。超過需要によって生じるインフレを**ディマンド・プル・インフレ**[11]といいます。この点では現在の日本とはずいぶんと異なり，需要の増加に供給が追いつかなくなると容易に物価が上がりました。

図表1-5は消費者物価指数，生糸の原料となるまゆの物価指数，そして男性の実質賃金指数の推移を示しています。1914年から1919年にかけての5年で物価は約2.2倍になりました。図にはありませんが，米（コメ）の価格も5年で3.6倍になりました。このような米価格の高騰は民衆の反感を招き，1918年には**米騒動**が発生しています。

政策当局は物価上昇に対して，それを抑えるために引き締めの金融政策を行いました。金融引き締めはインフレを抑えるものの，市場の資金を減少させるので景気悪化要因となります。また，それまでのバブル的な株価上昇の反動もあって景気は急速に後退し始めました。そして，1920年に日本経済は**戦後恐慌**と呼ばれる状況に陥りました。

とくに，「米と繭の経済」というように，日本経済を代表する生産財であった生糸の価格は（年によって変動があるものの）その後下落傾向[12]が続きました。そうして，1920年代は不況が長く続く**慢性的不況**と呼ばれる状況になりました。

図表1-5を再びみると，1920年代に物価（消費者物価指数）は長い期間

---

10 新保博（1995）『近代日本経済史』創文社．
11 原油などの輸入品の価格が上昇したりなど，コスト上昇によるインフレを**コスト・プッシュ・インフレ**といいます．
12 生糸の1931年の価格は1924年の高値から4分の1下落しました（石井寛治・原朗・武田晴人編（2002）『日本経済史3 両大戦間期』（東京大学出版会，37ページ）の記述にもとづく）．

■図表1-5 消費者物価指数と実質賃金指数

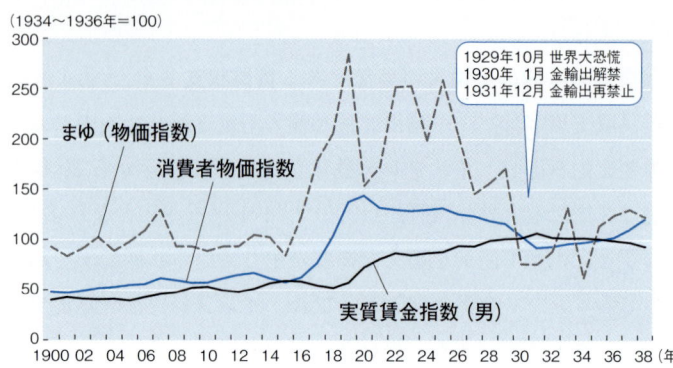

(出所) 大川一司他（1976）『長期経済統計8――推計と分析　物価』（東洋経済新報社）より作成。
(注) 1934～1936年の平均を100とする指数。消費者物価指数には家賃が含まれる。

に渡り緩やかに下落しました。70年後の1990年代以降の日本でも，インフレ率が低下するディスインフレとなり，2000年頃からはデフレとなりました。バブル経済から失われた15年（あるいは20年）とも呼ばれる長期不況になりましたが，1920年代も大戦景気から慢性不況へと転じたのです。

　ただし単純に不景気が長く続いたわけではありません。一方で，その間も実質賃金は上昇し続けました。物価下落により，同じ所得でもモノを購入できる量が増えた（購買力の上昇）ので，収入が確保されていた財閥や都市部のサラリーマンの経済状況は実質的に良くなりました。一方でモノを作る側，たとえば農村やブルーカラーの労働者の経済状況は悪化しました。そうして格差が生まれました。

▶小作農と農村の経済状況

　経済状況は単純には把握できない場合があります。現在の日本は世界でももっとも豊かな国の一つであることは間違いありませんが，一方で閉塞感もあります。戦前の日本経済について考えるときも，とても貧しくて経済格差が大きかったととらえてしまうのは正しいでしょうか。

たとえば、第1次世界大戦直前の東北の農村、とくに小作農の困窮を映し出したものとして、1983年からNHKで放送されたドラマ『おしん』があります。このドラマで表現されたような戦前日本の農村の貧困はどの程度真実だったのでしょうか。小作農は地主による搾取により貧しかったのでしょうか。それとも日本経済全体が貧困の中にあったのでしょうか。そこで、貧しかったと予想される小作農を中心に当時の状況をみてみます。

　明治維新後に行われた地租改正により、農業の納税は主に地主による金納地租となりました。地主は米などの生産物を販売することで租税を納めていました。農村で働く人々の多くは農地を借りて耕作を行う小作農でした。

　食に困るという状況が真実かどうかを統計で確認してみます。たとえば1920年の米（コメ）収穫量（水陸計）はおよそ948万トンでした。ところが、最近（2012年）の日本の米収穫量は852万トンです[13]。当時のほうが現在よりも多いというのには驚きです。

　もちろん、肉類・乳製品や小麦を多く食すようになった現代の日本人の状況と単純には比較できません。そこで時間をさかのぼって、1965年と比較してみましょう。

　1920年の1人あたりの米消費量は1965年の2倍程度で、人口は約半分です。そのため、1920年と1965年とで米収穫量が同じなら、ちょうど釣り合います[14]。けれども1965年の米収穫量は約1,241万トン（農林水産省『食糧需給表』による）なので、1920年の948万トンだと足りません。

　ただし、1920年当時は朝鮮や台湾からの輸入もありました。また、1965年のすぐ後に日本の米自給率は100%を超え、減反政策が採用されました。それらを合わせて考えると1920年当時に米の収穫量が少なすぎたとはいえなさそうです。

　次に小作料負担をみてみましょう。図表1-6は小作料負担の比率として、「小作料/収穫量」を示したものです。小作料は全国、東北、近畿の地域ごとの値ですが収穫量は全国の値です。

---

[13] 農林水産省（2012）『平成24年産水陸稲の収穫量』による。
[14] 1965年の人口は約9,900万人です。一方で1920年の人口は約5,600万人です。1人あたりの消費量は約200kgでした。ちなみに1920年は第1回国勢調査が行われた年です。

■ 図表1-6　小作料負担の比率（小作料/収穫量）

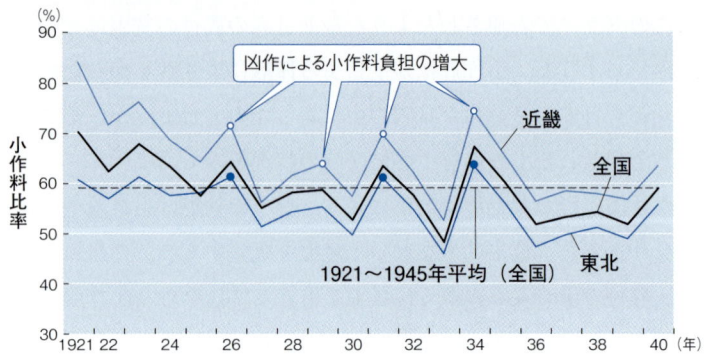

（出所）　小作料は長岡新吉編（1988）『近代日本の経済――統計と概説』（ミネルヴァ書房、247ページ）の田実収小作料、収穫量は日本長期統計総覧の米類収穫量（水陸稲計）より作成。
（注）　原データの収穫量単位はt（トン）、小作料は1反あたりの石、耕地面積はha（ヘクタール）。1石を160g、10反を1haとして計算。

　まず、平均的な小作料は収穫量のおよそ60％程度であったことがわかります。この小作料は税ではありませんが、地主がそこから税（地租）を収めていました。

　収穫の半分以上を納めなければいけないというのは、何とも理不尽です。ただ、現代にあてはめて考えてみると、たとえば国民負担率という税と社会保障負担の負担率は40％です[15]。60％に達しませんが、たとえば家賃や交通費などの一部を地代の代わりに加えて考えると近いものになります。それでも社会保障制度が不十分なことを考えると、やはり当時の小作農のほうが重い実質負担であったのには違いがありません。

　もう一つ注目したいのは小作料の硬直性です。収穫量に対する小作料の変化が十分に弾力的ではないため、凶作の年に小作料比率がとくに高くなっています。凶作という不景気要因に直面すると、小作農の人々の生活はさらに苦しい状況に陥ってしまいました。凶作の翌年以降に小作料率は低下するこ

---

[15] 国民負担率は、税と社会保障負担の合計額の対国民所得比です。財務省によると2013年度の国民負担率は40.0％、潜在的な国民負担率は53.2％です。潜在的な国民負担率とは財政赤字分を含めたもので、現在は負担していなくても、将来的には負担となると考えた値です。

とはみられたものの，短期的には天候不良に対する地主制の調整機能は十分ではなかったのです。

加えて問題だったのが人口増加でした。当時は現在とは逆に人口が増加していました。1920年の人口は約5,600万人でしたが，1940年には約7,300万人になっています。後に大蔵大臣として金輸出解禁を行うことになる井上準之助は1924年の講演で以下のように人口問題について述べています。

> 「……1年に60万乃至70万の人々が増加しつつあります。此狭い土地で現状に於てさえも多すぎる人口がさらに今後増加するとしたならば，之を一体如何に解決すべきか……是迄人口問題には，何時でも海外移民と伝ふ様な問題が伴つた……」（井上準之助（1924）『最近欧米に於ける財政経済事情』青空文庫より。送り仮名は原文のまま。……は中略。）

この頃，国内の米の生産量は伸びていないので，その差は輸入に頼っていました。北海道，そのほかブラジルなど海外への移民が増加し，さらには満蒙開拓移民の背景にこのような人口・経済問題がありました。

以上から考えると，確かに凶作の年には食糧不足とともに小作料負担の実質増加により農村の生活は困窮したことが想像されます。また，人口増加圧力もありました。ただし，戦前の期間を通じて農村の人々がほとんど米を食することができなかったのかというと，それは疑問です。生産量は現代的な感覚でもある程度確保されていました[16]。

ではなぜ，農村の貧困や経済格差により社会情勢が不安定化するに至ったのでしょうか。経済学で市場の動きを分析するとその理由が見えてきます。

第1次世界大戦後の戦後恐慌下で，米価は1920年から1922年まで下落し続けました。さらにデフレという経済状況の他に，1920年には豊作という要因が加わりました。

米などの食糧は価格の下落に対して，需要量がそれほど増加しません。安

---

[16] 1931年作の宮沢賢治「雨ニモマケズ」には「一日ニ玄米四合ト味噌ト少シノ野菜ヲタベ」とあります。現在，一人暮らし用の小型の炊飯器はたいてい3合炊きですし，米を1日に4合というのは多い気がします。そういう生活で「慾ハナク」ですから，当時の感覚では4合で質素だったのです。現代は米の消費が減り肉類が多くなりました。食料自給率や食料安全保障について考える際にも参考になります。

くなっても食べられる量には限度があります。そのため，豊作という供給要因での改善で農家は，収入は増えないばかりかむしろ低下してしまう**豊作貧乏**という状況に陥ります。このように農家の収入が不安定な中で，小作料の減免などを求めた**小作争議**が活発化しました。

図表1-6をみると，1920年代半ばからは小作料負担は低く推移しています。デフレにより農作物からの収入が名目では減少したとしても，実質的には生活水準は回復したと考えられます。

状況が劇的に変化したのが次項で学ぶ1930年の昭和恐慌以降です。1930年は豊作で，米の収穫量は1,000万トンを超えました。このとき，米価の変化率は−37.2％と大幅に下落してしまいました[17]。

逆に1931年と1934年は凶作となります。とくに1934年の米収穫量は前年の1,062万トンから778万トンへと落ち込みました。約3割の減少です。1934年の凶作は**昭和東北大飢饉**といわれるように，東北地方を中心としたものでした。米の物価指数は前年と比べて32.1％上昇しました。けれども収穫量があまりにも減少してしまうと，誰かは食糧難に陥ることになります。1930年に収入が減少した後に，今度は生産量が減少してしまったのです。

農家の生活をみてみましょう。**図表1-7**は1930年に雑誌「中央公論」(昭和5年10月号)に掲載された「農村生活者の手記　此の窒息から免れたい」という記事[18]の内容をグラフ化したもので，農家(4人家族)の支出内訳です。この農家の収入は主に養蚕と米からなりますが，米は自家消費が多いため，現金収入のほとんどは養蚕に頼っています。1930年にまゆの価格が半減したため生活が苦しくなったといいます。

この農家の現金収入は年額77円でした。それに米収穫量を円に換算した分を足すと348円になります。そのほとんどは地代相当(小作料)，税金，肥料代に消え，手元に残る現金は13.2円です。

一方で，当時の都市部の会社員の収入はというと，「月額」で80円程度で

17　大川一司他 (1976)『長期経済統計8──推計と分析　物価』(東洋経済新報社)による。
18　ここで参照した記事は復刻本からのものです。本記事が本当に農家の青年が書いたかどうかについて，その信憑性は確認できません。仮に記者が代筆したとしても，当時の様子がわかるためここで参考にしています。

■図表 1-7　農家の収入・支出状況

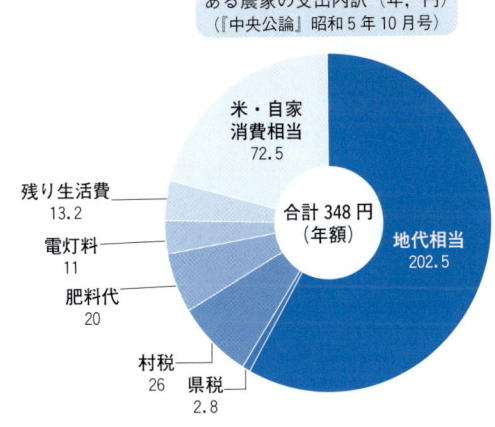

(出所)　『復録版昭和大雑誌戦前編』流動出版株式会社，1978年，372–374ページ。
(注)　地代および米の自家消費相当は米1石代25円として換算した額。

した。上の13.2円というのは1カ月分の食費や光熱費に相当するにすぎません。この農家のケースでは，都市部のサラリーマンと実質的には7倍程度の格差があったのです。現在の感覚で，年収100万円と700万円の差がある状況を考えると実感できるかもしれません。この格差が問題だったのです。さらに，翌年，凶作に直面することになりました。農家の生活はいったいどうなってしまったのでしょうか。

ドラマ『おしん』の主人公が子どもの頃に家を離れたのは丁稚奉公にみえるので，良い待遇ではなかったでしょう。けれども，その当時（1910年代頃）の一般的な状況としては，産業構造の変化の中での労働移動も多かったのです。多くの人（ただし男性が中心）が農村から都市に移動しましたが，それは平均的には生活を改善するものでした。

農村でのより過酷な貧困は，その約20年後の1930年代に生じました。しかし，日本経済全体でみると，1930年代半ばにむしろ好景気になりました。このことは農村と都市部の経済格差がさらに広がったことを意味しています。1932年には五・一五事件，1936年には二・二六事件が発生しました。これ

らの青年将校を中心とした事件は，東北農村の実情を憂慮しての行動だったといわれています。

また，このような状況で米価の安定が政策課題となり，1933年には**米穀統制法**が制定され，政府が農民から**公定米価**で米を買い上げる制度が作られました。これらの政策は一方で自由な経済活動を制約するものにもなりました。さらに，戦時中の1942年には食糧管理法にもとづく**食糧管理制度**が成立し，食糧管理法は1995年の廃止まで長く存続することになりました。このようにして，経済格差が自由な経済取引から**経済統制**への流れを生み出しました。経済統制は軍事目的だけではなかったのです。

■ 戦前日本経済の主な出来事

1904（明治37）年2月〜1905年9月	日露戦争
1914（大正3）年7月〜1918年11月	第1次世界大戦
1917年9月	金輸出禁止
1920年3月	株価暴落，戦後恐慌へ
1923年9月1日	関東大震災
1927（昭和2）年3月	昭和金融恐慌（東京渡辺銀行取り付け騒ぎ）
1928年6月	フランスが金本位制へ復帰
1928年8月	張作霖爆殺事件→翌年7月田中義一内閣総辞職
1929年7月	民政党・濱口雄幸内閣発足
1929年10月24日	ニューヨーク株式市場暴落，世界大恐慌へ
1930年1月	金輸出解禁，金本位制への復帰
1930年〜1931年	昭和恐慌
1931年9月18日	満州事変勃発
1931年9月21日	英国が金本位制から離脱
1931年12月	政友会・犬養毅内閣発足高橋是清大蔵大臣が金輸出再禁止
1932年5月	五・一五事件，犬養毅が殺害される
1932年11月	国債の日本銀行直接引き受け開始
1933年3月	国際連盟脱退
1934年	昭和東北大飢饉
1936年2月	二・二六事件
1937年〜1945年	日中戦争，太平洋戦争

▶ 金輸出解禁と昭和恐慌

経済学者のミルトン・フリードマン（Milton Friedman）は「インフレは常にどの場合でも貨幣的な現象である」と考えました[19]。1920 年代のデフレはインフレとは逆の方向ですが，まさに貨幣的現象でした。そしてそれには**金本位制**という，現在とは異なる仕組みがかかわっています。

1920 年代の重要な政策課題として**金輸出解禁**（**金解禁**）がありました。第 1 次世界大戦中に**国際金本位制**が崩れ，日本も 1917 年に金輸出を禁止し金本位制から離脱しました。けれども戦争が終わると 1920 年代に欧米先進諸国は金本位制に復帰し，日本でも金解禁が議論されました。

金本位制とは通貨と金の交換が保証されている制度です。金と交換できるため，中央銀行が発行する紙幣は**兌換紙幣**[20]と呼ばれます。金といっても金貨の他に金の地金などがありますので，それらを総称して**正貨**と呼びます。金本位制の特徴は通貨価値が金に裏付けられている[21]ため，通貨への信用が保てることです。

もう一つ重要な特徴は**為替**との関係です。金の価値は世界共通であるため，世界各国が金本位制により金と通貨の交換比率（**平価**）を定めると，各国の通貨価値の相対額，すなわち為替レートが定まります。金平価によって為替レートが固定されるため，**固定為替**となります。

金本位制のもとでは経常収支に調整力が働きます。その仕組みは 18 世紀の英国哲学者デイヴィッド・ヒューム（David Hume）による**物価・正貨流出入機構論**により説明されます。

ここで用いる理論は**貨幣数量説**です。貨幣数量説については第 3 章でより詳しく学びますが，まずは単純に通貨が増加すると物価が上昇し，逆に通貨が減少すると物価が下落すると考えてください。

---

[19] Milton Friedman（1968）*Dollars and Deficits : Living with America's Economic Problems*, Prentice Hall.

[20] 一方で，現代経済の紙幣は金との交換が保証されておらず，政府の信用の上に成立している**不換紙幣**です。

[21] ただし，通貨の発行残高と同額の正貨を政府日銀が保有しているとは限らず，信用保証による発行分もありました。1910 年の正貨準備発行高は全体のおよそ 55% でした（日本銀行（1966）『本邦主要経済統計』の統計による）。

■ 図表 1-8 物価・正貨流出入機構論

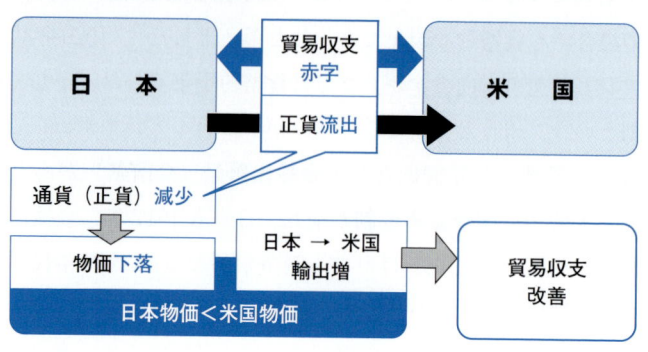

　物価・正貨流出入機構論の図表 1-8 をみます。たとえば日本の米国に対する貿易収支が赤字となった場合、正貨が米国へ流出します。日本はドルでの支払いが必要なためです。このとき金輸出を禁止するとこの仕組みが成立しなくなります。金本位制のもとでは、正貨の減少は通貨の減少となるので、物価が下落することになります。

　日本の物価が下落すると、米国に比べて日本の財が割安となるため、米国へ輸出されやすくなります。このようなプロセスにより貿易収支の赤字は改善されていきます。

　ただし、この図でわかるように、貿易収支の変化と金流出入に対して国内の物価の変化は放置しなければいけません。しかも相手国にもそれを期待しなければいけません。たとえば、図で黒字の米国では正貨の流入によりインフレが生じてしまいます。もし、米国の政府当局がインフレを避けるために、金融を引き締めれば物価差は生じず、貿易収支も改善しません。

　さて、1919 年に米国、1925 年に英国、そして 1928 年にフランスが金本位制に復帰し、日本も金解禁を行うことが国内外から求められるようになりました。けれども、第 1 次世界大戦中に高インフレが発生した国が旧来の金本位制度に戻れば、金表示での通貨価値は高くなってしまいます。つまり日本では円高です。金解禁により円高になってしまうと、輸出には不利になります。

　そのため金解禁の論点は、金と通貨の交換比率である平価を 1917 年以前

の旧平価に戻すのか，あるいは実勢の為替レートに合わせて新平価とするかでした。1917年に金輸出が禁止されたときの為替レートは100円が49.84ドル（したがって1ドルが約2円）でした。ところが，たとえば1924年から1925年頃には100円が38.5ドル（1ドル約2.6円）[22]と円安になっていました。旧平価での解禁では円高になり輸出減をもたらすと予想されるため，石橋湛山や高橋亀吉（第3章 p.83のコラム参照）などは新平価での解禁を主張したのです。

ただし，旧平価での解禁は政策当局には既定路線だったといえます。中村(1989)は「1920年代の経済政策の基調が全体としてみれば引き締め気味に終始したのは，金をいずれは旧平価で解禁しようと思っていたからであろう」[23]と指摘しています。

実際に1920年代の日本銀行券発行高はほぼ増加せず同じ水準で，その間，物価（東京小売物価指数）も1929年まで上昇していません。1920年代の慢性的不況というデフレ傾向に金解禁に向けた準備が影響していたのです。

さらに，1927年に東京渡辺銀行の取り付け騒ぎから生じた昭和金融恐慌[24]により財政赤字が拡大していました。当時は政府債務残高の4分の1程度が外貨債であったため，新平価により円安が進むと財政状況はなお悪化してしまいます[25]。外貨債務の償還と借換えも控えていました。

金解禁を政策の一つに掲げた濱口雄幸が1929年に首相になると，元日銀総裁だった井上準之助を大蔵大臣に起用して金解禁を進めます。そして，1930年1月に旧平価での金解禁が行われました。

金解禁直前には為替レートは旧平価に近づいていましたが，それは1928

22　為替レートは長岡新吉編（1988）『近代日本の経済——統計と概説』（ミネルヴァ書房，185ページ統計）による。原典は『帝国統計年報』。

23　中村隆英・尾高煌之助（1989）『日本経済史6　二重構造』岩波書店，29ページ。

24　昭和金融恐慌と昭和恐慌は同一ではないので注意してください。東京渡辺銀行の取り付け騒ぎは，当時大蔵大臣だった片岡直温が東京渡辺銀行破綻の発言をしてしまったのが原因でした（この発言は失言ではなく，実際に東京渡辺銀行専務が大蔵省を訪ね，資金繰りに行き詰まったことを報告しています（鈴木隆（2012）『高橋是清と井上準之助——インフレか，デフレか』文春新書，98ページ））。代わって大蔵大臣となった高橋是清と日銀総裁であった井上準之助が政府保証付きの日銀融資や通貨の供給増加などで対応し，事態を収拾しました。

25　たとえば，100ドルの支払いに対して1ドル＝2円の為替レートであれば200円が円での支払額です。これが1ドル＝2.5円の円安になると，250円の支払いが必要になります。

年のフランスの金解禁後に日本の解禁への思惑によるものでした。旧平価は自然に維持される水準ではなかったため，解禁後は正貨が海外へ大量に流出することになりました。正貨流出により国内通貨は減少し，日本経済は1920年代よりもさらに大幅なデフレに見舞われたのです。

金解禁が実施されたのは1929年に発生した**世界大恐慌**[26]直後でした。海外需要は減少しており，金解禁がなくても輸出は減少したはずです。旧平価による実質的な円高はそれをさらに悪化させました。**図表1-9**にあるように，対米国輸出は1929年の9.14億円から1931年の4.25億円へと半減以上の落ち込みとなりました。そうして，日本は**昭和恐慌**[27]と呼ばれる状態に陥ったのです。

輸出減少はとくに製糸業や綿紡績業での業績悪化をもたらし，また，まゆは国際価格下落とともに日本国内での価格も下落しました。加えて，1930年は豊作により米の供給は過剰となり，米価格が下落しました。こうして，とくに農家は生活が困窮し，借金のかたにした「娘の身売り」が多数行われることにもなりました。

1930年1月の金解禁による金本位制への復帰は，その前後のさまざまな出来事の時期が，ほんの少しずれただけで状況がずいぶんと異なっていたと思われます。1928年8月の張作霖爆殺事件に対し，当時の田中義一首相（政友会）は容疑者への厳罰ができず，天皇の不信を招き1929年7月に総辞職しました。この年，三土忠造大蔵大臣の命を受けた津島寿一大蔵省財務官は新平価での金解禁を準備していたところでした。

1929年7月に代わって首相になったのが民政党の濱口雄幸でした。民政党は衆議院で第2党であり，法律改正を伴う新平価での金解禁は難しいという事情を抱えていました。1930年2月に民政党は総選挙で圧勝しましたので，その後であれば新平価での金解禁が可能だったかもしれません。しかし，早期の実現ためにその前に旧平価での金解禁を行いました。

---

[26] 1929年10月24日（木曜日）にニューヨーク株式市場で株価が暴落し，世界大恐慌へとつながりました。

[27] 昭和恐慌は戦前日本経済の直面したもっとも深刻な不況でした。現代でも関心は高く，多数の分析がなされています。たとえば岩田規久男編（2004）『昭和恐慌の研究』（東洋経済新報社）があります。とりわけ政策の失敗が教訓としてとらえられています。

■図表 1-9　物価とマネー（日本銀行発行高）

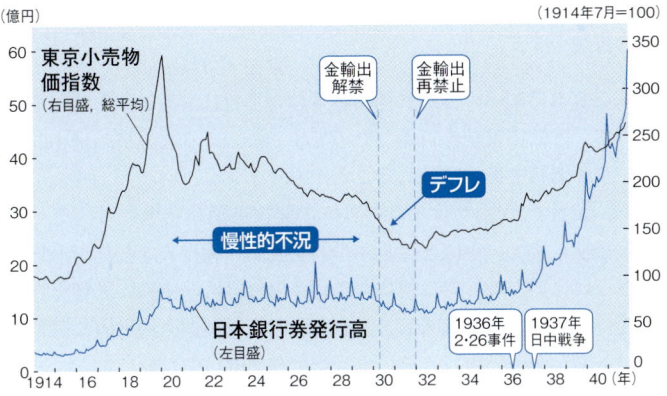

（出所）　日本銀行金融研究所「歴史統計」（日本銀行ウェブページ
　　　　　http://www.imes.boj.or.jp/hstat/index.html）より作成。

　また，濱口内閣成立から金解禁までの約半年の間にニューヨークの株式市場が暴落し，世界大恐慌が生じました。もし，あと数カ月この暴落が早ければ，金解禁は難しくなったかもしれません。実際，日本が金解禁を行った約8カ月後の1931年9月には英国は逆に金本位制を離脱しました。

　あるいはさかのぼって1923年に関東大震災が生じなければ，金解禁は早期に実現し，大きな混乱はもたらさなかったかもしれません。このような微妙なタイミングのいたずらによって，日本の経済と歴史が決定づけられてしまったのです。

❖コラム　なぜ金輸出解禁を行ったのか

　現代の感覚で考えると，なぜ金輸出解禁（金解禁）を行ったのかはなかなか理解できません。実は，濱口首相も旧平価による金解禁が国内のデフレと景気後退をもたらすことを認識しており，それにもかかわらず実行しました。1929年7月に濱口首相は金解禁について以下のように演説しています。

「……整理緊縮の前途には確かに光明が輝いてをります，現下的苦痛はいはゆる生みの悩みに過ぎないのであります……将来において伸びんがため現在

において縮むのであります……かくて60億といふぼう大の数字を示す我が国債を整理することも又金輸出の解禁をなすこともこれを断行する階程に一歩を踏み入れることができる……」(1929年7月17日，朝日新聞より。当時の表現のまま。)

国際的な金本位制への復帰や国内産業の合理化による競争力強化や財界の整理，金融の再建，財政の緊縮を目指したのです。このような経済の縮小的整理による立て直し策は**清算主義**と呼ばれることがあります。

ただし，鎮目（2009）[28]は当時の日本は**開放小国**の立場にあったということが重要だと指摘します。小国とは日本の経済変動（輸出入など）が海外経済に影響を及ぼさないということで，逆に言えば，海外の経済変動の影響を為替の変動を通じて受けやすいことを意味します。現代でも新興国や途上国で固定為替制を採用している場合が多いのは，そのような変動を避けるためです。

当時大蔵大臣で，金解禁を主導的に進めた井上準之助は，金解禁を行うべき理由を以下のように述べています。

「即ち為替が下がれば綿花は上がり。綿花のみならず総ての輸入品の値段が上がります。反対に為替が上がれば綿類はさがります。こんな風に為替相場の変動は直接我が国の物価に影響し延〔ひい〕て経済界全般に大なる悪影響を及ぼして居ります。斯〔こ〕んなことでは日本の国の安定ができる気遣いはないのでありまして，一日も早く金の解禁をしなくてはならぬのであります。」(井上準之助（1929）『国民経済の立直しと金解禁』千倉書房版，22ページ。)

金本位制による為替の安定と輸入超過の解消が金解禁の主たる理由でした。

なお，旧平価による円高水準での解禁を行った理由については，旧平価であれば議会で貨幣法の改正の議論が必要なく，スムーズに金解禁を行えたからだったと考えられます。当時の議会の状況は，**統帥権干犯**が1930年4月からの帝国議会において糾弾されたことからわかるように不安定なものでした。

▶ 金輸出再禁止とリフレーション政策

1931年9月に英国が金本位制を停止すると，日本の金輸出再禁止も予想されてドル買いが進み，正貨がさらに流出することになりました。財閥系の

---

[28] 鎮目雅人（2009）『世界恐慌と経済政策――「開国小国」日本の経験と現代』日本経済新聞出版社，11ページ。

金融機関によるこのようなドル買いは**ドル買い事件**と呼ばれ，国民の反感を招きました。1931年12月に犬養毅内閣が成立すると，大蔵大臣の高橋是清は就任当日に**金輸出再禁止**を行いました。

金兌換の停止により，以後日本は金貨を裏付けとせず政府信用のもとで通貨が発行される**管理通貨体制**となりました。1932年には100円が19.8ドル（1ドル約5円）と大幅な円安になりました。

また，日本銀行が国債を政府から直接購入してマネーを供給する**日銀の国債引き受け**による金融緩和を行い，デフレがとまりました。緩やかなインフレによる景気回復策は**リフレーション**（通貨再膨張）**政策**と呼ばれます。現代的視点での意義はインフレによる実質金利低下により民間投資が刺激されたことです[29]。そうして，日本は国際的にはいち早く世界大恐慌から脱します。

ただし，日銀の国債引き受けは1937年以前では引き受ける一方で，そのほとんどを銀行等に売っていました[30]。これを**売りオペレーション**（売りオペ）[31]といいます。不況下で民間金融が国債を引き受けるのが困難だったため，日銀が一度引き受け，国債需要に合わせて売ることで国債が円滑に市中で消化されたのです。そのため，当初は政府の借金を日銀が肩代わりする**財政ファイナンス**，あるいは**国債の貨幣化**（マネタイゼーション）と呼ばれる状態にはなりませんでした。**図表1-9**により統計で確認しても，日本銀行券の発行高は昭和恐慌以前の水準程度にまでしか増加していません。

また，円安で輸出が回復したかというと，**図表1-10**にあるように対米国輸出については若干の回復に止まっています。このとき日本経済は，円安と欧米への輸出増ではなく，軍需産業における国内投資や中国など対新興国への輸出増加で持ち直していきました。

ここでの中国とは主に，1932年3月に建国された満州国や北京や天津付近の華北です。これらの地域は**日本円通貨圏**に属していたため輸出で外貨を稼ぐことはできず，生産に必要な資源や原料の海外からの入手は困難なまま

---

[29] 金輸出再禁止前に昭和金融恐慌時の不良債権の整理が行われたことによる効果が大きいという議論もあります。

[30] 日本銀行ウェブページ『日本銀行百年史（第4巻）』第1章「管理通貨制度への移行（昭和7年～11年）」42-48ページ参照。

[31] 当時は現在のような市場を通じたオペではなく相対取引でした。

■図表1-10 対米国輸出入，対中国輸出入，および正貨準備（日本銀行券）発行高の推移

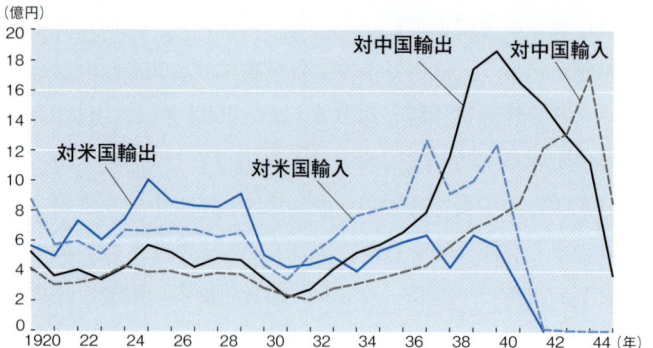

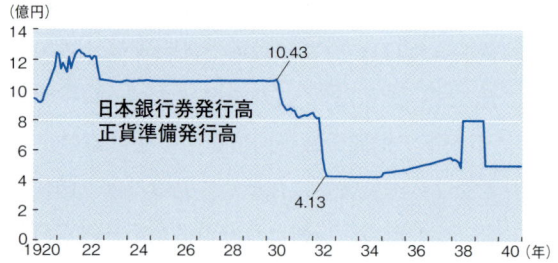

（出所） 輸出入は長岡新吉編（1988）『近代日本の経済——統計と概説』（ミネルヴァ書房，155ページ統計）より作成。正貨準備発行高は日本銀行金融研究所「歴史統計」（日本銀行ウェブページ）より作成。

（注） 正貨準備発行高は日本銀行券発行高のうち正貨準備があるもの。1938年に一時的に正貨準備が増大しているが，これは1937年に産金法が制定され，金の生産と保有が政府の統制下となったことに関連している。1938年に日本銀行は金製品を原型のまま民間から買い入れたり，市中銀行が受け入れた金を仲介して政府に売却するなどした。なお，1940年には政府による金の強制買い上げが実施された（日本銀行ウェブページ『日本銀行百年史（第4巻）』第2章「戦時統制下の日本銀行」の記述にもとづく）。

でした[32]。

---

[32] 華北では円ブロック化政策の中で「円元パー政策」という固定為替が採用されていました。実勢からかけ離れた円高であり，為替投機を生じさせ通貨発行量が増加しました。松元（2013）は「インフレーションを招かないように貨幣発行量に見合った物資を日本から輸出していた……貿易収支は計算上，大幅な黒字を計上していたが，いくら黒字になってもそれによって貫流してくるのは増発された日本円や聯合銀行券ばかりで『正貨』ではなかった」と指摘しています（松元崇（2013）『持たざる国への道』中央公論新社，100ページ）。

他方で円安は，たとえばインドへの綿製品の輸出増加がダンピングだとして英国の反発を招きました。1932年7月からの**オタワ会議**において，カナダやインドを含む当時の大英帝国は，帝国内の関税をゼロまたは低くする特恵関税同盟による**保護貿易**を採用しました。世界では主要な通貨圏ごとに**ブロック経済化**して，自由貿易が縮小していました。

　財政政策では土木事業を中心とした**時局匡救事業**が行われました。また，1931年9月に満州事変に対処するための軍事費は時局匡救事業の2倍程度となり，この財源も国債発行によりました。軍事支出は，たとえば兵器製造に必要な鉄鋼などへの需要を生み，生産のための民間投資増大を促しました。

　ただし，高橋是清は中期的には**均衡財政**を考えていました。実際に時局匡救事業は3年で終了し，また歳出抑制により政府の借り入れを徐々に減少させる**公債漸減方針**を採用しました。しかし，そのことは軍事費の縮小を意味していました。そのため，二・二六事件で高橋は暗殺され，その後は軍事費の増大に歯止めがかからなくなりました。

　社会情勢では，ここで経済政策の主役となった人物が次々と暗殺されていきました。1930年11月に濱口雄幸首相が銃撃され，一命を取り留めるものの翌年8月に死去しました。1932年2月には井上準之助が殺害されました。さらに同年3月にはドル買い事件で反感をかった三井財閥の團琢磨が暗殺されました。1932年の五・一五事件では犬養毅首相が暗殺され，1936年の二・二六事件では高橋是清大蔵大臣が殺害されました。

　臨時軍事費特別会計という一般会計とは別枠の日中戦争，後に太平洋戦争遂行のための会計をみてみます。その決算額は日中戦争が始まると急増しました（1936年に約1.56億円→1937年には3.5億円）。さらに，太平洋戦争前年の1940年には約18.6億円と，1936年の10倍以上の額（名目）となりました。

　財源となったのはリフレ政策時に導入された日銀の国債引き受けです。現在は財政資金の調達方法としての日銀の国債引き受けは，財政法第5条により原則として禁止されています[33]。

　昭和恐慌から日本経済が回復したかのように見えてからわずか数年で，経

済活動が急速に日本社会の表舞台から退いていきました。自由な経済活動は縮小し，国家が経済をコントロールする統制経済になりました。とくに国家総動員法とともに 1938 年 4 月 1 日施行された**電力国家統制法**による電力の国家一元管理が象徴的です。

1941 年には米国が**全面的対日輸出禁止**を行います。1941 年 12 月 7 日（日本時間 8 日）に日本がハワイ・真珠湾を攻撃し，米国など連合国との太平洋戦争が始まりました。

❖コラム　アベノミクスとリフレ政策

2012 年 12 月に自民党による安倍晋三内閣が発足すると，政府は「三本の矢」と呼ばれる 3 つの経済政策の柱を発表しました。第一の矢が大胆な金融政策，第二の矢が機動的な財政政策，第三の矢が民間投資を喚起する成長戦略です。首相の名前から**アベノミクス**と呼ばれ，世界的にも注目されることになりました。

とくに注目されたのが大胆な金融政策です。具体的には 2013 年 4 月に日本銀行が「量的・質的金融政策」として発表した長期国債の買い入れを中心とした金融緩和です。異次元金融緩和とも呼ばれます（ただし，**インフレ目標**の導入（2013 年 1 月）などあり，単なる緩和ではありません。この点については本書を通して徐々に学習していきます）。

このときの議論では，昭和恐慌期とその後の高橋是清によるリフレーション政策（**リフレ政策**）が，デフレからの脱却の成功例としてしばしば引き合いに出されました。1920 年代と昭和金融危機時のデフレは，確かに主に金融の引き締めから生じました。それを解消したことによって，その後に景気が回復しました。

その効果を考えます。図表 1-11 は実質 GNP の成長率とその構成要素の一つである個人消費支出の成長率の推移を描いています（統計については図の出所を参照）。1932 年に高橋是清が金輸出再禁止を行った翌 1933 年には，日本経済は実質 GNP 成長率が 10％ を超える高い伸びとなりました。

ここで注目したいのは，実質 GNP の成長率と実質個人消費支出成長率の違いです。1933，1934 年および 1937 年は両者とも高い伸びを示していますが，1938 年から後は消費の伸びは抑えられています。全体としては本文で学んだように，

---

[33] 借換債については現在も日銀引き受けが行われています。国債は 60 年ルールにより，60 年かけて償還する仕組みになっています。その途中は残高の一部を借り換えることで，償還時期を先延ばしします。日銀が借換債を購入しても，新規の財源とはならないため直接引き受けが許容されています。

■図表 1-11　実質 GNP 成長率と個人消費支出

(出所)　大川一司・高松信清・山本有造（1974）『長期経済統計 1——推計と分析　国民所得』（東洋経済新報社）より作成。
(注)　実質値は 1934〜1936 年価格基準によるもの。

軍事費を中心とした政府支出の増大や軍需関連の民間投資増大を主とした成長でした。

著者は旧平価による金解禁は強烈なデフレをもたらし，景気を悪化させたと考えます。当時の制度では，金流出により流通通貨そのものが減少せざるを得ません。さらに金流出を抑えるために金利が高く維持されていました。不況下で金利が高ければ，投資はいっそう抑制されてしまいます。したがって，その制約を解消したリフレ政策は十分に効果があったと考えます。

けれども，経済はその基本的な潜在力を超えて，金融のみで成長を維持できるものではありません。また，民間経済を活性化させるものに止まればよかったのですが，軍事に向いてしまいました。その財源となったのは日銀や大蔵省貯金部による国債引き受けでした。このような仕組みで戦費が調達されたのです。そして累積した政府債務は，戦後のハイパーインフレーションをもたらしました。

現代のアベノミクスはどうでしょうか。金利が低下してマネーの制約を解消するものなのか，あるいは潜在水準を超えた高望みのものなのか。財政支出を膨らましてしまうものなのか，そうはならないのか。

もっとも気をつけなければいけないのが財政の膨張とその後の破綻の可能性です。高橋是清は一時的な財政出動を予定していましたが，結局その抑制はできませんでした。景気が低迷していると人々の財政歳出増加への要求が高まりがちです。一方でブキャナン＝ワグナー（1977）[34]が指摘するように，議会制民主主義の

もとでは選挙民が緊縮財政を忌避しがちであるため，財政赤字が恒常化します。現代の日本財政はまさにその構造を抱えています。

補論　対数値

　GDPが一定率で成長している場合，水準のグラフはどんどん膨れあがるように描かれます。実質水準をみた**図表 1-2**（1）ではとくに米国のGDPがそうなっています。そのため，成長率は一定にもかかわらず，グラフをみると感覚的に大きく成長していると誤解しがちです。

　そこで対数目盛の図を作成することがよくあります。対数値の差が変化率になるので，成長率が一定の場合にグラフが直線になります。この性質により，成長率を対数のグラフから感覚的に読み取ることができます。

　参考に，対数と成長率の関係を確認してみます。初期（0時点）のGDPを y_0 とし，平均成長率は g であるとします。t 年後のGDPを y_t としたとき，それは以下の式で求められます。

$$y_t = y_0(1+g)^t$$

この式の両辺について自然対数をとると，以下のようになります。

$$\ln y_t = \ln y_0 + t \times \ln(1+g)$$

　なお，$\ln A^n = n \ln A$ という公式を用いています。ここで g が小さな数のときには $\ln(1+g) \approx g$ という関係が成り立つので，平均成長率は以下のように計算できます。

$$g \approx \frac{\ln y_t - \ln y_0}{t}$$

　対数のこのような性質は成長率のみならず，ほかの場合でも使用されます。**図表 1-12** は内閣府『平成19年版経済財政白書』から抜粋したもので，各国1人あたりGNP（国民総生産）水準と所得格差（上位20%所得の人のシェア）との関係を示したものです。

　これは**クズネッツの逆U字仮説**と呼ばれるもので，経済成長に伴いはじめは所

---

[34] James M. Buchanan & Richard E. Wagner (1977) *Democracy in Deficit : the Political Legacy of Lord Keynes*, Academic Press.（ジェームズ・M. ブキャナン=リチャード・E. ワグナー（1979）『赤字財政の政治経済学——ケインズの政治的遺産』（深沢実・菊池威訳），文真堂）

■ 図表 1-12　1人あたり GNP の水準と格差の指標

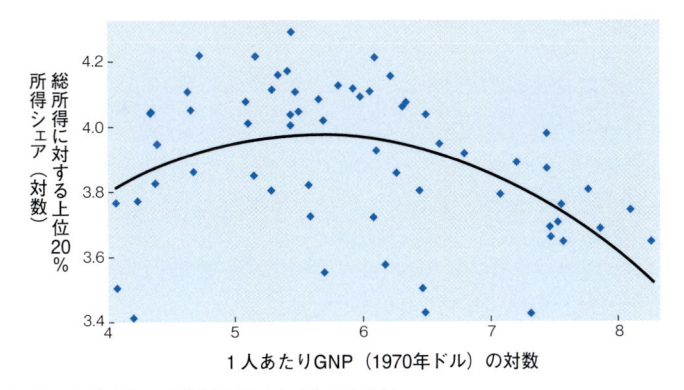

(出所)　内閣府『平成19年版経済財政白書』より抜粋。
(原典)　Montek S. Ahluwalia（1976）"Inequality, Poverty and Development," *Journal of Development Economics*, 3(4), 307-342.

得格差が拡大するけれども，ある時点から縮小することを示すものです。

さて，図の横軸で考えると，対数の差が率になりますので1目盛異なると100％，すなわち2倍も水準が異なります。本章でみたように，世界の多くの国がまだ貧しさの中にあり，単純に先進国と比較してもわかりにくいのです。対数をとらないで図が横に広がっているのをイメージしてみてください。一方で，対数をとることで大きな数字の間の関係を知ることが容易になります。

キーワード

大戦景気，インフレ（インフレーション），戦後恐慌，デフレ（デフレーション），慢性的不況，小作農，小作争議，昭和東北大飢饉，昭和金融恐慌，金本位制，兌換紙幣，平価，物価・正貨流出入機構論，金輸出解禁，世界大恐慌，昭和恐慌，金輸出再禁止，清算主義，日銀の国債引き受け，リフレーション（通貨再膨張）政策，財政ファイナンス（国債の貨幣化），保護貿易，ブロック経済化

問　題

(1)　1910年代から1920年代の日本経済を産業構造の変化から考察しなさい。
(2)　1920年代の慢性的不況の原因を説明しなさい。
(3)　昭和恐慌がなぜ生じたのかを説明しなさい。

(4) 日本経済はなぜ世界大恐慌からいち早く回復できたのかを考察しなさい。
(5) 高橋財政期のリフレ政策と現代のそれとを比較してみなさい。

第2章

日本経済の読み方

　本章では現在の日本経済を例にみながら，経済状況を把握するのに必要な経済統計について，読み方のポイントを学んでいきます。日本経済の情報は，最初の段階では経済統計という数字で発表される場合がほとんどです。新聞のニュースや経済雑誌等の記事では数字の解釈をしてくれていますが，その解釈が正しいかどうかは自分で判断するしかありません。経済統計と日本経済を読む場合にはコツを知っておくことも必要です。

　状況を判断するためには，経済理論などの思考の枠組みが役に立ちます。ただし，経済の動きを知らなければそもそも解釈できません。経済統計をみるときには，定義や調査方法などの確認が欠かせません。

　また，経済統計にはさまざまなものがあり，表示方法が異なっています。たとえばGDPは国全体ですが，労働所得は個々人の額です。人口が減少しているときには，GDPが減っても一人ひとりの所得は増加していることも考えられます。あるいは，パーセント（％），円，ドル，指数など単位が異なる場合もあります。これらの経済統計をみたり比較したりするときには，少し注意して解釈する必要があります。

2.1　経済統計の読み方のコツ

▶ ばらつき：平均と分布

　統計データのばらつき・分布をみると，経済状況がよくわかります。よく

私たちは**算術平均**と呼ばれる**平均値**をみます。ある試験の平均点というときは，受験者全員の点数を合計して人数で割った値です。平均値は情報としては不十分な場合がほとんどです。

平均というとちょうど真ん中くらいというイメージを持ちやすいのですが，必ずしもそうではありません。たとえば，ある試験であなたが70点だったときに，平均点が70点だったとします。10人が試験を受け，1人が94点，あなた以外のその他8人が67点でも，平均点は70点になります。このとき，あなたの成績は10人中2番目です。

そこで重要なのが**ばらつき**を知ることです。例として，日本の賃金構造をみていきましょう。賃金は年齢，企業の規模や性別，地域などによりばらつきが異なります。

図表2-1は年齢と企業規模について，給与がどうなっているのかをみてみました。これは，厚生労働省「平成23年賃金構造基本統計調査」から作成した（1）25〜29歳および（2）50〜54歳の一般労働者の所定内給与（月額，ボーナスや残業手当を含まない）[1]の分布を表したものです。それぞれ2つの企業規模（1,000人以上と100〜900人）についてみています。

図の横軸は所定内給与額（千円）です[2]。ただし給与額は幅をとって13に分けた**階級**からなっています。この幅のことを**階級の幅**といいます。縦軸はそれぞれの階級の**度数**を示しており，ここでは人数（千人）となっています。このような図を**ヒストグラム**といいます。

25〜29歳については，企業の規模で給与を比較してもそれほど違いがありません（平均給与額は1,000人以上企業で約25.7万円，100〜999人の企業では約23.4万円で2万円程度の差）。また，平均額に近い額をもらっている人が多く，同じ企業規模内でも差が大きくありません。

もっとも大きい度数を持つ値を**最頻値**（モード）といいます。図の(1)で25〜29歳給与額の最頻値は，企業別でそれぞれ「23万円以上24万円未満」と「20万円以上22万円未満」の階級となります。階級の幅でみたときの，

---

[1] 一般労働者は労働時間の短い短時間労働者以外の労働者をいいます。
[2] 所定内給与はボーナスや残業手当などを除いた所得税等を控除する前の月額です。単位が千円であることに注意してください。

■図表 2-1　賃金の年齢別・企業規模別のばらつき

(1)　25〜29歳（産業計，一般労働者）

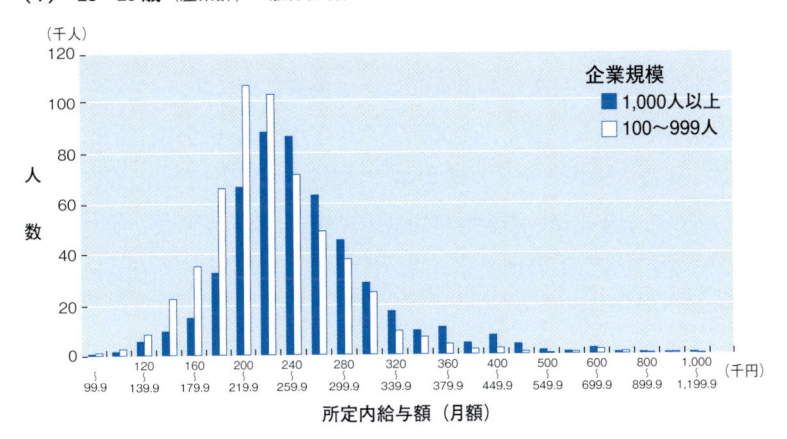

(2)　50〜54歳（産業計，一般労働者）

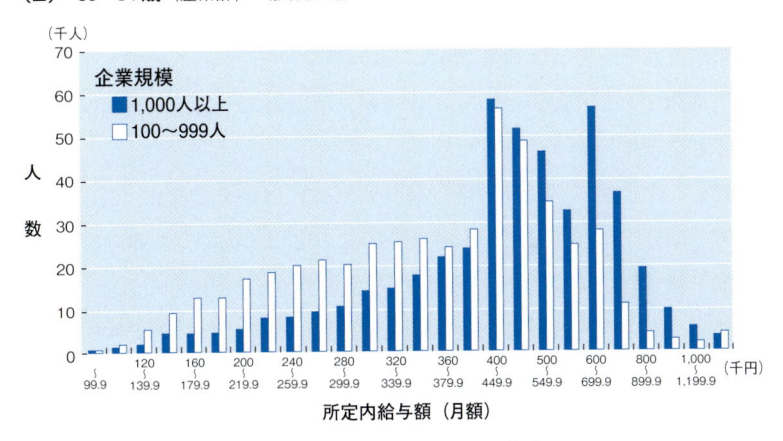

(出所)　厚生労働省「平成23年賃金構造基本統計調査」より作成。

企業規模による差は2万円で，上でみた平均額の差とほぼ同じです。

　全人数に占めるそれぞれの階級の人数の割合（％）を**相対度数**と呼び，それを第1階級から順に加えていったものを**累積相対度数**といいます。

　累積相対度数を計算してみると，1,000人以上企業では平均値が含まれる26万円未満までに約61％の人が含まれます。100〜999人企業では24万円

33

未満に約 62% の人が含まれます。若年層（25〜29歳）については給与の平均額はおおむね真ん中くらいの給与水準といえます。

　壮年層（50〜54歳）については若年層とばらつきが異なります。一目でばらつきが大きくなっていることがわかります。

　ちょうど真ん中の位置にいる人の値を**中央値**（**メジアン**）といいますが，その額は平均よりも少なく，企業別でそれぞれ約 47.6 万円，約 38.2 万円です。50〜54 歳の平均賃金は企業規模でそれぞれ 51 万円と 40.6 万円ですので，どちらの企業規模の場合も平均は中央値からずれていて，平均のほうが高くなっています。これは給与の高い人の額に平均値が引っ張られているためです。

　ばらつきを確認すると平均値ではわからなかったことがみえてきます。

　日本では，年齢とともに賃金が上昇する**年功賃金**ですが，それは一面にすぎません。若年層に比べて壮年層での給与差が大きく，さらに，企業規模の違いもあります。大学を卒業した後，大企業に就職を希望する人が多いと思いますが，おそらく人々は直観的にこの事実を感じているのでしょう。初任給は企業間であまり違いがありませんが，将来の給与額は企業規模などで異なることを学生は知っています。

　ただし，大企業であれば給与が高いと単純にはいえません。1,000 人以上の企業では分布に 2 つの山があります。この 2 つの山のうち給与額が多いほうを取り除くと，企業規模にかかわらず最頻値は「40 万円以上 45 万円未満」です。大企業では同じ企業規模内で格差が生じているのです。

　さらに統計を確認すると，このばらつきには学歴も影響しています。このように統計のばらつきを性質別にみていくと，日本の労働市場の実態が少しずつ明らかになります。たとえば，**図表 2-2** は厚生労働省「平成 24 年賃金構造基本統計調査（全国）」掲載の産業，性，年齢階級別賃金の図を抜粋したものです。男女差も，産業間の差も確認できます。労働市場に限らず，ばらつきをみることで，日本経済の実態を確認していくことができます。

　図は視覚的にとらえることができて便利ですが，データが多い場合に図を作り続けるというわけにもいきません。そこで，データの特性を数字である程度把握できることが必要です。

■図表 2-2　産業，性，年齢階級別賃金

(1) 男　性

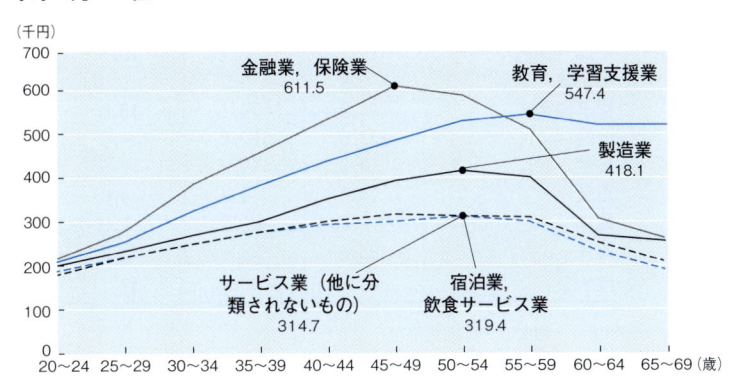

(千円)

金融業，保険業　611.5
教育，学習支援業　547.4
製造業　418.1
サービス業（他に分類されないもの）　314.7
宿泊業，飲食サービス業　319.4

横軸：20～24　25～29　30～34　35～39　40～44　45～49　50～54　55～59　60～64　65～69（歳）

(2) 女　性

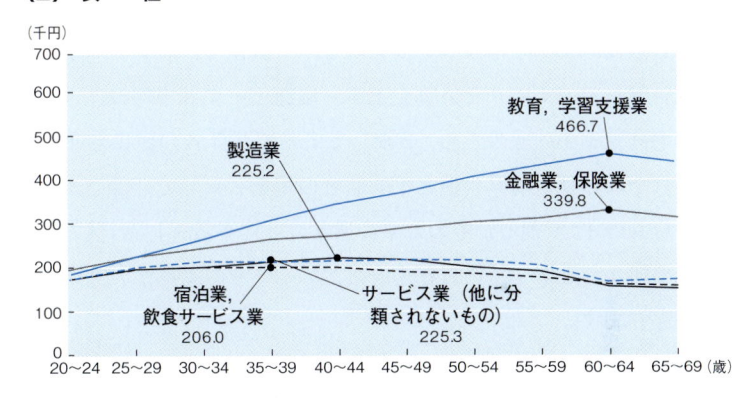

(千円)

教育，学習支援業　466.7
金融業，保険業　339.8
製造業　225.2
宿泊業，飲食サービス業　206.0
サービス業（他に分類されないもの）　225.3

横軸：20～24　25～29　30～34　35～39　40～44　45～49　50～54　55～59　60～64　65～69（歳）

(出所)　厚生労働省「平成 24 年賃金構造基本統計調査（全国）」賃金の分布より抜粋。

データの特性をまとめたものを**記述統計量**といいます。例として，**図表 2-3** では都道府県の GDP にあたる県内総生産の 2007 年度から 2009 年度の値について，それぞれの年度の特性を示しました。

都道府県別データのように，ある時点の個別の値を示すものを**横断データ**といいます。市町村別，国別などもそうです。一方で，ある個体についての時間を通じた変化を示すデータを**時系列データ**といいます。両者をあわせも

■figure 2-3　県内総生産の基本統計量

(県内総生産，単位：兆円（名目）)

	2007 年度	2008 年度	2009 年度
平均（兆円）	11.2	10.7	10.3
中央値（メジアン）	5.9	5.7	5.5
標準偏差	14.9	14.1	13.6
分散	223.5	199.9	184.0
尖度	19.6	19.3	19.5
歪度	4.0	3.9	4.0
最小	2.0	2.0	1.9
最大	93.8	88.6	85.2
標本数	47	47	47

（出所）　内閣府「県内総生産」より作成。

つものは**パネルデータ**と呼ばれます。

　表の**分散**はデータのばらつき度合いを示す数値で，各データが平均からどれくらい離れているのかを計算します。個別データと平均の差は，マイナスの場合があります。そのため，2乗してすべてプラスの値にします。ここでは，それぞれの都道府県の値と平均値との差を2乗して合計したものを，都道府県合計の47で割ったものです。通常は「標本数−1」の数で割り調整します。平均から乖離している都道府県が多くてその乖離が大きいほど分散は大きくなります。

　ただし，分散は2乗しているので，元のデータとの比較ができません。そこで，分散を2分の1乗にした**標準偏差**も求めています。もしデータの分布が**正規分布**という平均にデータが集中して釣鐘の形をしているなら，標準偏差は解釈に便利です。平均からプラスとマイナスの方向に，それぞれ標準偏差の値の範囲内に約68％のデータが含まれます。さらに±2標準偏差の範囲に約95％が含まれます。

　たとえば，あるクラスの試験の平均が60点，標準偏差が15で正規分布の場合，45〜75点の範囲に約68％の人が含まれます。もしあなたが90点だった場合，上位5％くらいなので，クラスが40人だと2番くらいかと予想できます。

図表 2-3 では最小と最大の差が大きくなっています。そのため，標準偏差が平均値よりも大きくなっており，かなり偏っていることがわかります。最大の東京都と最小の鳥取県とではおよそ 45 倍もの差があります。ただし，東京都は特殊で，2009 年度では 2 番手の大阪府と比べても約 2.4 倍の差があります（そのほかの統計の定義についてはここでは説明を省略します。統計の教科書等も参照してください[3]）。

データの期間はちょうどリーマンショックにより世界的な景気後退が生じた時期です。**時系列**でみると，2007 年度から 2009 年度にかけて平均が低下しているとともに，標準偏差も小さくなっています。これだけで確かなことはいえませんが，格差が大きいほうが平均は高くて景気が良いというのは，何か資本主義経済の一面をみている気がします。

▶ 物価：実質値と名目値

経済は時間とともに変化していき，モノの値段や所得額も変化します。年配の人から，昔はそばが 1 杯 30 円だったなどと聞いても，それが今の感覚で安いのか高いのかはすぐにはわかりません。そこで必要となる概念が**実質値**です。

実質値は価格上昇の変化分を取り除いた値です。個別の財の値段のことを価格といいますが，マクロ経済では物価といいます。実質値は**名目値**と呼ばれる貨幣で計った額を**物価**で除することで求められます。

$$実質値 = 名目値 / 物価$$

また，変化率の場合[4]は

$$実質変化率 = 名目変化率 - 物価変化率$$

となります。

---

[3] 経済分野の統計学の教科書には多くの良書があります。本ライブラリ「経済学叢書 Introductory」にも西郷浩（2012）『初級　統計分析』（新世社）があります。また，藪友良（2012）『入門 実践する統計学』（東洋経済新報社）は事例やコラムも豊富でじっくり学習するのに最適です。
[4] この式は対数微分により導出できます。両辺の対数をとって時間で微分します。

利子率（金利）についても**実質利子率**と**名目利子率**の違いがあります。両者の関係は**フィッシャー方程式**と呼ばれ，

$$実質利子率＝名目利子率－物価変化率$$

と表されます。物価変化率はインフレ率とも呼ばれるものです。通常，借り入れにかかる利子率は一定期間にかかります。そのため，貸すほうも借りるほうも将来のインフレ率がどうなるかによって実質利子率の大きさが変化し得ます。予想しなかったインフレが生じると借りたほうが有利になり，逆にデフレであれば貸したほうが得をします。そのため，単に現在のインフレ率ではなく，将来の**予想インフレ率**が重要になります。予想インフレ率は**期待インフレ率**ともいいます。

次に物価についてみていきます。**相対価格**と**一般物価**の違いが重要です。この違いが議論されることもよくあります。

総務省統計局「小売物価統計調査」をみると，さまざまな財・サービスの価格の推移がわかります。たとえば，東京都区部小売価格では，にんじんは1950年に1kgが8.78円でしたが，2010年には365円になっています。したがって，にんじんはこの間に名目で約41.6倍も値上がりしたことになります。

なぜこれほど，にんじんの価格は上昇したのでしょうか。まず思いつくのは，にんじんに限らず，すべての財が同じくらい上昇したのではないかということです。仮にすべてのモノの価格が同じ程度に上昇していたなら，名目額で40倍以上になっていても，実質的にはそれほど変化していないといえます。その場合は貨幣の価値が低下したことになります。たとえば昔の10円は今の400円くらいの価値があったことになります。

たまねぎと比べてみましょう。たまねぎは1950年に1kg 6.76円が，2010年には255円の37.7倍となっています。やはり，にんじんと同じくらいの価格上昇となっています。

さらに，賃金も同じく上昇したなら感覚的にも同じになります。厚生労働省「毎月勤労統計調査」をみると，たとえば製造業の賃金は1952年[5]から2010年までに約31.3倍になっています。

野菜などはとくに豊作不作の影響で価格が変化しやすいので，どの時点で比べるかでずいぶんと解釈が異なるので注意は必要です。それでも，ここまでの数字をみると，にんじんは名目で約 41.6 倍といっても，実質的にはそれほど高くなったとはいえません。

ところが別の財・サービスをみてみると必ずしもそうではありません。たとえば同じ期間で，鶏肉は 100g 155 円から 129 円へとむしろ安くなっています。逆に国立大学の 1 年間の授業料は 300 円から約 54 万へと 1,700 倍以上にもなっています。これらの財・サービスの価格は実質的にも変化したといえそうです。

このように制度や経済の仕組み，貿易や技術革新などさまざまな理由でそれぞれの財の価格は異なる変化をしています。そのような変化を**相対価格の変化**といいます。それに対して**一般物価の変化**とは経済全体での価格変化を示し，貨幣価値の変化を意味します。

実際の統計をみていきましょう。一般物価の指標としてもっともよく参照されるのが**消費者物価指数**（**CPI**；Consumer Price Index）です。この統計は，生活に密着している財・サービスの値なので，人々の実感に近い値になります。また，月次で発表される（たとえば GDP は四半期で 3 カ月ごと）ため現在の状況を把握するのに便利です。

消費者物価指数の計算の基となるのは，ある**基準年**（上のにんじんの例では 1950 年）の価格と現在の価格の「比率×100」です。そして，さまざまな財・サービスの比率の平均値をとります。

ただし，自動車のように高額のものや，米などのように 1 食あたりは高額ではないけれど，消費頻度が高いものなどがあります。そのまま平均化すると，あまり支出されていない財・サービスが過度に一般物価に影響することになってしまいます。

そこで，さまざまな財・サービスの価格比に支出額に応じた**ウェイト**をつけて平均を導出します。これを**加重平均**といいます。

それぞれの財・サービスのウェイトは基準年における全支出額に対する各

---

5 統計で 1950 年からは確認できないため 1952 年と比較しています。

項目の支出額の割合です。N 種類の財・サービスがあるとして，ある財・サービス n のウェイトを w_n とします。このとき，現在の一般物価水準 $\overline{P}$ は以下のような式で表されます。

$$物価水準\ \overline{P}_{現在} = 100 \times \sum_{n=1}^{N} w_n \frac{P_{n\,現在}}{P_{n\,基準年}}$$

ここで P_n はある財 n の価格を表していて，現在と基準年はそれぞれの年における価格という意味になります。Σ は N 種類ある財・サービスのウェイト付けした価格比を，すべて足し合わせることを意味します。

ウェイトは，消費者物価指数では**ラスパイレス型**と呼ばれる方式によって作成されます[6]。これは，現在の支出額ではなく，**基準年の消費支出額**（価格×数量）をもとに計算するものです。一方で実質 GDP は**パーシェ型**と呼ばれる計算方式になります。価格は基準年のままとしますが，**数量は変化**していくように作成します。

図表 2-4 は，いくつかの個別の財・サービスの価格水準の変化と消費者物価指数のうち**総合指数**（どのようなものかは p.42 のコラムを参照）と呼ばれるものを図に表したものです。

とくに 1999 年から 2004 年ころにかけての物価が下落した**デフレ期**についてみてみましょう。この期間，総合指数の水準は低下し続けました。上段図をみると，被服及び履物の価格が同時期に低下しています。中国で安く製造された衣服が輸入されはじめたからです。

被服及び履物の変化に比べて総合指数の下落はずっと小さいものになっています。それは被服及び履物のウェイトが約 4% のため，全体の物価に与える影響がその程度になるためです。

もう一つ興味深いのは，このデフレと呼ばれる期間に家賃や理美容サービスは，若干ですがむしろ価格が上昇しています。被服のような**貿易財**に対して，サービスなどは貿易取引がされない**非貿易財**であるという点に注目です。市場のグローバル化に伴い，貿易財は安い価格で輸入されるようになり，価格が下落しました。また，貿易財は為替レートにも依存し，円安になれば海

---

[6] 毎年ウェイトを更新して計算する連鎖基準方式の値も発表されています。

■図表2-4 一般物価の変化と相対価格の変化

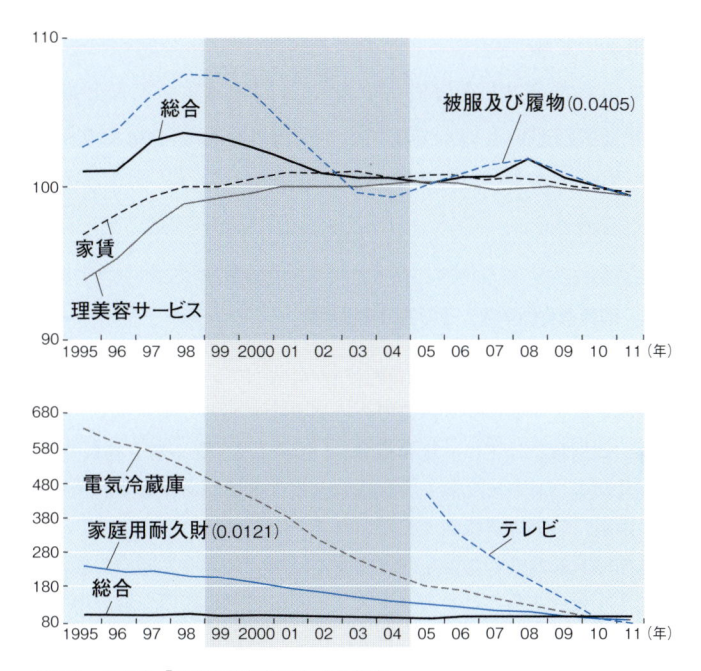

(出所) 総務省「消費者物価指数」より作成。
(注) かっこ内はウェイトを示す。

外のモノは円建てで上昇し，円高になれば下落します。

　物価は経済の体温計ともいわれ，デフレと不況が同義に用いられることがあります（本来の定義ではデフレは物価の下落のみを意味します）。しかし，このようにグローバル化による貿易財の価格下落だけなら，価格下落が国内業者の利益を減少させるとしても，景気状況とは直接の関係はありません。

　さらに，下段図にあるように電気冷蔵庫やテレビなどの電気製品価格が大きく下落し続けています。

　電気製品の価格下落にはさらに**技術進歩**の影響も含まれます。たとえば，それまで32インチのテレビが販売の主力だったのに，それが42インチへと変化したとします。このとき，日本での状況をみると，新しい42インチの価格は，かつての32インチに比べてそれほど高くなるわけではありません。

41

一方で，旧主力商品だった32インチの価格はさらに下落します。家計のテレビへの支出額はあまり変化していなくても，このような品質調整の影響[7]が統計に出るのです。

こうみていくとデフレとは何か？　という問題はずいぶんと複雑そうです。物価下落で景気が悪いといってよいのか，海外から安く輸入できるようになっただけなのか，あるいは技術進歩による恩恵だというべきなのか，議論が分かれてくるのです。

❖コラム　消費者物価指数，その他の物価指数

日本の消費者物価指数は総務省統計局が発表しています。消費者物価指数は消費者が商品を購入する小売り段階での価格を示すものです。

消費者物価指数には主に「**総合指数**」「生鮮食品を除く総合指数」「食料（酒類を除く）及びエネルギーを除く総合指数」の3種類があります。後ろ2つはそれぞれ**コア**指数，**コアコア**指数とも呼ばれます。

生鮮食品は天候からの影響を受けやすく，場合によって国内の経済状況にかかわらず大きく変化することがあります。日本は食料自給率が低いのですが，国内の野菜生産額は大きいので天候の影響が出る場合があります。

コアコア指数は生鮮食品以外の食料，さらに電気代やガソリンなどのエネルギーを除いたものです。日本は原油などのエネルギー資源を輸入に頼っており，その価格は国際情勢に大きく左右されます。近年，エネルギーは需要の高まりや国際金融状況により価格変化が激しいため，総合指数とコアコア指数が大きく乖離する場合があります。

「**持家の帰属家賃を除く総合指数**」をみる場合もあります。持ち家には家賃が発生しませんが，家という資産からのサービスは得ていると考え，それを帰属家賃として推計し計上しています。平成22年基準（第14次改訂）では，家賃（中分類）のウェイトが18.65%で，そのうち帰属家賃（小分類）は15.58%ですので，比較的大きいといえます。家賃は家計の支出の中で割合が大きいものの，一方で帰属家賃については実際には変動するわけではありません。そのため，場合によっては帰属家賃を除いた指標をみることが適切です。

経済状況をみるためには，天候などに左右される生鮮食品を除いたコア指数を

---

[7] 消費者物価指数の品質調整の手法として，ヘドニック・アプローチが採用されています。これは製品の性能をいくつかの機能によって測定し，それと価格変化の関係を求めることで，調整するものです。

参照するのがよいでしょう。さらに，原油価格が大きく変化するときなどはコアコア指数が適しています。ただし，家計が実感する価格は総合指数に近いといえるでしょう。

その他に企業間で取引される商品の価格の動きを調査したものに，**企業物価指数**（CGPI；Corporate Goods Price Index）があります。企業物価指数は日本銀行が作成しています。

企業物価指数には，**国内企業物価指数**の他に，**輸出物価指数**と**輸入物価指数**があります。輸出・輸入物価指数は通関段階における価格で，円ベースと契約通貨ベースの2つがあり，その動きの違いをみることで，為替レート変化の影響などを分析することができます。

▶ フローとストック

経済が時間とともに変化するという視点からは，物価とともに**フロー**と**ストック**の違いが重要です。

ストックは，毎期のフローを積み重ねた値です。ただし，機械設備などを考えるとわかるように，壊れて使えなくなる場合もあります。それを**減耗**といいます。物理的に壊れていくだけではなくて，新しい設備が生産されると，それに対して古いものは効率が悪く相対的に価値が低下する場合もあります。

ある期末のストックは前期のストックに新規追加分のフローを足したものから，減耗分を引いた値になります。ある期を t 期としましょう。t 期末のストックを式で表すと

$$\text{ストック}_t = \text{ストック}_{t-1} + \text{フロー}_t - \text{減耗}_t$$

となります。ここで $t-1$ は1つ前の期を示します。

この式のイメージを**図表 2-5** でも示しています。注意が必要なのは時間には幅があるので，前期 $t-1$ 期の**期末**のストックに対して，期間中（**期中**）のフローと減耗があり，その差し引きの値が最終的に期末に積み重なっているという点です。次の期になると，期末の値が期の始まり（**期首**）にあり，また時間が進んでいきます。

このようなフローとストックの関係は，さまざまな経済変数にあてはまります。たとえば政府の財政を考えると，

■図表 2-5　フローとストックの関係

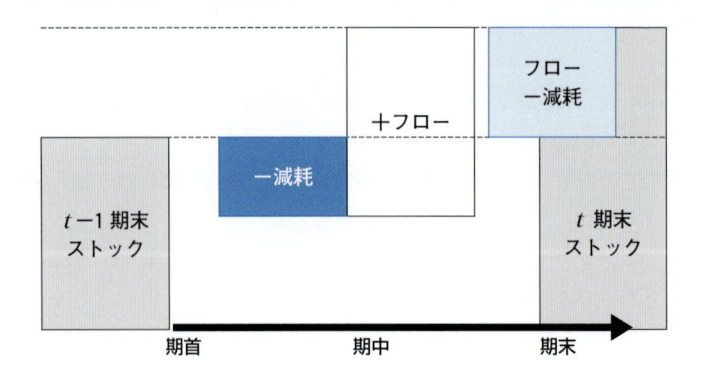

$$\text{政府債務}_t = \text{政府債務}_{t-1} - (\text{償還を除く})\text{財政収支}_t - \text{債務償還}_t$$

となります。財政収支がマイナスの場合が財政赤字です。

　勘違いしやすいのはお金です。お金は経済をまわって使用されるのでフローのようですが，実際にはストックです。そのため，通貨量の残高のことを**マネーストック**と呼びます（ただし，マネーストックには現金通貨だけではなく預金も含まれます）。マクロ経済学の教科書では**マネーサプライ**と記述される場合もあります。

　公共投資を例に，実際の値もみてみましょう。毎年のフローの値が公共投資で，その積み重ねが**社会資本ストック**となります。**図表 2-6** は内閣府「社会資本ストック推計」による実質投資額と実質社会資本ストック額です。ここでは，減耗について定額法と呼ばれるストック推計を示しています。

　1990 年代初め頃まで，公共投資は増加し続け，それに伴い社会資本も増加してきました。しかしその後，非効率な公共投資への批判や財政投融資改革もあって投資額が減少します。減り始めた当初は，まだ古い社会資本の減耗より投資額が大きかったので，社会資本ストックが増加しました。

　けれども 2000 年代に入り，いっそうの削減によって減耗分が上回ります。そのため，社会資本ストックが減少しはじめました。2012 年の中央自動車道笹子トンネルの天井板崩落事故により，社会資本の老朽化が深刻なことが

■図表 2-6　社会資本ストックと公共投資（1953〜2009 年度）

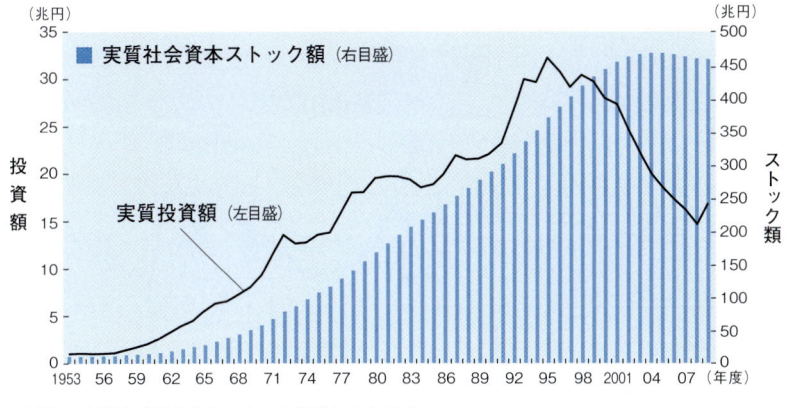

（出所）　内閣府「社会資本ストック推計」より作成。

広く知られるようになりました。

　このようなフローとストックの統計は，公共投資を今後どうすべきか。すなわち，減らしすぎなのか，あるいは少子高齢化なのだから問題ないと考えるのか，などについて考える材料になるでしょう。

▶期間と変化率

　時間を通じた変化や国際間，地域間など，さまざまな比較を通じて経済状況を把握していくことが必要です。

　1 期間の長さとしては 1 年，**四半期**（1 年を 4 分割した期間で 3 カ月），月が主なものになります。日本の場合は，**暦年**が 1 月から 12 月までの 1 年であるのに対して，**年度**という場合は 4 月から翌年 3 月までの 1 年になります。

　変化率は前期から今期にかけての増加分を前期の水準で評価したもので，通常は％（パーセント）で表します。GDP であれば成長率，物価であればインフレ率と呼ばれます。定義は以下の通りです。

$$変化率 =（今期の値 - 前期の値）/ 前期の値$$

■図表 2-7　消費者物価指数の長期動向

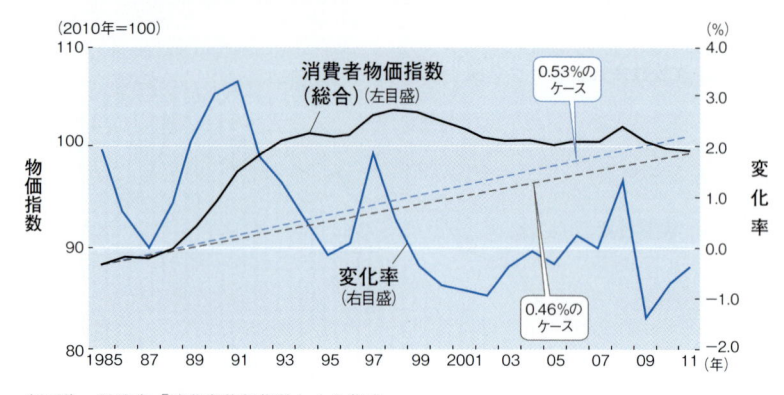

（出所）　総務省「消費者物価指数」より作成。

　変化率では注意したいことが 2 つあります。一つはどの時点と比較しているかです。たとえば月次データであれば，前年の同月と比べる場合には**対前年同月比**，前の月と比べる場合には**対前月比**となることです。

　もう一つはある期間の**平均変化率**です。たとえば図表 2-7 は 1985 年から 2011 までの消費者物価指数と毎年の変化率を示しています。

　この期間の平均インフレ率を，毎年の変化率から算術平均で求めると約 0.53％ となります。しかしこの計算は誤りです。1985 年から毎年 0.53％ 変化させていくと実際の 2011 年の値より大きくなってしまいます。

　平均変化率は**幾何平均**により求めなければいけません。たとえば，次年の値は「今年の値×(1＋変化率)」で求められます。さらに次の年はこれに (1＋変化率) をかけて，「今年の値×(1＋変化率)^2」となります。そのため，1985 年から 2011 年まで毎年の変化率が一定だとすると，t 年後（26 年後）の 2011 年の値は

$$2011 年の値 = 1985 年の値 \times (1+変化率)^t$$

と計算できます。金利に**複利計算**がありますが，それと同じです。この式の変化率が平均変化率になりますので，ここから

$$\text{平均変化率} = \sqrt[t]{\frac{2011\,\text{年の値}}{1985\,\text{年の値}}} - 1 = \left(\frac{2011\,\text{年の値}}{1985\,\text{年の値}}\right)^{\frac{1}{t}} - 1$$

と計算できます。ルートを使用してもいいですが，$1/t$ 乗としても同じです。

このように計算すると約 0.46% となります。図には 0.53% で一定の変化率で変化した場合と，0.46%（一定）で変化した場合の消費者物価指数を計算して示しました。幾何平均で求めた 0.46% だと，ぴったり 2011 年の値と一致しています。

ただし，図での平均変化率はあまり平均にはみえません。起点の年と最後の年の水準から求めているからです。変動が大きい経済変数については，長期の平均成長率に意味があるのかどうかも考慮したほうがよいです。この場合は 1990 年代後半までの期間とそれ以降で分けてみるのが適切です（1985 年から 1999 年までは約 1.1%，1999 年から 2011 年までは約 −0.3% となります）。

2.2 国民経済計算（GDP）の読み方

▶ 国民経済計算の定義

マクロの経済の状況を示す統計の中でもっとも重要な **GDP** について実践的に学びます。GDP は Gross Domestic Product の略で日本語では **国内総生産** といいます。

GDP は **国民経済計算体系**（**SNA**；System of National Accounts）という国際的に標準化された基準により作成されているので，国際比較が可能です。本書執筆現在，日本では 1993 年に定められた 93 SNA にもとづいて作成されています[8]。

国民経済計算 は日本のマクロ経済を計測したもので，主に **フロー編** と **ストック編** があります。フロー編ではある一定期間における生産，支出，分配な

---

[8] さらに新しいバージョンとして，国際連合では 2008 SNA が策定されています。

どを中心に計測します。ストック編では実物資産や金融資産、あるいは負債を計測します。

国内総生産は、その名の通り生産を計測します。ただし、生産された財がまた別の財の生産に使用される場合もあります。そのような投入と産出の相互関係をとらえたものが**産業連関表**です。産業連関表の列をみることで国内生産の構造がわかります。

各産業において生産のために使用した原材料のことを**中間投入**といいます。**総産出額**から原材料費などの**中間投入額**を差し引くことで、生産活動によって生み出された**付加価値**がわかります。国内総生産とはある一定期間、国の経済全体において生産され**市場取引された**財・サービスの付加価値の総額です。

家事労働、ボランティアなどは重要な経済活動といえますが、市場取引されていないので国内総生産には含まれません。その他、自家生産、中古品販売収入、株式売買などで得られた**キャピタル・ゲイン**も含まれません。たとえば、バブル崩壊後の数年で、東京株式市場では時価総額（すべての上場企業の株価×発行数）が300兆円を超える減少となりましたが、この300兆円のGDPへの直接的な影響はありません。

一方で、農家が自分で作りそれを自家消費する場合はGDPに含まれます。その他、持ち家に住んでいる場合は家賃を支払いませんが、それに相当する額は**帰属家賃**としてGDPに含まれています。

ところで、私たちはGDP（国内総生産）という言葉をよく聞きますが、統計上で参照されているのは、生産面ではなく支出面の国内総支出の場合がほとんどです。日本の統計では**国内総生産**（**支出側**）と表記されています（なお、生産面の統計を四半期で推計・公表することの検討が進められています）。

この点について、国民経済計算には**三面等価の原則**があります。これは3つの側面から計測した統計がすべて等しくなるというものです。

> 生産面＝支出面＝分配（所得）面

国内総生産（GDP）は、このうち生産面を表しているものですが、三面等

価の原則により生産面も支出面も同じ値になります。

　経済学の用語である供給と需要は，ここでの支出と生産に対応しています。けれども，三面等価は「供給＝需要」という均衡とは異なるものであることに注意してください。たとえば売れ残った財は，**在庫品増加（在庫投資）**として支出に含まれています。三面等価は統計上一致するように作成されています。

▶ GDP 以外の指標

　国民経済計算にはその他にもさまざまな定義の統計があります。そのうち，いくつか重要なものを覚えましょう。

　まず，かつて**国民総生産**（**GNP**；Gross National Product）と呼ばれていたものは現在の統計には存在せず，それに対応するものとして**国民総所得**（**GNI**；Gross National Income）があります。これは，

$$\text{GNI}＝\text{GDP}＋\text{海外からの純要素所得}$$

と定義されるものです。

　海外からの要素所得は，日本への海外所得の送金や海外での土地や債券からの投資収益などのことをいいます。したがって，日本人が海外で稼いで，日本へ送金した場合の金額は GDP には含まれませんが，GNI には含まれます。「国民」とつくのはそのためです。一方で，外国人が日本で働いて海外へ送金する場合もありますので，それを差し引いた「純」要素所得を計算します。

　国民所得（National Income）や**国内純生産**（**NDP**；Net Domestic Product）という概念もあります。**図表 2-8** にあるように国民所得と国内純生産は，GDP と GNI の関係と同じく，海外からの純要素所得の扱いの違いによります。

　国民所得の**市場価格表示**は GNI から**固定資本減耗**を差し引いたものです。固定資本減耗はフローとストックの説明で学んだ通りで，価値が失われていく分の資本を計測したものです。国民経済計算で国内「総」生産というのは，図にあるようにこの固定資本減耗分を含んでいることによります。含まない

■図表 2-8　GDP の概要

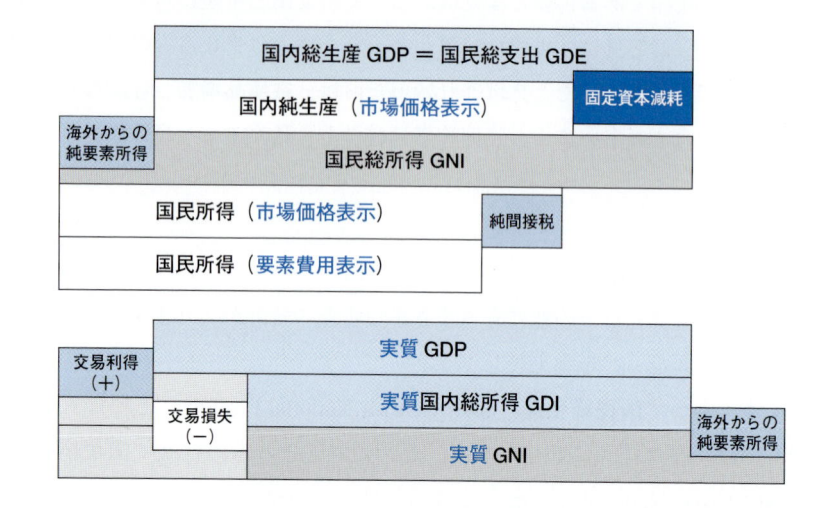

	国内総生産 GDP ＝ 国民総支出 GDE			
	国内純生産（市場価格表示）		固定資本減耗	
海外からの純要素所得	国民総所得 GNI			
	国民所得（市場価格表示）	純間接税		
	国民所得（要素費用表示）			

交易利得(＋)	実質 GDP		
	交易損失(－)	実質国内総所得 GDI	海外からの純要素所得
	実質 GNI		

場合が国内「純」生産です。

　国民所得の**要素費用表示**はさらに**純間接税**を差し引いたものです。なお，純間接税は正確には生産・輸入品に課される税（純）と呼ばれます。たとえば，消費税，たばこ税，酒税，揮発油（ガソリン）税などがあります。

　マクロ経済学の教科書では総需要を Y として

$$Y = C + I + G + EX - IM$$

と定義することがあります。ここで C は民間消費，I は民間投資，G は政府支出（含む公共投資 I_G），EX は輸出，IM は輸入です。

　この定義と国内総生産（支出側）の統計が，日本においてどのように対応しているのかを示したのが**図表 2-9** です。ただし，三面等価とマクロ経済学での需給均衡は異なる点に再度注意してください。

　1つめのポイントは政府支出 G について，統計では政府最終消費支出と公的固定資本形成の2つがあることです。さらに公的在庫品増加等を合わせて**公的需要**と呼びます。

　2つめのポイントは民間投資が民間住宅と民間企業設備とに分けられるこ

■図表 2-9　GDP（支出側）の内訳

(単位：兆円（名目）)

			1995 年度	2000 年度	2005 年度	2010 年度
国内総生産（支出側）GDP			504.6	510.8	505.3	479.3
C	民間最終消費支出		279.6	288.5	292.4	284.2
I（民間）	民間住宅		24.2	20.3	18.4	13.0
	民間企業設備		72.2	72.1	70.6	62.0
	民間在庫品増加		1.2	0.3	0.6	−1.3
G I_G（政府）	政府最終消費支出		76.9	87.4	92.4	95.8
	公的固定資本形成		44.4	36.0	24.2	21.4
	公的在庫品増加		0.28	−0.02	0.03	−0.08
	純輸出（外需）		5.7	6.3	6.6	4.3
EX IM		輸出	46.4	55.8	75.1	73.8
		輸入	40.6	49.6	68.5	69.5
国民総所得 GNI			509.0	517.9	518.5	492.6
	海外からの所得（純受取）		4.4	7.0	13.1	13.3
		受取	17.6	12.3	19.1	18.6
		支払	13.2	5.2	5.9	5.4

(出所)　内閣府「国民経済計算」より作成。

とです。住宅は家計の投資であり，設備投資は企業の投資ですので景気に対する反応も異なります。これらと民間最終消費支出と民間在庫品増加等を合わせて民間需要と呼びます。

民間需要と公的需要の合計が国内需要であるのに対して，輸出から輸入を差し引いた純輸出は海外需要です。ニュースなどでは略して外需と呼ばれることもあります。

▶ 名目 GDP と実質 GDP

GDP にも名目 GDP と実質 GDP の違いがあります。消費者物価指数はラスパイレス型によって作成されていますが，実質 GDP はパーシェ型によります。価格を基準年のまま[9]として，数量が変化していくように作成します。

そのように計算した実質 GDP で名目 GDP を割ることで，GDP の物価と

いうべき**GDP デフレーター**が求められます。また，消費や投資，さらに輸出や輸入など GDP の各項目でのデフレーターが求められます。

$$\text{GDP デフレーター}=\text{名目 GDP}/\text{実質 GDP}$$

実質 GDP と実質 GNI を比較する場合には，次の式のように，名目での場合からさらに**交易利得・損失**の項が加わります。

$$\text{実質 GNI}=\text{実質 GDP}+\text{海外からの純要素所得}+\textbf{交易利得・損失}$$

あるいは国内総所得（GDI；Gross Domestic Income）の場合には，

$$\text{実質 GDI}=\text{実質 GDP}+\textbf{交易利得・損失}$$

となります。

実質でみた場合には**輸出物価**と**輸入物価**の差の影響が加わることになります。「輸出物価/輸入物価」を**交易条件**といいます。交易条件が変化すると，日本国民の**実質購買力**が変化します。たとえば，輸出物価が上昇し，輸入物価が下落すると海外からの購買が相対的に有利になるので**交易条件が改善**するといいます。たとえば，為替で円高になると，輸入物価が下落するなどして，通常は交易条件が改善します。

購買力を基準年で金額表示したものを，プラスの場合に交易利得，マイナスの場合に交易損失といいます。ただし，交易利得・損失は基準年でゼロとなるように計算されているので，絶対額やプラス・マイナスを解釈する場合に注意してください。

図表 2-10 では 1994 年度以降の実質 GDP，名目 GDP，実質 GDI の推移を比較しています（単位は 2005 暦年連鎖価格，兆円）。3 つの指標は異なる動きをしており，どの視点から国民経済をみるかを気にかけることが大切です。

2003 年度から 2008 年度にかけては実質 GDP に比べて，実質 GDI の伸びが小さく，交易利得が減少傾向にあったことがわかります。これは，円安傾

9　ここでの説明は固定基準年方式です。けれども，現在，日本では連鎖方式による実質値が公表されています。固定基準年方式では基準年を 5 年ごとに更新していますが，それでは基準年から離れるほど実質値が過大となってしまいます。そこで，連鎖方式では毎年度基準が更新されていくような計算がなされます。

■図表 2-10　実質 GDP と実質 GDI

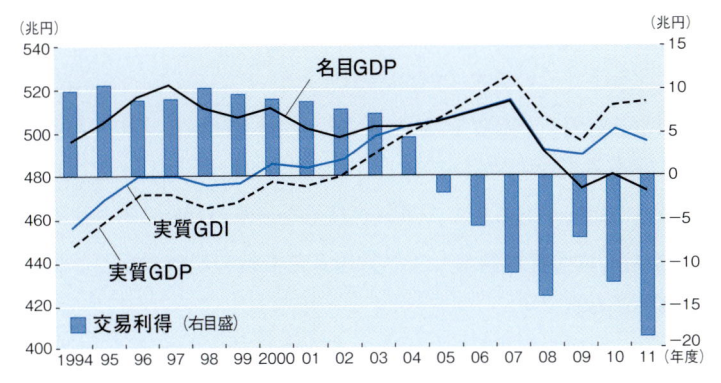

(出所)　内閣府「国民経済計算」より作成。
(注)　単位は兆円（2005 暦年連鎖価格）。交易利得は基準年においてゼロとなるように作成されているので、額そのものを比較する場合には注意が必要。

向に加えて、原油などの資源価格上昇の影響によります。資源価格の上昇を輸出価格に転嫁できずに、国内所得を海外へ流出させてしまっていることを意味します。

また、2011 年度は円高でしたが交易損失は増加しています。交易条件が改善しても天然ガスなどの輸入額増大によって交易損失が拡大したのです。

▶ その他の視点：成長率、寄与度

国民経済計算を実際にみるために、いくつかのコツを覚えておきましょう。

GDP は暦年または年度における 1 年間の経済活動を表し、**1 次統計**という原データを合成して作成される **2 次統計**です。そのため各統計がそろって、**確報**と呼ばれる最終的な公表までには時間がかかります。3 月までの年度の場合、確報が公表されるのは 12 月頃です。

1 年単位では経済状況の把握が荒くて遅いので、四半期ごとに集計できる範囲の統計から推計した値を**速報**として発表しています。四半期は 1 年を 4 つに分けた期間ですので、第 1 四半期は 1～3 月、第 2 は 4～6 月、第 3 は 7～9 月、第 4 は 10～12 月となります。

さらに，四半期終了後約 1 カ月半後に発表される **1 次速報**と，そこからさらに約 1 カ月後に発表される **2 次速報**があります。

図表 2-11 は 2012 年 7〜9 月期四半期別 GDP の 2 次速報の概要で，実質変化率などを示しています。

四半期や月次データなどではデータの季節性を考慮します。たとえば，クリスマスがある 12 月にプレゼント用の消費が増えたとします。しかし，12 月は毎年その傾向があるので，景気が良くなったわけではありません。そこで 12 月の**前期比**を季節調整して原数値よりも低めにするなどします。これが**季節調整済み値**です。

この表の値は四半期の前期比ですから 3 カ月の変化率です。1 年で換算するとどの程度かというのが**年率換算**です。12 カ月分で 3 カ月の 4 倍程度ですが，成長率の計算でみたように，単純に 4 倍したものと若干異なります[10]。

■図表 2-11　2012 年 7〜9 月期四半期別 GDP 速報（2 次速報値）

		前期比 1 次速報	前期比 2 次速報	寄与度（対GDP） 1 次速報	寄与度（対GDP） 2 次速報
GDP [年率換算]		−0.9 [−3.5]	−0.9 [−3.5]	***	***
民間需要		−0.6	−0.5	−0.4	−0.1
	民間最終消費支出	−0.5	−0.4	−0.3	−0.3
	民間住宅	0.9	0.9	0.0	0.0
	民間企業設備	−3.2	−3.0	−0.4	−0.4
	民間在庫品増加	***	***	0.2	0.3
公的需要		1.1	0.8	0.3	0.2
	政府最終消費支出	0.3	0.6	0.1	0.1
	公的固定資本形成	4.0	1.5	0.2	0.1
	公的在庫品増加	***	***	0.0	0.0
財貨サービスの純輸出		***	***	−0.7	−0.7
	輸出	−5.0	−5.1	−0.8	−0.8
	輸入	−0.3	−0.4	0.1	0.1

（注）　国内総生産（支出側）および各需要項目（実質，季節調整済み前期比，2005 年連鎖価格）。
***はデータがないことを表している。純輸出の寄与度は輸出と輸入の寄与度の差から計算されている。

図表 2-11 内には**寄与度**という項目があります。各項目の寄与度は，その値を合計すると成長率になるものです。成長率へどのような要因が寄与したのかがわかるので，各項目の変化率をみるよりも便利です。

たとえば，2次速報の前期比では，民間最終消費支出は−0.4％で民間企業設備は−3.0％となっています。企業の投資が大きく落ち込んだ印象です。それは確かですが，経済全体への影響は寄与度でみると，それぞれ−0.3％と−0.4％とほぼ同程度です。消費はGDPに占める割合が大きいので，少しの変化でも全体への影響が大きくなるのです。

❖コラム　GDP成長率のゲタ？

図表 2-12 は実質GDPの棒グラフですが，四半期ごとの水準（年率換算額）で示しています。2010年度（2010年第2四半期から2011年第1四半期）の成長率は3.4％でした。図でQは四半期を表します。

■図表 2-12　実質GDP（年率換算額）

（兆円：実質, 2005暦年基準）

2010年度成長率3.4％

（出所）　内閣府「国民経済計算」より作成。
（注）　Qは四半期を表し，たとえばQ1は第1四半期（1〜3月）となる。年度はQ2（4〜6月）から始まる。

10　GDPの初期値をY_0として3カ月の平均成長率をgとします。したがって$Y_0(1+g)^4$が1年後（4期後）のGDPとなります。ここから1年の成長率は$\{Y_0(1+g)^4 - Y_0\}/Y_0$です。分子分母のY_0は消せますので，年率換算の成長率の％表示したものは$100 \times \{(1+g)^4 - 1\}$と計算できます。

高い成長率でしたが，実際に実質 GDP が増加していたのは 2009 Q3 から 2010 Q3 にかけてです。水平の点線で示している 2010 年度の間，実質 GDP はあまり変化していないのです。むしろ年度末の水準は年度初めより小さくなってしまっています。

2009 年度の平均と Q4 の差を**ゲタ**といい，このゲタが大きいと次年度の成長率はゲタを履いた分，高めとなります。経済の動きを知るには，こういった経済統計のくせを知っておくことも必要です。

補論　実践・日本経済を読む

経済統計は，基本的に関連する各省庁，あるいは日本銀行などの公的機関のウェブページや統計書から入手することができます。多くは総務省統計局のウェブページや政府統計の総合窓口（e-Stat）からも入手可能です。

けれども，経済統計にはさまざまなものがあり，直近の経済動向をそれらの統計によってその都度自分で確認するのは容易ではありません。また，新聞や雑誌等の報道は，読者全般向きのもので，それぞれの個人に合わせた内容というわけではありません。そこで便利なのが，政府が景気状況を判断するために用いている資料です。

とくに毎月発表される政府の「**月例経済報告**」と日本銀行の「**金融経済月報**」はとても便利です。海外の経済状況もわかり，これだけでも十分経済通になれると考えます。

「月例経済報告」は内閣府ウェブページに掲載されています。月例経済報告では政府の景気判断が「弱まっている」「下げ止まっている」「持ち直している」「回復している」「回復しつつある」など特定の表現で表され，ニュースでも注目されます。

便利なのは，それとともに発表される「主要経済指標」です。「月例経済報告等に関する関係閣僚会議資料」は，その時々の経済状況において重要な経済指標がグラフ化されてまとめられており，「主要経済指標」では主な経済指標がより詳しく掲載されています。

たとえば**図表 2-13** は 2013 年 9 月の「月例経済報告・主要経済指標・公共投資」から抜粋したものです。2013 年はアベノミクスのうち第一の矢である金融政策が注目され，円安や株価の上昇などによる景気感の回復がありました。けれども実はこの時期に第二の矢である公共投資も急増しました。2012 年からその傾向があり，賃金や雇用の統計をみても製造業ではなく建設業での回復が認められま

■図表 2-13　公共工事請負：月例経済報告・主要経済指標・公共投資

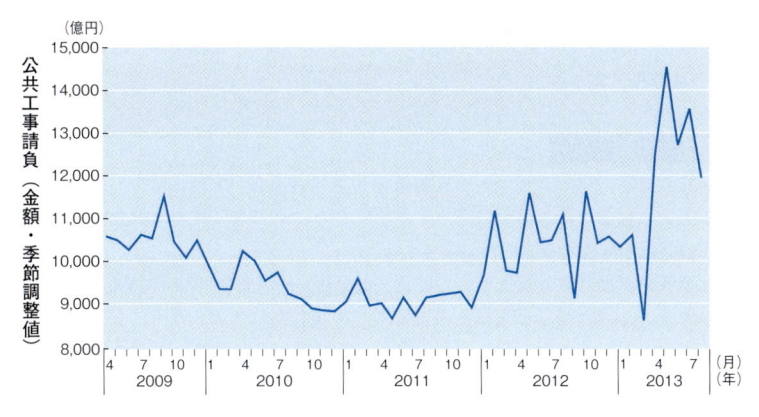

（出所）　内閣府「月例経済報告」2013年9月、「主要経済指標・公共投資」より抜粋。

す。実際にどうなのかは分析が必要ですが、さまざまな統計をまとめて確認できることで、気づくことがあります。

　日本銀行の金融経済月報も金融政策の方針を決定するために必要な経済状況の基礎資料になっています。こちらは、月例経済報告に比べるとやや専門性が高くなっています。月例経済報告ではもの足りない場合は、こちらをあわせて確認するのがよいと思います。

　もう少し長い期間についての動きを確認するには、**経済財政白書**や**通商白書**など、関連省庁が発表する経済系白書が便利です。ただし、専門性は高く、計量経済学の知識も必要で一般向けとはいえません。それでも、たとえばリーマンショック、東日本大震災、デフレなど重要なテーマについて、正面から実証分析に取り組んでおり、濃い中身になっています。

　詳しく経済指標の読み方を学ぶ場合は、以下のような書籍があります。なお、経済統計は定義や推計方法が変更になる場合があります。まずは、書籍で読み方を確認して、変更点に注意しつつ経済統計を利用してください。

参考文献

梅田雅信・宇都宮浄人（2009）『経済統計の活用と論点［第3版］』東洋経済新報社。
小巻泰之（2002）『入門経済統計──統計的事実と経済実態』日本評論社。
永濱利廣（2006）『経済指標はこう読む──わかる・使える45項』平凡社新書。

キーワード

ヒストグラム，最頻値（モード），中央値（メジアン），記述統計量，分散，標準偏差，実質値と名目値，相対価格と一般物価，フローとストック，消費者物価指数，企業物価指数，国内総生産（GDP），国民総所得（GNI），交易利得・損失，交易条件，GDPデフレーター，三面等価の原則，寄与度

問　題

(1)　厚生労働省のウェブページ「賃金構造基本統計調査（全国）結果の概況」では，さまざまな性質別の賃金構造の違いを確認できる。気になる性質別賃金構造について，最新の状況を確認しなさい。

(2)　総務省統計局「家計調査報告（貯蓄・負債編）—平成24年平均結果速報—（二人以上の世帯）」によると，2人以上の世帯の貯蓄現在高は1,658万円にもおよび，中央値でも1,001万円である。けれども，実感としては大きすぎる。なぜこのような結果になっているのか考察しなさい。

(3)　2013年6月に消費者物価指数（総合指数）でみたインフレ率はプラスに転じた。一方でコアコアの変化率はマイナスのままである。電気料金やガソリン価格を中心に調べて，この要因を考えなさい。

(4)　最新のGDP速報から，各項目のうち寄与度が大きいものを確認し，なぜ，その寄与度が大きいのかを考察しなさい。

(5)　最新の内閣府「月例経済報告等に関する関係閣僚会議資料」を読み，日本経済の現状を確認しなさい。

第 II 部

戦後復興，高度成長からバブル崩壊まで

第3章　戦後復興とハイパー・インフレーション
第4章　景気循環と経済成長
第5章　高度成長期の構造変化
第6章　石油危機から日米経常収支不均衡へ
第7章　バブル経済の発生と崩壊，対応

第 3 章

戦後復興とハイパー・インフレーション

　日本経済を読み解くには，経済統計をみることに限らず，さまざまな方法で分析していく必要があります。複雑な経済の動きとその背景を確認して，ベースとなる経済学の基礎理論を応用させます。過去の日本経済を振り返りながら，それらの事例を学ぶことで日本経済の読み方のコツをつかんでいきます。

　本章では太平洋戦争後の経済混乱について，ハイパー・インフレーションを中心に探っていきます。需要と供給，財政と金融，投資と消費などの面からとらえていきます。ハイパー・インフレーションの主原因は敗戦ではなく財政破綻です。戦後復興期には傾斜生産方式などの供給面での対策も行われましたが，ハイパー・インフレーションを抑えるためには，ドッジ・ラインと呼ばれる緊縮財政が必要でした。

3.1　終戦後の民主化政策

　日本はポツダム宣言を受託し，1945 年 8 月 15 日正午，玉音放送により国民に敗戦が伝えられました。太平洋戦争によって建物などの実物資本がおよそ 4 分の 1 失われました[1]。生産能力は低下し，1946 年の実質 GNP は 1938 年に比べておよそ半分の水準にまで落ち込みました。

1　経済安定本部（1949）『戦争被害調査資料集』による。

■図表 3-1　実質 GNP とその構成

(億円：実績値, 1934～1936年基準)

（出所）　総務省統計局「日本長期統計総覧」より作成。

　ただし，このような GNP の急減は，単純に戦争による被害だけでそうなったというわけではありません。戦争が終結して軍事産業が必要なくなったため，軍事関連生産が止まったことで減少したのです。図表 3-1 は戦中・戦後の実質 GNP を需要構成（民間消費，政府支出，投資など）がわかるように描いたものです。

　日中戦争と太平洋戦争は国民経済を総動員したものでした。日中戦争が始まった翌年の 1938 年には国家総動員法とともに**電力国家統制法**が成立し，**戦時統制経済**が確立されました。政府は生産活動に必要な電力を統制することで，軍事産業への資源配分を強化したのです。1941 年には米国が全面的**対日輸出禁止**を行いましたが，そのことによって民間の生産活動はさらに圧迫されました。

　図表 3-2 にあるように，当時の日本は原油の多くを輸入に頼っていました。1941 年に米国が全面的対日輸出禁止を行うと，原油輸入はおよそ −70％（対前年比）も減少し，翌年からは石油製品の生産も減り始めます。石油に限らず基礎的な経済資源の多くを輸入に頼っていた日本は，戦争の継続はもちろん生産水準を維持することも不可能でした。1941 年からの太平洋戦争勃発の背景には日本経済の弱体化懸念がありました。

■図表 3-2　石油の産出・輸入および石油製品の生産

(単位：千キロリットル)

年	原油・産出	原油・輸入	石油製品生産
1937	393	1,922	1,722
1938	391	2,575	1,594
1939	357	1,745	1,474
1940	331	2,292	1,328
1941	287	694	1,440
1942	263	560	1,055
1943	271	980	1,308
1944	267	209	785
1945	243	―	194
1946	213	―	147
1947	203	―	104
1948	179	―	114
1949	218	24	119
1950	328	1,541	1,402
1951	372	2,844	2,583
1952	339	4,432	4,254
1953	334	5,748	5,458
1954	338	7,440	6,758
1955	354	8,553	7,872

(出所)　矢野恒太記念会編 (2006)『数字でみる日本の100年――20世紀が分かるデータブック[改訂第5版]』より作成。
(原典)　経済産業省「資源・エネルギー統計年報」，同「エネルギー生産・需給統計年報」，同「エネルギー統計年報」，同「石油統計年報」および石油連盟「戦後石油統計」。

　1937年以降の戦時中経済の特徴として，**民間消費が低下する一方で政府消費が拡大した**ことがあげられます。この間，全体の実質 GNP 水準にはほとんど変化がみられません。日本は民間消費を抑制することで戦争・軍事関連の生産活動へ資源を配分していたのです。税金による金銭的な負担ではなく，民間が必要な生活品がつくれないというような物的負担となりました。そのために，国民生活は困窮しました。

　「戦争が拡大するとともに，生活水準は，毎年，目に見えて低下した。普段使っていた物がつぎつぎに市場から消えていった。……木綿の服はなくなり，スフと木綿の混紡の服に変わった。……運動靴は，ゴム不足

のため，早い時期に消えた。学校へは下駄をはいて通い，運動するときは，はだしだ。……父は薬が入手できなくて困っていた。近所の商店は売る物がないし，店主は徴用令によって，工場で働かされていたり，あるいは兵隊として戦場に赴いた。」(竹内宏 (1993)『父が子に語る日本経済——あるエコノミストの半生』PHP 研究所より。)

終戦直後の民間消費は終戦前とほぼ同じ水準でした。実質 GNP が半分の水準にまで落ち込んだのは，戦争のための支出がほぼゼロとなったことによるものでした。日本全体では資本の 4 分の 1 が毀損したとはいえ，生産のために必要な資本には残っていたものもあったと考えられます。したがって，その**軍需**のための資本をいかにして**民需**に転換するか，また，**資源**をどのように確保するのかの 2 つが復興のための課題となりました。

戦時中に軍需関連が主要な生産財であった企業は，戦後，苦境に立たされました。たとえば，玉音放送の翌日，松下電器産業は「緊急事態に書する経営方針」を幹部に対して示し，以下のような民需品製造への転換を発表しました。

「(前略) 戦争中，我国の産業界は大なり小なり皆軍需品の生産であった。それが昨日を機に急転廻し，停止せられることになった。……従来とは違つて独自でしごとに当らねばならないと思ふ。我々個々で夫々の範囲で創意工夫を加へて新たに進むべき途を発見していかなければいけないのである。」(牧野昇 (1996)『クロニクル日本経済事典』東洋経済新報社より。)

政府の軍事関連支出がゼロになったことで GNP は大きく落ち込みましたが，一方で日本経済は非効率な制約から開放されたともいえます。

その後は 1949 年から朝鮮戦争の影響もあって原油の輸入が復活しました。実質 GNP は 1953 年に戦前 1938 年の水準にまで回復し，民間消費が戦前水準を上回りました。1955 年に政治では，自由民主党と日本社会党による 55 年体制が成立しますが，経済もこの頃が一つの区切りの時期となりました。

敗戦後，米国のダグラス・マッカーサー元帥を最高司令官とする **GHQ**

（連合国軍最高司令官総司令部）による管理が始まり，さまざまな経済改革が行われました。代表的な経済改革として**財閥解体**，**農地改革**，**労働制度改革**の3つがあります。三井，三菱，住友などの財閥は，戦後すぐに解体が決まり，さらに1947年には**独占禁止法**が制定され，**集中排除政策**が進められました。

農地改革では，地主に対しておよそ1 ha（ヘクタール）（北海道は4 ha）を残し，それを超える農地を小作農家に売り渡すようにしました。さらに（農地のある市町村に居住していない）**不在地主**の場合にはすべての農地を政府が買い取り，売り渡しています。買い取り価格は賃貸料の40倍（10 a（アール）あたり750円程度）とされましたが，これは1945年水準で固定されたため，その後のハイパー・インフレーションで実質的には非常な安値となりました。

米の価格と比較してみます[2]。米10 kgの価格は1945年に約3.6円でしたが，1948年には約223円，さらに1950年には約445円となりました。仮に物価が100倍になったときに農地を買い入れた場合，実質的には農地賃貸料の半分にも満たない額で買い取ったことになります。1年間の賃貸料よりも安く農地を購入できたのです。

結果，農地改革以前に農地総面積の5割弱を小作地が占めていたものが，農地改革後の1950年にはおよそ9割が自作地となりました[3]。

この農地改革はGHQではなく，日本の農林省が改革案を作成したものです。戦前から課題であった格差問題の解消を，敗戦を機に日本の官僚が推し進めたという側面もありました。

その他にも華族制度の廃止や，最高で90％が課税される**財産税**などで，日本国民の資産保有構造は大きな変化を遂げました。また公職追放により，軍人，政治家の他に財界人なども職場から追放されました。

一方で，官僚制度は，内務省こそ廃止されたものの軍需省は商工省（後に通商産業省，現在の経済産業省）として残り，大蔵省（現在の財務省）も残

---

2 日本銀行『小売物価調査』の統計にもとづく。
3 農林省農地局農地課編『農地等解放実績調査』，昭和25年8月1日現在の調査による。

ります。財閥解体では，銀行がほぼそのままでした。その後，重化学工業を中心に日本経済が成長していくと，そのための投資に資金が必要となり，銀行を中心に旧財閥が系列としてグループ化していくことになりました。さらに銀行は大蔵省主導の護送船団方式により保護されます。改革されたものと残されたものの両方が，その後の日本経済の構造を特徴づけたといえるでしょう。

3.2 ハイパー・インフレーション

▶ ハイパーインフレの概要

　この時期の日本経済の論点は**ハイパー・インフレーション**（以下，**ハイパーインフレ**）による経済の混乱とその後の回復過程です。ここでは，ハイパーインフレを論点に復興期の日本経済をみていきます。

　ハイパーインフレとは物価が非常に高い率で上昇することをいいます。たとえば，第1次世界大戦後に生じたドイツのハイパーインフレでは，1922年8月からのものではおよそ4日間で物価が2倍になるほどのものでした。ハイパーインフレの定義は月に50％以上の上昇ともいわれますが，はっきりとこれ以上というものがあるわけではありません。インフレかハイパーインフレかの違いについてより重要なのは，率という基準ではなく，ハイパーインフレが国家破綻・財政破綻を原因とする**財政的現象**だということです。

　図表 3-3 は東京小売物価指数による物価の推移をみています。参考に対数値のグラフも示しています。価格等統制令によって公定価格が定められていたものの，戦時中もインフレが進んでいたことがわかります。

　けれども戦後のインフレはより激しく，終戦後から1949年までに物価は約84倍，さらにその数年後まででは およそ100倍にまで上昇しました。物価統制下で**闇市**（ブラックマーケット）も発生しましたが，そこでの価格はさらに高かったでしょう。

　戦後のハイパーインフレの原因は複合的なものですが，ここでは主に**モノ不足**，**財政破綻**の2つからとらえていきます。

■図表 3-3　ハイパーインフレ

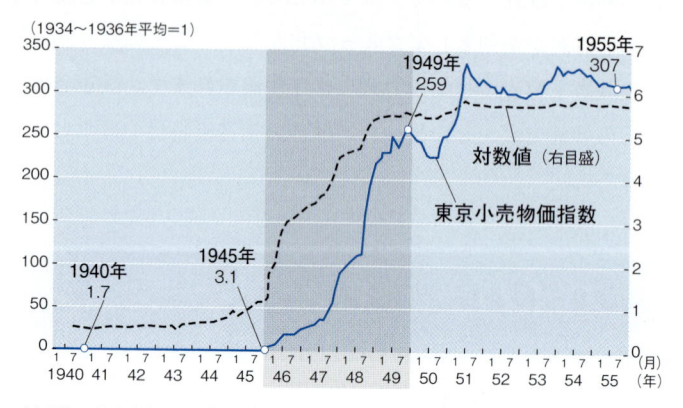

（出所）　総務省統計局「日本長期統計総覧」より作成。
（原典）　日本銀行統計局（1968）『東京小売物価指数：大正11年—昭和42年』

▶モノ不足

　財・サービス価格の上昇は需要が供給を上回る**超過需要**により生じますが、これは、需要と供給のどちらの要因からも生じ得ます。需要曲線と供給曲線の図で考えるとわかるように、需要曲線が右にシフトする場合、コスト上昇などにより供給曲線が左にシフトする場合の2通りが考えられます。

　戦後、600万人以上ともいわれる満州や戦地からの引き揚げ者により需要が増加しました。けれども、それに見合うだけの財の供給能力はありませんでした。また、戦争中は軍需品生産への生産能力転換が図られていたため、生活物資の供給能力は落ち込んでいました。人的損失や資本の毀損によっても生産能力の低下が生じていました。このように戦後は、需要と供給の2つの要因からモノ不足が生じました。

　1945年は、米の凶作が重なりました。**図表 3-4**は米類、かんしょ（サツマイモ）、大根の収穫量の推移を示しています。1945年の米類収穫量は1942年と比べて4割も減少しました（1942年の1,000万トンから1945年には600万トン）。

　さらに、**図表 3-5**では、石炭の産出量を1980年の量を100とする指数で

■図表 3-4　かんしょ，大根の収穫量の推移

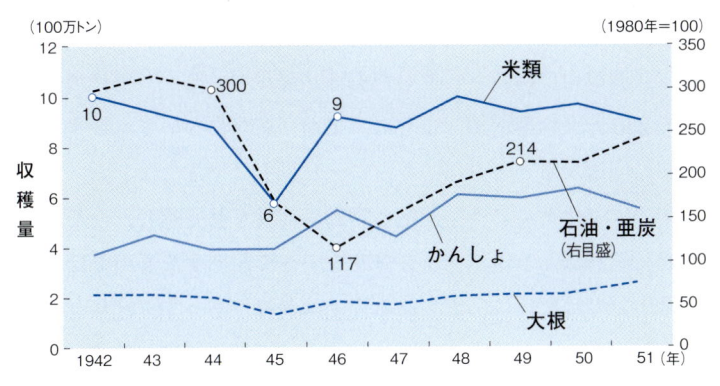

（出所）　総務省統計局「日本長期統計総覧」より作成。

■図表 3-5　石炭・亜鉛鉱業と農業の従業員・就業者数

（出所）　総務省統計局「日本長期統計総覧」より作成。

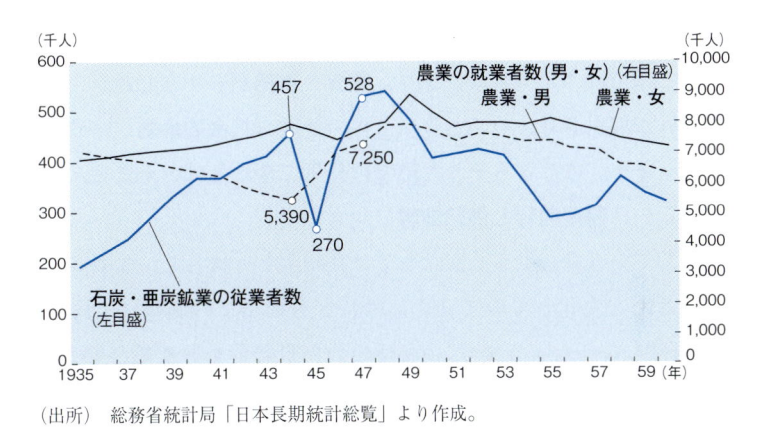

表しています。1944年に300であったものが，1946年には117にまで落ち込んでいます。これは，石炭等の採掘に従事していた中国人や朝鮮人が終戦に伴い大量に帰国したためです。石炭産業の就業者は4割程度減少しました。このように，終戦直後は米不足やエネルギー不足で国民生活は困窮を極めたことが想像されます。

けれどもここで注意が必要なのは、米の凶作は1年のみで、その後は回復したということと、その他の作物、たとえばかんしょや大根には大きな落ち込みはみられないということです。

さらに、戦時中に徴兵されていた男性が帰ってくると、男性の農業就業者が4年で250万人程度増加しました。また、石炭についても就業者が数年で元の水準に回復するとともに、さらにそれ以上に増加しました。

都市部の人々はとくにモノ不足と物価の高騰を強く感じたと予想されますが、しかしそれは、ハイパーインフレをすべて説明するものではありません。農村では十分ではないにしてもある程度は食糧があって、けれども配給がうまくなされなかったのです。インフレによって貨幣経済が破壊され、そのためモノの流通が停滞したのでした。闇市は法律違反のため悪いことのようですが、この貨幣経済の破壊を一部補っていたとも考えられます。

▶ モノ不足と需給分析

経済学では市場メカニズムにより、**需要**と**供給**がちょうど釣り合う**均衡**での**価格**で財が取引され、そのときに全体の便益（**社会的余剰**）が最大になることを教えます。けれどもそれだけでは分析できたとはいえません。分析のカギとなるのは**需要曲線**と**供給曲線**の傾きです。

例で考えていきましょう。かんしょは戦時中と比較して、敗戦直後でも生産量がほとんど変化していません。けれども闇市での価格は1貫目（3.75kg）50円にもなったようです[4]。当時の公務員の最小月額給与額が40円だったことから考えて、現在の感覚で10万円を超えるような価格でも取引が成立していたのです。

闇市での高価格の理由の一つは、農産物が農村からうまく運ばれてこなくなったことによる都市部での不足です。そのため、人々は直接農村へ食糧を入手しにいく必要があり、その移動のための**買出し列車**は超満員となりました。

そしてもう一つが、米の生産量が激減したことです。戦後は米の生産量が

---

[4] 半藤一利（2009）『昭和史 戦後篇 1945-1989』（平凡社, 55ページ）の記述による。

■図表 3-6　ミクロ経済学の需要曲線と供給曲線

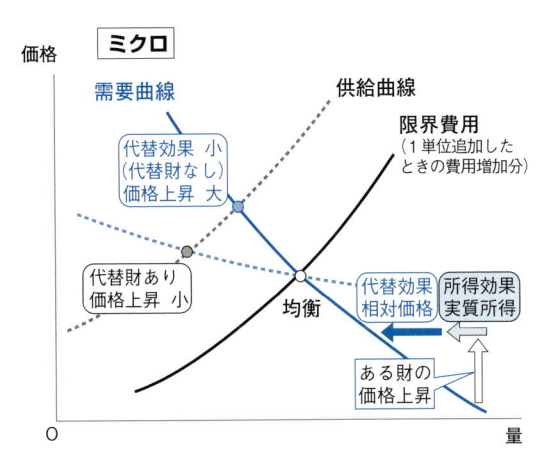

大幅に落ち込みました。そのため，その代わりの食糧としてかんしょが需要され，その価格が大幅に値上がりしたのだと考えられます。

図表 3-6 ではミクロ経済学での**需給分析**（縦軸に価格，横軸に量をとった図）を示しています。

需要曲線を中心に考えます。ある財の価格が上昇すると，人々の実質的な所得は減少します。同じ所得なら購入できる量が少なくなるからです。実質所得の減少により，その財の需要も減少することになります。このようなメカニズムによって説明できる財の需要変化を**所得効果**といいます。

さらに，もう一つ**代替効果**が働きます。たとえば当時のイモは米の代わりの食糧という性質がありました。このような財を**代替財**といいます。この場合，たとえば米の価格が上昇すれば，人々はイモの消費を増やすことになるでしょう。ある財の価格が上昇すると，その財への需要が代替財へ流れてしまいます。

図にあるように所得効果と代替効果の2つの大きさの合計によって，需要曲線の傾きが決まります。この傾きは経済状況の変化（たとえば供給の変化）への反応度の違いをもたらします。より注目したいのは代替効果です。

たとえばブランド品のように，そのブランドが好きな人にとっては代替財がないようなものもあります。ブランド品が高くても売れるのは代替財がないからで，需要曲線は垂直に近くなります。このような財の場合，供給曲線（費用を表す）が左シフトすると，より大きな価格上昇となります。

ただし，そう単純でもない場合が多いので，じっくりと分析する必要があります。たとえばガソリンは，多くの人にとっては必需品であり，かつ代替財があまりないため代替効果は小さいはずです。ところが一方で，ガソリンスタンド間の競争は激しく，他が値下げすれば需要がそちらへ移ってしまいます。また，ガソリン需要は日常用の他に，レジャー用もあります。多めに消費するのは遠出をするレジャー用のほうで，こちらは代替効果が大きくなります。そのためガソリンは必需品と考えられがちですが，全体のコスト（たとえば原油価格）の変化が反映され，価格は変化しやすくなっています。

次に経済全体での物価変化を考えます。経済全体のインフレは代替効果による物価の上昇だけでは説明できません。ある財の**相対価格**の変化は経済全体の**物価**の上昇を意味しないからです。

図表 3-7 はマクロ経済学での**総需要**と**総供給**を描いています。経済全体ということで，「総〜」と呼びます。ミクロ経済学と似ていますが，意味はまったく異なります。

マクロ経済での総供給の仕組みは，**実質賃金**と**労働需要**の変化です。たとえば物価が下落するデフレになったときに**名目賃金**が変化しなければ，同じ賃金でより多くのモノを購入できるようになるので実質賃金の上昇を意味します。

名目賃金の下方硬直性は現実の経済でよくみられます。労働組合が賃下げに抵抗したりするからです。また，賃金を下げて労働者があまり働かなくなれば，賃金引き下げ以上に企業の生産性が下がってしまうかもしれません。

名目賃金の下方硬直性により実質賃金が上昇すると，実質の企業利潤が低下するため，雇用者数を減らさざるを得ません。労働者が減ると生産量も減少してしまいます。そうして，物価の上昇に対して生産量が低下するという関係（総供給曲線）が生じます。

したがって，総供給曲線の傾きは名目賃金が硬直的か否かに依存します。

■図表 3-7　マクロ経済学の総需要曲線と総供給曲線

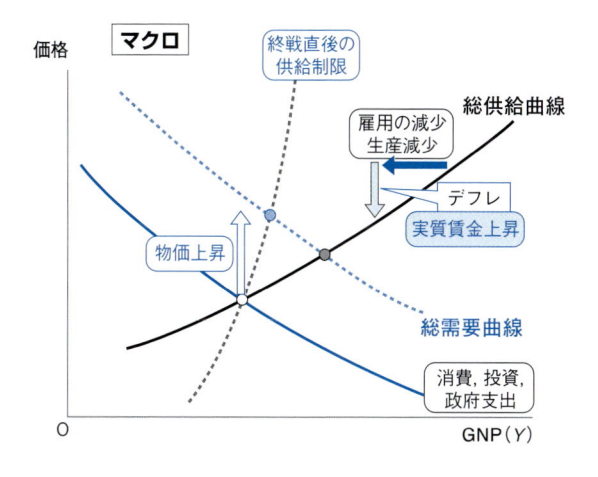

もし，労働市場で名目賃金が物価の変化に合わせて変化するなら，総供給曲線は垂直になります。逆であれば，右斜め上への傾きとなります（このような総供給曲線の形状は，**フィリップス曲線**と呼ばれる失業率と賃金または物価との関係を表す曲線に対応しています）。

終戦後の状況を考えます。戦時中，日本経済は軍事産業にシフトしたため，民需のための資本が欠けていました。そのため，戦後インフレとなり実質賃金が下落しても，資本が足りないので，雇用を増やして生産を増やすことがすぐにはできません。

また生産のためのエネルギー資源が欠乏していました。農業も男性の就業者数が徐々に増加しますが，農地面積や肥料に依存します。したがって，終戦直後は実質賃金の変化に企業の生産量は反応しませんでした。総供給曲線は垂直に近かったと考えられます。

そのような供給制約のもとで，引き揚げ者などによる需要増加が生じると，物価はより大きな上昇へとつながりやすくなります。それがモノ不足による物価上昇の要因でした。

▶ 財政破綻

モノ不足はある程度の物価上昇であれば説明できますが，100倍というのはどうでしょうか。インフレがさらにインフレを呼んだとしても，ハイパーインフレのメカニズムは説明できません。

戦後のハイパーインフレのもっとも重要な原因は財政破綻という**財政的現象**でした。市場にお金が増大してインフレとなる**貨幣的現象**と同じメカニズムも働いていますが，ここでは財政破綻を起因とした貨幣の増大であるので，財政的現象と呼びます。

また，インフレは1950年頃に安定化しますが，それまでの期間でも前半と後半で性質が異なります。初期のハイパーインフレは戦争支出のために政府債務が増大して，財政が破綻したことによるものでした。ハイパーインフレは，実質的に戦時中の政府債務をほぼゼロとするものでした。

一方，後半では復興のための資金を日本銀行が直接引き受けるなど，戦後に生じた要因がインフレの原因となりました。これについてはまた後で確認することとし，まずは戦後直後の財政状況がどのようなものであったのかみていきましょう。

戦時中，通常の政府の一般会計とは別に戦争のための**臨時軍事費特別会計**がありました。1944年度一般会計決算では，税収が114億円，国債発行が54億円でした。それに対して臨時軍事費特別会計での歳出総額は，一般会計の4倍以上の約735億円にものぼりました。一般会計と特別会計全体でみた国家財政の歳出総額に占める軍事費の比率は85.3%にもなりました。

図表3-8では租税収入，一般会計歳出，軍事総額，国債残高の対GNP比（%）を描いています。1944年度の軍事費総額はすさまじく多く，ほぼGNPと同じ98.7%です。一方で税収は対GNP比で15.4%ですから，軍事費のほとんどは借金（国債の発行）によりまかなわれました。その結果，国債残高は膨らみ，1944年度末の国債残高は対GDP比で144.5%にものぼりました。

国債残高は1944年度末で1,076億円ですが，さらに政府の債務として**戦時補償債務**がありました。これは，戦争中における軍需会社に対する補償金，未払い代金などの債務で，1946年時点の推計値で1,500億円と国債を上回

■図表 3-8　租税収入，一般会計歳出，軍事総額，国債残高の対 GNP 比

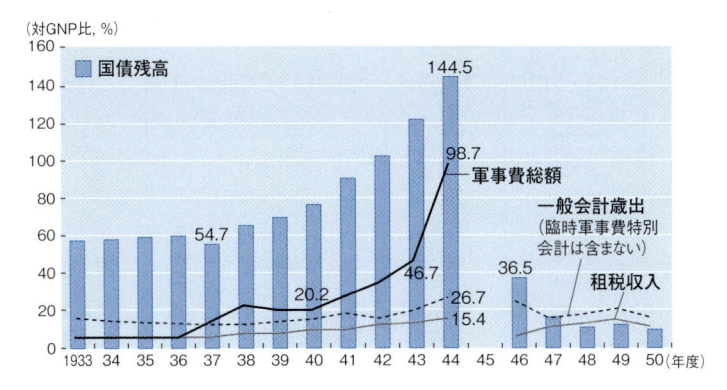

(出所)　総務省統計局『日本長期統計総覧』より作成。

3.2　ハイパー・インフレーション

る規模でした。合計すると 2,500 億円を超えます。

　銀行その他の金融機関の預貯金残高は 1,954 億円（1945 年 8 月末）であり，国債と戦時補償債務の合計はそれを上回っていたのです。ハイパーインフレは敗戦後に生じたのですが，仮に戦争に勝利していたとしてもいずれ財政破綻とインフレが生じていたでしょう。

　ただし，やはり，敗戦とその後の混乱がハイパーインフレのきっかけをもたらしました[5]。インフレーションのきっかけの一つは，人々の**銀行預金口座からの引き出し**です。敗戦直後，人々は今後の生活に不安を覚え，とくに自分の貯蓄がどうなるのかがわからない状況でした。そこで，まずは現金（日本銀行券（紙幣））を手元に置いておこうと考えたのです。

　銀行は預貯金と同じだけの現金を手元に用意しているわけではありません。そのため，人々が一斉に銀行から紙幣を引き出すと取り付け騒ぎとなり，金融は混乱します。それを避けるために，日本銀行にはその引出量に見合う紙幣の発行が必要となりました。

　戦争終結直後の半月だけでも日本銀行券の発行高は 44％ も増大しました。

---

[5]　ここでは，日本銀行ウェブページ『日本銀行百年史（第 5 巻）』にもとづいて記述しています。同書を読むとインフレーション発生時の財政状況がよくわかります。

■図表 3-9　昭和 20（1945）年の月ごとの券種別発行券発行高

(単位：100 万円)

昭和 年月末	5銭・10銭 1円・5円 10円・20円	100 円	200 円	1000 円	計
19. 12	10,259	7,487	0	—	17,746
20. 1	9,985	7,129	0	—	17,114
2	10,221	7,619	0	—	17,841
3	10,764	9,762	0	—	20,526
4	11,108	10,785	236	—	22,129
5	11,287	11,363	557	—	23,207
6	11,906	13,414	860	—	26,181
7	12,382	14,777	1,297	—	28,456
8	13,848	21,088	6,503	861	42,300
9	13,885	20,565	6,034	943	41,426
10	13,936	21,468	6,470	1,315	43,188
11	14,114	24,313	6,729	2,592	47,749
12	15,005	30,239	6,842	3,354	55,441
年　間 増加額	4,747 (12.6)	22,752 (60.4)	6,842 (18.2)	3,354 (8.9)	37,695 (100.0)
8～12 月 増加額	2,623 (9.7)	15,462 (57.3)	5,545 (20.5)	3,354 (12.4)	26,984 (100.0)

（出所）　日本銀行ウェブページ『日本銀行百年史（第 5 巻）』15 ページ抜粋。
（注）　0 は 100 万円未満。かっこ内は構成比（％）。

　さらに，図表 3-9 で券種別の日本銀行券発行高を示していますが，終戦直後の 8 月から額面の大きな 200 円や 1000 円の紙幣の発行が急増しています。全体ではこの年の 7 月から 12 月までで，日本銀行券の発行高は約 270 億円増加しました。

　8 月末における預貯金残高は 1,954 億円でしたので，約 550 億円の日本銀行券残高というのは非常に大きい規模です（2013 年の家計の金融資産の総額は約 1,500 兆円です。対して現金通貨の残高は約 80 兆円ですので，金融資産のおよそ 5％ にすぎません）。

　このことからも人々が資産保全，あるいは，できるだけ早く金融資産を実物化しようとして預貯金の現金化を行ったため，急激な紙幣発行増大が生じたことがわかります。

1946年2月に**金融緊急措置**がとられたのは，このような混乱した状況への対処でした。金融緊急措置では**預貯金の封鎖**がなされ，人々は現金を引き出せなくなりました。また，**新円切り替え**によって10円から1000円までの紙幣は旧円とされ，旧円は銀行に預けなければその価値を失うこととされました。さらに，新円の引出額にも制限が設けられました。

　名目では預貯金は目減りしませんが，インフレにより実質的な価値は減少していきます。そのため，制限内で人々はできるだけ引き出そうとし，日本銀行券の発行は再び増大することになりました。

　もう一つのきっかけは**臨時軍事費の支払い**です。これは軍の解体，軍人への支給，補償金などで戦後さらに膨らみ，終戦直後の8～10月の国債発行額は161億円におよびました。1944年度の国の税収が114億円であったことと比較すると，相当な額です。

　永江（2009）[6]によると，当時の津島寿一[7]大蔵大臣は軍需産業の停止による**デフレーション**（ここでは物価の下落および景気の後退）の危険を考え，未払いの臨時軍事費を一挙に支出したのです。それにより**マネー**[8]の需要と供給のバランスがさらに崩れることになりました（それからずっと後のバブル期に，土地の価格上昇を助長するからと旧国鉄（日本国有鉄道）の保有地売却が延期されたことがありました。需給バランスは経済学のイロハですが，直観的には迷う場合があるようです）。

　さらに，この臨時軍事費支払いの75%が日本銀行による国債の**直接引き受け**によるものでした。第1章でも学んだように直接引き受けは，日本銀行が市場を通さずに政府から直接国債を買うことです。日本銀行も政府の一部ですから，これは政府が紙幣を刷ってそれをそのまま使用するのと同じこと意味し，裏付けなく市中にマネーが急増します。その他にも**連合軍の駐屯費**

---

[6] 浜野潔他（2009）『日本経済史1600-2000――歴史に読む現代』（慶應義塾大学出版会）所収。
[7] 津島寿一大蔵大臣は1929年に新平価での金解禁を財務官として準備した人物です。田中義一から濱口雄幸への内閣交代により，それは実現せず昭和恐慌が発生します（第1章参照）。また，1936年度予算で，高橋是清大蔵大臣が公債漸減主義により軍事費抑制をまさに命がけで行おうとしていたときの大蔵次官でした。1936年の二・二六事件で公債漸減主義は放棄されることになりました。
[8] マネーとは何かについてはp.76のコラム参照。

■図表 3-10　政府債務残高，日本銀行券残高，小売物価指数（対数値）

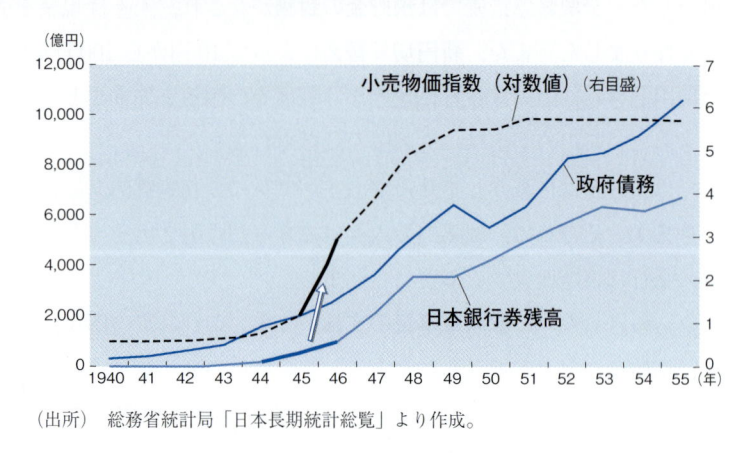

（出所）　総務省統計局「日本長期統計総覧」より作成。

用などを日本銀行が立替払いしたことなどもマネー増大要因となりました。

　図表 3-10 は，政府債務残高，日本銀行券残高，小売物価指数（対数値）の関係をみたものです。それぞれ似た動きをしていますが，1945 年，1946 年のインフレは日本銀行券の増加後に生じていることがわかります。

　このように，敗戦直後のハイパーインフレは戦時中の政府債務増大とその後の財政破綻を原因として，きっかけは敗戦直後の混乱が与えたのではないかと考えられます。

❖コラム　マネーと貨幣数量説

　本文で戦後のハイパーインフレを**財政的現象**として説明しました。一方で，通常のインフレは**貨幣的現象**として説明されます。物価上昇のメカニズムは同じですが，前者は財政破綻により**通貨の信認**が失われてしまうため激しいインフレ（通貨価値の目減り）となるのです。

　ここでは基本となる貨幣的現象のインフレを解説します。なお，経済学でのマネーは日常生活で考えるお金と定義が異なります。教科書にはマネーサプライと書いてある場合も多いですが，**マネーストック**と呼ばれています。このマネーストックは**現金通貨**の他に普通預金や定期預金などの**預貯金**が含まれます（第 11 章でより詳しく学びます）。

本文では当時のマネーストックの統計情報が少ないため，主な現金通貨である日本銀行券発行残高をみています。ただし，この点はむしろ状況を明らかにしています。戦前と戦後では現金通貨そのものが増加して，インフレが生じました。現代では現金通貨は，その必要に応じてしか使用・保有されません。

さて，日本銀行券などのマネーが増加するとインフレが生じる仕組みは**貨幣数量説**により説明できます。これは以下のような**貨幣数量式**で表せます。

$$MV = PY$$

ここで，P は物価水準，Y は実質 GDP（本文では GNP を用いている）で，したがって PY は名目 GDP です。M は**マネー**で，V は**貨幣の流通速度**と呼ばれるものです。たとえば名目 GDP が 500 兆円でマネーが 50 兆円とすると，平均的には経済で 10 回のマネーの回転・流通があったことになります。

また，この式を $M = (1/V)PY = kPY$ と書き直したときの k を英国の経済学者アルフレッド・マーシャル（Alfred Marshall）の名前から**マーシャルの k** といいます。ここでは単純に V あるいは k が一定の場合を考えます。

実質 GDP の Y は実体経済の状況によって決まるものなので，マネーには依存しません。したがって，マネーが増加したとしても物価水準 P が上昇するだけ

■図表 3-11　マネーストックと名目 GDP

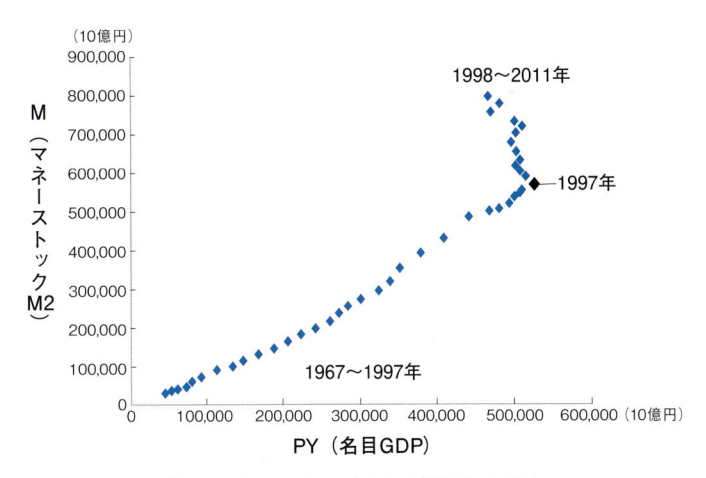

(出所)　内閣府（2012）『平成 24 年版経済財政白書』長期統計より作成。
(注)　マネーストックの指標として M2 を使用。現金通貨の他に普通預金や定期預金を含むが，郵便貯金は含まない（定義については，第 11 章で学ぶ）。

で，実体経済に変化はないはずです。そのためマネーが増大すれば，物価が上昇するインフレをもたらします。

貨幣数量式はほとんどの場合成立しています。**図表 3-11** は日本における 1967 年以降の各年のマネーストックと名目 GDP との間の関係をみています。1997 年頃までは名目 GDP が増えるとマネーストックが増加していました。それ以降はこの関係が消えてしまっています。日本経済は**流動性の罠**と呼ばれる特殊な状態に陥ったのです。

3.3 復興の経済政策

▶ 復興金融公庫の設置と傾斜生産方式

戦後直後の経済政策は，インフレに対して楽観的で，結局混乱してしまいました。1946 年，石橋湛山は第 1 次吉田茂内閣で大蔵大臣に就任すると，**石橋財政**とも呼ばれる積極政策を行い，**復興金融公庫**を設置したり，**傾斜生産方式**を採用するなどしました。

また，1946 年に**経済安定本部**（後の旧経済企画庁）が設置され，GHQ とともに経済復興策を企画しました。経済安定本部は 1947 年に第 1 回の経済白書（当時は『経済実相報告書』という名称）を発表しましたが，そこで当時の状況を「**財政も企業も家計も赤字**」と表しました。

当初の積極政策は供給整備による**供給不足対策**でした。これに対して，政府の支出が増加すればインフレを助長してしまうという批判もありました。けれども，財政破綻によるインフレはどのみち避けられないし，インフレを多少抑えたところで供給整備を行わなければ復興は見込めません。この政策はインフレをさらに高めてしまいましたが，その一方で復興の基礎ともなりました。

この頃，GHQ から**戦時補償債務の打ち切り**の指示がきました。石橋大蔵大臣はこの打ち切りにより企業活動の復興が遅れることを懸念して反対しました。そのような GHQ との対立もあって，石橋は 1947 年 5 月に公職追放となりました。

傾斜生産方式とは**鉄鋼産業，石炭産業**に重点的に資源配分する政策です。当時，不足していた石炭の増産のために，まず石炭も含めた資源を石炭産業に配分します。そして，増産された石炭を鉄鋼産業に優先配分します。波及効果の大きいとされるこれらの産業における増産により，経済復興を実現しようというものです。

このような政府主導の数量割り当てなどの**計画経済**は，通常の経済状態では必ずしも効率的な配分をもたらしません。傾斜生産方式は**強制された輸入代替策**[9]にすぎないとも考えられます。また，計画経済下ではそれによる配分よりも高い価格で売買が行われる闇市が発生します。しかしそれでも，当時はハイパーインフレにより貨幣経済がほとんど成立していなかったことを踏まえて評価する必要があるでしょう。

資金面での復興政策としては，復興金融公庫が1947年に設立されました。復興金融公庫も石炭，鉄鋼，電力などの産業に優先的に融資しました。

復興金融公庫の融資は**復興金融債券**の発行により資金がまかなわれました。日本銀行の『日本銀行百年史（第5巻）』（103ページ）によると，復興金融債券は1949年3月までに純計1,091億円が発行されましたが，そのうち73%が日銀引き受けによるものでした。これは，同期間中の銀行券増発高の約38%に相当するものでした。

戦後すぐのインフレは戦前・戦時中の財政が原因でしたが，1947年半ば以降はこの復興金融債券の日銀引き受けによる要因が加わります。そのため，この頃のインフレは**復金インフレ**と呼ばれます。

供給不足対策により需給バランスを起因としたインフレは徐々に解消していったはずです。一方で，財政要因には，供給不足対策の資金調達のための復興金融債券が加わりました。

ところでインフレはどのような影響を人々に与えたのでしょうか。あるいは，誰が得をして誰が損をしたのでしょうか。インフレは物価が変化するだけですから，全体では実体経済に影響を及ぼしません。これを**貨幣の中立性**

---

[9] 岡崎哲二（2002）『経済史の教訓――危機克服のカギは歴史の中にあり』（ダイヤモンド社）で指摘されています。また同書は傾斜生産方式の副作用として繊維生産がマイナスの影響を受けたと指摘しています。

といいます。一方で個々の経済主体の資産や経済活動には大きな影響を与えます。

銀行から融資を受けていた企業は，その借り入れの実質の価値が大きく下がったために得したはずです。けれども，一方では企業の多くが軍需に依存しており，その軍需では戦時補償債務の打ち切りによって損してしまいました。また，人々の貯蓄は預貯金封鎖により引き出しが不可能となり，インフレによってその実質価値がほぼなくなってしまいました。

ところが，実質の政府債務はインフレにより大きく目減りします。**図表3-12** は物価と実質債務の推移を描いています。1934年から1936年の物価を基準とすると，1944年の実質政府債務（国債）は724億円でした。それが，4年後に35億円へと減少し，7年後の1951年には21億円になりました。

ハイパーインフレで得をしたのは政府，損をしたのは国民だったのです。このようにインフレは政府に対して国民負担が生じるため，**インフレ課税**と呼ばれます。ただし得といっても，便宜上そう表現したにすぎず，実際にはすべて戦争で使ってしまったので，結局は国民の資産が消えただけにすぎません。

■図表3-12　実質政府債務の減少とインフレの終焉

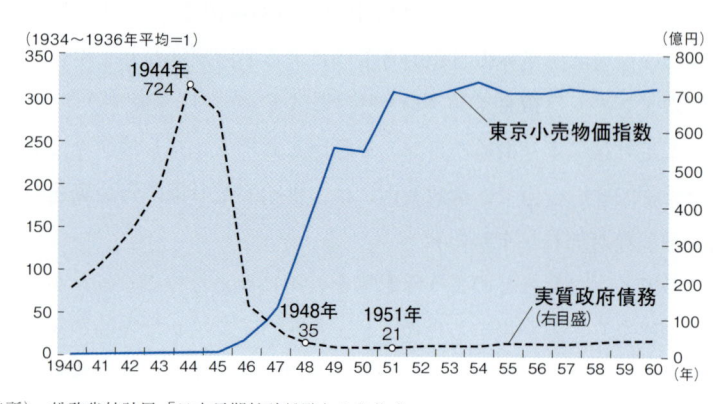

（出所）　総務省統計局「日本長期統計総覧」より作成。
（注）　実質値は，「政府債務の実質値＝名目政府債務/東京小売物価指数」により求めたもので，1934〜1936年の平均物価指数が基準。

▶ ドッジ・ラインとインフレの収束

この時期に議論となったのが，ハイパーインフレへの対処の方法として**中間安定**か**一挙安定**かというものです。上でみたような生産供給能力を高めるための政策をとりながら，段階的にインフレを調整していくのが中間安定論で，インフレ収束を重視するのが一挙安定論です。

米国政府は日本のインフレを収束させる**総需要抑制政策**を採用し，1948年末には**経済安定九原則**（予算均衡，徴税強化，資金貸出の制限，賃金安定，物価統制，為替管理の強化，資材割当の改善，国産品の増産，食糧供給制度の改善の9項目）の指令を出しました。

その具体化のために，米国は1949年に当時デトロイト銀行頭取だったジョセフ・ドッジ（Joseph Dodge）を大統領特使として派遣しました。ドッジは**ドッジ・プラン**を提示し，それにもとづいて財政・金融の引き締めが行われました。

図表3-13は，1941年から1955年までのいくつかの経済変数の変化率を示しています。ドッジ・プランが採用された前後の1948年から1949年にかけて，経済状況に大きな変化がみられます。とくにインフレ率は1948年の193.4％から1949年の62.7％へ，さらに1950年には若干のマイナスとなり安定化しました。

ドッジ・プランの中身は，財政赤字を抑制する**超均衡予算**，金融面での**復金融資の廃止**などからなりました。復金融資は日本銀行による直接引き受けが多く行われて，インフレの原因となっていたのでその解消が計られました。**図表3-13**をみると1949年の日本銀行券残高の増加率がちょうどゼロとなっています。

インフレの安定化に伴い心配されたのが，需要減少により景気が悪化する安定恐慌でした。確かに，1949年の実質GNP成長率は前年の12.7％から大きく減速して2.1％へと落ち込みました。けれども1950年に勃発した**朝鮮戦争**（朝鮮動乱，1950～1953年）に伴う米軍の戦争物資特別調達という**朝鮮特需**や輸出の増加によって，景気は1年で回復しました。

こうして経済の回復は軌道に乗り，その後もインフレの安定が継続しました。輸出や米国の軍需品買い付けによる**外貨獲得**が輸入の増加を可能とし，

■図表 3-13　戦後日本の経済指標

(単位：%)

年	実質 GNP 成長率	インフレ率（東京小売物価指数）	日本銀行券残高増加率	実質政府債務変化率
1941	1.4	1.2	25	33.2
1942	1.4	2.9	20	32.9
1943	0.0	6.1	44	40.3
1944	−3.7	12.0	73	59.5
1945	—	47.0	212	−10.7
1946	—	513.8	68	−78.3
1947	8.6	169.4	135	−49.5
1948	12.7	193.4	62	−50.4
1949	2.1	62.7	0	−25.3
1950	11.0	−1.8	19	−11.5
1951	13.0	29.4	20	−10.0
1952	11.0	−2.9	14	31.9
1953	7.4	3.5	9	−0.5
1954	3.7	3.3	−1	6.1
1955	11.1	−4.2	8	18.3

（出所）　総務省統計局「日本長期統計総覧」より作成。

経済拡大の循環が生まれました。そして 1956 年の経済白書には「**もはや戦後ではない**」と記述されることになりました[10]。

　朝鮮戦争は米国と旧ソビエト連邦との間の冷戦の顕在化でした。米国は日本の東アジア地域での資本主義陣営の一員としての役割を考えるようになりました。日本は 1951 年 9 月に旧ソ連など一部を除く国々とサンフランシスコ講和条約を締結し，GHQ による占領が終わることになりました。1950 年に警察予備隊（後の自衛隊）が設置されるものの，**日米安全保障条約**により安全保障は米国に依存し続けることになりました。

---

10 「もはや戦後ではない」という言葉からは，戦後の混乱から回復した様子が思い浮かび，当時の人々もそう感じたのだと思いますが，経済白書はむしろその後の成長の難しさを指摘したものになっています。その後に「回復を通じての成長は終わった。今後の成長は近代化によって支えられる」という文章が続いています。また，別の箇所では「こうして経済水準の回復過程をほぼ終了した現在としては，経済の浮揚力が弱くなり，その結果，景気循環の運動は今までより一層顕かになる惧れがあるとみてよいであろう」とも表現しています。

インフレは収束し，朝鮮特需によって安定恐慌も深刻化せずにすみました。ただし，ここで注意が必要なのは必ずしも総需要抑制政策によってインフレが収束したとは言い切れないことです。**図表3-13**には実質債務の変化率もありますが，この頃までに政府の債務は十分目減りしました。1944年度末に対GNP比144.5%であった国債残高は，1948年度末には対GNP比10.5%にまで低下しました。財政的なインフレ要因はすでに1948年頃にはかなり小さくなっていました。

▶ 固定為替レート

経済復興に伴い，民間の海外取引も生じてきました。ところが，当時は物価統制のもとで財別の為替レートとなっていました。また，インフレであったため為替レートを設定してもすぐに実情に合わなくなる一方で，為替制度の不備がインフレをもたらすという問題もありました。

そこで**単一為替レート**を定めるために，1948年6月にヤング（Ralph Young，米連邦準備制度理事会調査統計局）特別使節団が来日し，1ドル＝300円程度を適当とし，270〜330円の水準で定めるよう報告しました。これは当時の実勢（おそらく400円前後）からすると円高となる水準でした。そのため，最終的にはそれよりは円安となる**1ドル＝360円**の**固定為替レート**で定まることとなりました。

❖ **コラム　経済復興の経済政策**

　石橋湛山は，戦前，高橋亀吉らとともに金解禁などの論陣を張った東洋経済新報社のエコノミストです。1946年，第1次吉田内閣で大蔵大臣に就任しました。

　就任すると石橋財政とも呼ばれる積極的な経済政策をとりました。積極的な経済政策はインフレを助長しましたが，石橋は「インフレ防止の根本策は生産の増加にある。……一般的にインフレの昂進〔こうしん〕から生じたる現象ではなく，全く其等物資個々の事情として現われたる供給不足と其の前途に対する不安に基づくものに思われる」（勝又（1995））と，生産の増加を優先しました。傾斜生産や復興金融金庫の設立が行われました。

　傾斜生産を考案したのが当時，東京大学経済学部教授でマルクス経済学者の有澤廣巳です。労働経済学の教科書などに出てくる**ダグラス＝有澤法則**（夫の所得

が高いと妻の有業率が低くなる）でよく知られていますが，経済復興でも重要な役割を果たしました。

石橋と有澤は戦前の高橋財政のときに，インフレの可能性について論争しました。戦後も石橋の政策がインフレを招くと批判しました。

有澤はドッジ・ラインが採用される時期について，「インフレの収束の問題は，あのとき僕の考えは傾斜生産でやって，戦前の60％まで生産水準が回復したならば一挙安定をやる，これが僕の考え方。その前に一挙安定をやるのは日本経済を大混乱に陥れることになるからだ，どっちの場合でもインフレを安定させれば安定恐慌が起こるでしょう」（有澤（1989），34 ページ）と述べています。

石橋のように市場経済主義的政策も，有澤のような社会主義的な政策も，経済基盤が十分ではないときには同じ内容にならざるを得ないのかもしれません。

参考文献

有澤廣巳（1989）『戦後経済を語る──昭和史への証言』東京大学出版会。
勝又壽良（1995）『戦後50年の日本経済──金融・財政・産業・独禁政策と財界・官僚の功罪』東洋経済新報社，原典『東洋経済新報』昭和20年10月13日号，「社論」。

キーワード

財閥解体，農地改革，労働制度改革，集中排除政策，ハイパー・インフレーション（ハイパーインフレ），財政的現象，財政破綻，貨幣的現象，闇市（ブラックマーケット），モノ不足，超過需要，所得効果，代替効果，預貯金の封鎖，新円切り替え，貨幣数量説，貨幣数量式，傾斜生産方式，復興金融公庫，復興金融債券，復金インフレ，貨幣の中立性，インフレ課税，ドッジ・プラン，超均衡予算，朝鮮特需，外貨獲得，固定為替レート（1ドル＝360円）

問題

(1) 戦時中の日本経済の特徴を民需と軍需から考察しなさい。
(2) モノ不足の視点から，戦後の物価上昇の仕組みを説明しなさい。
(3) 財政的現象の視点から，戦後のハイパーインフレを説明しなさい。
(4) 傾斜生産方式や復興金融公庫は意義のある政策だったかどうか論じなさい。
(5) ハイパーインフレがどのように収束したのかを考察しなさい。

第4章

景気循環と経済成長

　戦後，日本経済はハイパーインフレや社会構造の変化という混乱の中から復興していき，そして復興期から成長期へと推移します。そのきっかけは1950年に勃発した朝鮮戦争に伴う朝鮮特需でした。1956年の経済白書には「もはや戦後ではない」と記述されるまでになりました。

　けれども，この「もはや戦後ではない」という言葉は，もともとは新しい時代の幕開けを表現したものではありませんでした。戦後復興が終わり，今後の成長には回復とは別の何かが必要だということを意味するものだったのです。とはいえ，日本経済は高度成長期を迎えることになります。本章では，戦後の回復からさらに1950年代，1960年代の高度成長がどのように達成されたのかをみながら，経済成長とは何かを考えます。それとともに長期的な成長と景気循環について学びます。

4.1　高度成長期の景気循環

▶ 景気循環の復活

　ここでは高度成長期の出来事を確認しながら，景気循環について学びます。

　高度成長が始まったのは1955年頃からです。ちょうどその頃に政治では自由民主党が与党，日本社会党が野党第一党である55年体制が始まりました。1956年に日本経済は好景気となり，初代天皇の神武天皇以来ということで，**神武景気**と名付けられました。

ただし当時は，日本経済がそれからずっと良くなり続けると考えられたわけではありません。昭和32（1957）年版経済白書は「早すぎた拡大とその反省」として，経済の**二重構造**を指摘しています。二重構造とは主に先進的設備を有する大企業（近代部門）と，前近代的な中小企業（在来部門）との格差，とくに労働者の賃金格差があることをいいます。このような格差は自然には解消されないであろうという認識でした。そして1958年に，昭和33年版経済白書のいう「景気循環の復活」があり，景気は後退してしまいました。

この頃の景気循環には**経常収支**[1]（あるいは**貿易収支**や**貿易外収支**）の動向が大きく左右しています。**図表4-1**の右端の列は経常収支（100万米ドル）の値です。経常収支は1957年に赤字が拡大しましたが，この赤字に対して行われた**金融引き締め**が景気を後退させたのです。金融引き締めでは1957年および1958年に現金通貨の伸び率が低下し，1958年のインフレ率は，−0.5％となりました。

ではなぜ，景気を悪化させるにもかかわらず，政策当局はわざわざ金融引き締めを行ったのでしょうか。

日本では1949年から1971年まで，1ドル＝360円の**固定為替相場制**がとられていました。経常収支赤字は輸入超過のため，海外のモノをより多く購入していることなので，ドルなどへの外貨需要が増加します。円を売ってドルを買う取引のほうが増えるため，円売り圧力が生じます。固定相場制のもとでは，為替レートを維持するために金融当局はそれに対して外貨売り（円買い）をせざるを得ず，金融引き締めとなってしまうのです。

また，1950年代には**外貨割当制度**もありました。この外貨割引制度を用いて**国内産業の保護**と**輸入制限**が行われていました。岡崎（2011）[2]によると，通商産業省は輸入額を企業別に介入できるほどで，政府主導の輸出振興

---

[1] 経常収支は第6章で詳しく学びます。現在，経常収支は財の貿易収支（輸出から輸入を引いたもの）やサービス収支，所得収支からなります。海外で得た所得や利子等の受取りが所得収支です。当時は貿易外収支がサービス収支と所得収支を含むものでした。現在と少し構造が異なりますが，ここでは主に現在の貿易収支とサービス収支に該当するものについて解説しています。

[2] 岡崎哲二（2011）「貿易自由化の政治経済学──戦後日本のケース」CIRJEディスカッションペーパー J-232, 東京大学。

■図表 4-1　経済成長率とインフレ率等

年	実質 GNP 成長率(%)	インフレ率(%)	マネーストック(M2)変化率(%)	現金通貨変化率(%)	経常収支(100万米ドル)
1956	7.3　神武景気	0.0	22	15	−34
1957	7.5	3.4	15	4	−620
1958	5.6　なべ底不況	−0.5	19	6	264
1959	8.9	1.1	20	16	361
1960	13.3　岩戸景気	3.8	21	19	143
1961	14.5	5.2	20	20	−982
1962	7.0	6.5	20	14	−49
1963	10.5	7.9	24	15	−780
1964	13.1	3.9	15	15	−480
1965	5.1　昭和40年不況	6.3	18	14	931
1966	9.8	5.1	16	14	1,251
1967	12.9	3.7	15	20	−190
1968	13.4	5.8	15	15	1,048
1969	10.7	5.4	19	20	2,119
1970	10.9	7.4	17	18	1,970

（出所）　総務省統計局「日本長期統計総覧」より作成。

策がとられていました。

　金融引き締めによる景気後退のメカニズムについては，第 3 章で学んだ貨幣数量説を思い出しましょう。貨幣数量式は $MV = PY$ でした。ここで，P は物価水準，Y は実質 GDP（GNP），PY は名目 GDP です。M はマネーで，V は貨幣の流通速度です。図表 4-1 のマネーストックは M2 というものですが，これは主に現金通貨（ただし金融機関保有分は除く）と国内銀行に預けられた預金（郵便貯金を除く）の合計です。

　さて，金融引き締めはマネー M の減少を促します。そのためデフレになったり，インフレ率が低下するディスインフレになったりします。短期的には物価の動きは緩やかです。そのため，金融引き締めによって実質金利が上昇することになり，投資が抑制されて景気が後退します。

　金融引き締めによる景気後退メカニズムは，理論上は一時的なものです。ところが，当時はこの景気後退が長めに続くと考えられたため，なべ底不況と名付けられました。なお，最近ではそのような動向を U 字回復，急速に回復する場合を V 字回復，回復が長く遅れることを L 字回復と呼ぶことが

あります。

　このときの回復は，図表 4-1 にあるように V 字回復でした。1959 年には経常収支が改善しました。この頃は投資需要が旺盛だったため，経常収支改善による政策転換とともに，景気が回復したのです。そして，1960 年にはインフレ率も戻りました。インフレ率が高まり実質金利が低下すると，さらに景気は回復しました。そうして実質成長率は 1960 年に 13.3％，1961 年では 14.5％ にまで達しました。

　この景気は，前の神武景気を上回るものであったため，神武天皇の時代をさらにさかのぼり，天照大神が天の岩戸に隠れたとき以来という意味で岩戸景気と命名されました。

▶ 所得倍増計画

　1960 年に池田勇人は，首相に就任すると 12 月に「所得倍増計画」を閣議決定しました。これは 1961 年度からの 10 年間で実質国民総生産（GNP）を 2 倍，年平均成長率を 7.52％ にするというものでした。その内容は二重構造論を意識し，農業や中小企業を近代化するといったものや，輸出競争力の強化と輸出拡大による外貨の獲得などでした。1960 年 6 月には貿易為替自由化計画大綱が決定され，貿易自由化も順次進められていきました。

　所得倍増計画の生みの親となったのは，元大蔵官僚の下村治です。下村はインタビューに答え，このように述べています。

> 「われわれが考えていたときの成長というのは，設備投資がどうであるかということが中心なんです。設備投資で生産力の増強，生産性の向上があって，それに見合った成長になるんだ。はじめから需要論じゃないんですよ。需要と供給のバランス論なのです。」（下村治 (1984)『証言・高度成長期の日本（上）』エコノミスト編集部，22 ページ。）

　本章では後半で経済成長理論にもとづき高度成長を分析しますが，この設備投資による生産の増強について頭にとどめておいてください。

　さて，その後の 1960 年代を通じた経済状況は，総じて高成長であったものの，やや複雑な動きを見せます。図表 4-2 で高度成長期の景気循環を把握

■図表 4-2　実質 GNP 成長率と景気循環

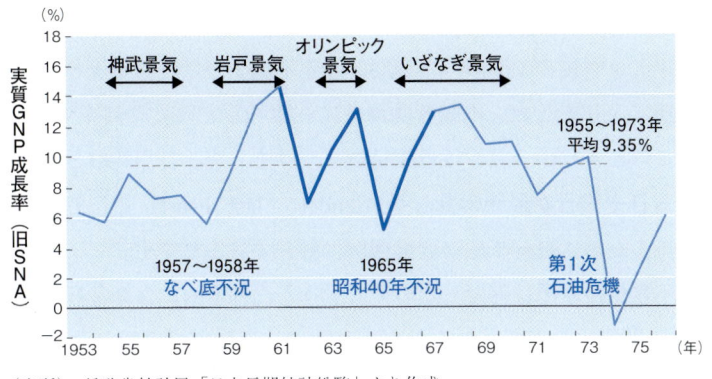

図中凡例：神武景気、岩戸景気、オリンピック景気、いざなぎ景気、1957～1958年 なべ底不況、1965年 昭和40年不況、第1次石油危機、1955～1973年 平均9.35%

（出所）　総務省統計局「日本長期統計総覧」より作成。

しておきましょう。1960 年から 1967 年に大きな W 字になっており，景気後退と拡張が交互に生じています。

図表 4-1 にあるように 1961 年に経常収支が再び大幅に赤字化し，1962 年の成長率は低下しました。けれども，このときの現金通貨変化率の低下は 1958 年に比べて緩やかなもので，インフレ率はむしろ上昇しました。1964 年 10 月には東京オリンピックが開催されることになっており，それに合わせて，競技場の他に東海道新幹線が整備されるなど，さまざまな投資が行われていました。

東京モノレール，名神高速道路なども建設されました。**昭和 30 年代**（1955～1964 年）は日本社会とその風景が大きく変容することとなりました。このような投資の増大に伴い，1962 年から 1964 年にかけて景気は維持されます。

1964 年に日本は（為替制限を行わない）IMF 8 条国へ移行して外貨割当制度を廃止しました。**IMF**（International Monetary Fund；国際通貨基金）は米国のワシントン D.C. に本部を置き，為替や世界金融の安定などを目的とした世界機関です。また **OECD**（Organization for Economic Co-operation and Development；経済協力開発機構）に加盟します。OECD はフランスの

パリに本部を置く経済協議を目的とした機関で，先進国クラブとも呼ばれます。所得倍増計画が実行されていた1960年代に日本は，経済大国として先進国の仲間入りを果たしました。

オリンピック後の1965年には**昭和40年不況**または**証券不況**と呼ばれる景気後退期に入りました。山陽特殊鋼や山一證券などの大型倒産[3]が相次ぎました。このときに山一證券は**日銀特融**をうけました。日銀特融とは，中央銀行である日本銀行が**最後の貸し手**（lender of last resort）として，金融システム維持のために破綻状態の金融機関に融資することです。

この不景気の原因は何だったのでしょうか。基本的には経常収支の赤字が1965年に黒字化したことからわかるように，それまでの数年間に景気が過熱していたのが調整されたのだと考えられます。民間企業の設備投資がマイナス成長となったことから，オリンピック後の反動という見方です[4]。

当時は**構造不況論**も展開されました。すなわち，在庫調整などの短期的な要因ではなく，労働力不足やそれに伴う賃金上昇（企業にとってのコストの上昇）といった長期的な要因による不景気だととらえられたのです。

しかし実際には短期間で景気後退が終わり，その後は当時で戦後最長となる**いざなぎ景気**へと突入しました。内閣府の**景気基準日付**（次頁のコラム参照）において拡張期は，1965年10月から1970年7月までの5年弱にもおよぶものとなりました。経常収支の黒字が拡大していることから，日本は**貿易立国**として安定し，経常収支要因に景気が左右されにくくなったと考えられます。

所得倍増計画の予測とほぼ同じように日本経済は成長しました。1968年に日本のGNPは西ドイツを抜いて世界第2位となりました。1969年6月11日の朝日新聞朝刊1面では案外，淡々とその事実を伝えています。

---

[3] 企業が破綻した場合，通常は破産となり企業活動は停止され，資産は清算されます。一方で会社更生法の場合は，経営陣は辞任し，株主は出資金を失うものの，会社は存続して経営再建が目指されます。山陽特殊鋼は会社更生法への申請でした。2000年に施行された民事再生法の場合は，経営陣の辞任は必ずしも必要なく，経営再建が目指されます。ただし，債権者の同意を必要とします。

[4] 原田泰（2008）『コンパクト日本経済論』（新世社）では，オリンピック不況と呼ばれるものが必ずしも生じる必然性がないことを説明しています。このような通説を疑う目は常に必要です。

「(昭和) 43 (1968) 年の日本の国民総生産は51兆920億円 (1,419億ドル) で，初めて50兆円の大台を超え，西独を抜いて，米国に次ぎ第2位（共産圏を除く）となった。しかし1人当たり国民所得では世界20位程度にとどまっている……共産圏諸国を含めると米国，ソ連に次ぎ世界第3位になると推定される……」(1969年6月11日，朝日新聞朝刊1面より引用。)

❖ コラム　景気基準日付

　景気基準日付は内閣府により設定されている景気循環の転換点を示すものです。景気基準日付は，景気動向指数にもとづいて決定されます。景気動向指数はいくつかの経済変数の動きを1つにまとめて作成されたもので，同じく内閣府が発表しています。

　注意が必要なのは，この景気基準日付では，景気がもっとも底にある谷からもっとも良いときの山までの期間を拡張期と呼び，山から谷までを後退期と呼んでいることです。図表4-3では，潜在成長を右斜め上に向かう矢印で示し，その経路上の景気変動を描いています。図にあるように一般的に好景気と人々に認識されるのは景気が良いときですが，好景気と拡張期にはその範囲にずれがあります。

　いざなぎ景気は戦後の第6循環にあたり，拡張期が57カ月でした。長くこれ

■図表 4-3　景気循環

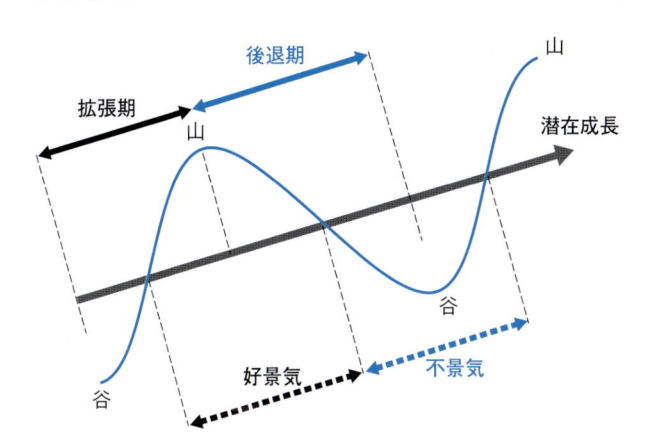

■図表 4-4　景気循環日付

	谷	拡張(月数)	山	後退(月数)	谷
第1循環			1951年6月	4	1951年10月
第2循環	1951年10月	27	1954年1月	10	1954年11月
第3循環	1954年11月	31	1957年6月	12	1958年6月
第4循環	1958年6月	42	1961年12月	10	1962年10月
第5循環	1962年10月	24	1964年10月	12	1965年10月
第6循環	1965年10月	57	1970年7月	17	1971年12月
第7循環	1971年12月	23	1973年11月	16	1975年3月
第8循環	1975年3月	22	1977年1月	9	1977年10月
第9循環	1977年10月	28	1980年2月	36	1983年2月
第10循環	1983年2月	28	1985年6月	17	1986年11月
第11循環	1986年11月	51	1991年2月	32	1993年10月
第12循環	1993年10月	43	1997年5月	20	1999年1月
第13循環	1999年1月	22	2000年11月	14	2002年1月
第14循環	2002年1月	73	2008年2月	13	2009年3月
第15循環	2009年3月	37	2012年4月		

(出所)　内閣府経済社会総合研究所「景気基準日付」より作成。

が戦後最長でしたが，2002年1月から2008年2月までの拡張期が73カ月となり，塗り替えられました。ただし，景気循環は成長率の大きさに対応しておらず，景気変動を示すに止まります。両時代を経験した人にとっては，いざなぎ景気のほうがずっと景気が良かったと感じているはずです。

4.2　景気循環の指標

▶ 在 庫 循 環

　景気後退の中心的な要因は**外生的ショック**です。外生的ショックとは，経済におけるある条件のもとで自ずと生じるものではなく，予期しない形で経済主体の行動外のところから生じるものです。たとえば，2008年の世界金融危機では，日本の海外への輸出が激減しました。海外の需要が低下する需

要ショックが生じたのです。あるいは，原油価格が上昇するなどのサプライ（供給）・ショックもあります。天候不良による凶作もサプライ・ショックです。

ここまでで学んできたことを振り返ると，金融政策が景気循環の要因となることが多くありました。米国の経済学者ミルトン・フリードマンに代表されるマネタリストは，景気循環を貨幣的要因からとらえます。金融政策の変化でマネーが増減し，それが金利や投資などに影響を及ぼします。

あるいは，経済学者ヨゼフ・シュンペーター（Joseph A. Schumpeter）は内生的景気循環のメカニズムを考えました。その要点は企業のイノベーションです。イノベーションにより企業は，一時的により大きな利潤を生み出すことができます。けれども，やがて模倣されて利潤が縮小します。これが好況と不況のサイクルを生み出すと考えました。

需要ショックに戻ります。企業は製品を生み出すためには資本を投入しなければいけません。需要が増大すれば，それに合わせて投資を行います。けれども，逆に需要ショックが生じた場合に，資本ストックをすぐに減らすことはできません。そのため，フローの財の生産に余剰が生じます。この余った分は在庫として積み上がります。

景気循環は多くの場合，好景気時の過剰投資や過剰生産，その後の在庫の調整で把握することができます。この在庫循環[5]を表現する方法として在庫循環図があります。

経済産業省が発表している「鉱工業指数」には生産指数，（生産者）出荷指数，（生産者製品）在庫指数があります。それぞれ製品の生産額，出荷額，在庫額をウェイト付けして加重平均を求め，基準年を100として算出します。

図表4-5はこのうち出荷指数と在庫指数の2000年から2012年までの推移を表したものです。この図を見ながら在庫循環を確認しましょう。

2001年に入ると出荷指数が低下しました。これは日本経済が景気後退期に入ったことを示しています。当初，在庫はモノが売れないため積み上がるのですが，やがて企業が生産を抑制するため減少します。図で出荷指数と在

---

[5] 在庫循環は経済学者の名前からとってキッチン・サイクルとも呼ばれます。

■figure表 4-5　鉱工業指数

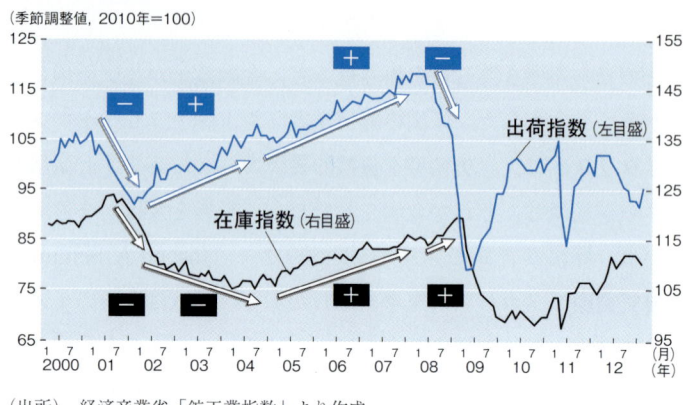

(季節調整値, 2010年=100)

庫指数がどちらも－（マイナス）方向へと動いています。

　景気が回復し始めると，出荷指数は＋（プラス）方向へ変化します。一方で，企業はすぐには生産を増大しないため，在庫は減り続けて－（マイナス）方向のままです。やがて，景気回復が続くことで，在庫も＋（プラス）方向へ変化します。図では2004年後半に出荷指数と在庫指数がどちらも＋（プラス）方向になっています。

　需要ショックにより，再び景気後退が生じると，出荷指数が－（マイナス）方向となり，しかし在庫は一時的にそのまま積み重なるため＋（プラス）方向のままとなります。図では2008年後半で，リーマンショックが発生したときです。その後は再び循環していくことになります。

　ただし，2011年3月11日の東日本大震災後も，出荷指数は大きく落ち込んでいます。この時期は在庫循環では説明できない動きとなっています。それは主にサプライ・ショック（サプライチェーンの寸断）による生産の落ち込みだったからです。

　鉱工業指数の動きを循環としてとらえ，図で表したのが図表 4-6 で示されている在庫循環図です。この図では縦軸に出荷指数の対前年同期比をとり，横軸に在庫指数の対前年同期比をとります。

■図表 4-6　在庫循環図：2004 年第 1 四半期〜2011 年第 2 四半期

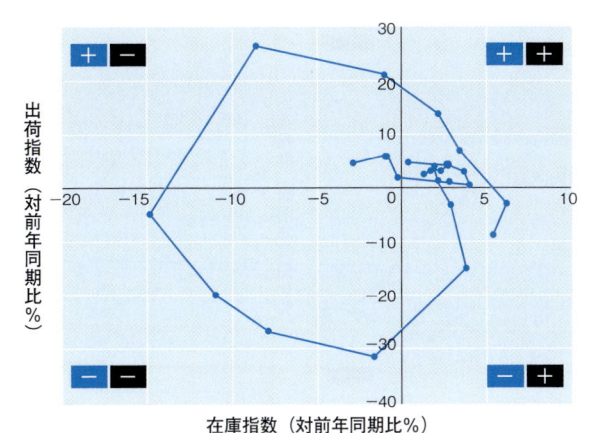

（出所）　経済産業省「鉱工業指数」より作成。
（注）　旧基準の季節調整済指数（2005 年＝100）をもとに計算した値を用いている。

　前図で＋（プラス）と－（マイナス）で表した動きがちょうど図の 4 つの象限に位置することになります。そのため，在庫循環が生じていると，時間とともに時計回りに動くグラフが描かれることになります。第 1 象限は＋（プラス）と＋（プラス）ですので，景気の山が位置します。第 3 象限は－（マイナス）と－（マイナス）ですので，景気の谷になります。

　例として最近の在庫循環をみてきましたが，高度成長期ではどうだったのでしょうか。図表 4-7 では 1956 年から 1960 年にかけてと 1961 年から 1965 年にかけての在庫循環図を描いています。高度成長期でも在庫循環で説明されるような景気循環が生じていました。

　興味深いのは，最近のものとは異なり，必ずしも 4 つの象限をまたぐようなグラフになっていないことです。とくに 1960 年代前半では出荷指数がマイナスの領域には入っておらず，プラスのままで景気循環が生じていました。最近の低成長下の日本経済とは異なりますが，高成長の中でも景気循環があったことがわかります。

■図表 4-7　高度成長期の在庫循環図：1956～1960 年と 1961～1965 年

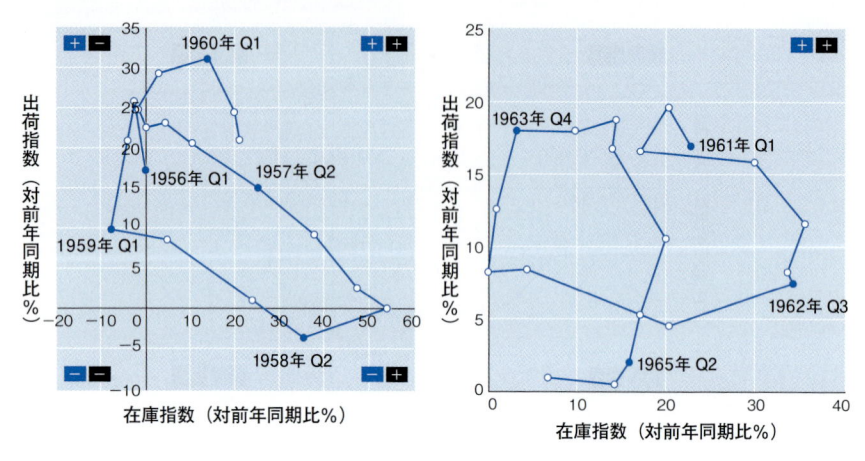

(注)　旧基準の季節調整済指数（2005 年＝100）をもとに計算した値を用いている。Q は四半期を表す。四半期末における対前年同月比を用いている。

景気動向指数

　在庫循環図では，出荷と在庫という限定的な指標を用いて景気循環をみました。けれども経済全体の状況を確認するには，生産だけではなく，もう少し広い範囲の景気動向で確認したいところです。そこで有用なのが，内閣府が毎月発表している景気動向指数という指数です。景気動向指数はいくつかの経済指標を合成して作成します。

　指標の選び方によって，遅行指数，一致指数，先行指数の3種類があります。遅行指数は完全失業率など景気が良くなってから改善する6つの指標[6]をまとめたものです。一致指数は大口電力使用量，鉱工業生産財出荷指数，商業販売額，有効求人倍率など，景気と同時に動く11の経済指標を採用しています。先行指数は，新規求人数，東証株価指数（TOPIX），消費者態度指数など景気の先行きを表すと考えられる12の指標を用いています。

6　ここで紹介したのは第 10 次改定による指標です。

それぞれ，指標の作成方法として **DI**（ディフュージョン・インデックス）と **CI**（コンポジット・インデックス）があります。2008年4月から中心として公表されているのは CI ですが，それ以前は DI でした。

CI は各指標の変化率の合成値です。各変数の変化率を基準化して，その平均を求めて積み重ねて作成されます。DI は3カ月前に比べて上昇した指標を1，変化なしを0.5，下落指標を0として，その平均値を求めパーセント（%）表示します。3カ月前に比べて上昇した指標のほうが多ければ50%以上となり，すべての指標が上昇すれば100%となります。

DI は変化がプラスかマイナスかのみをみているため，景気の変化の大きさがわかりません。一方で，CI は変化率を合成しているため景気の波の大きさをある程度は把握できます。たとえば図表4-8 をみると，2008年のリーマンショックが大きなマイナスのショックであったことがわかります。ちなみに，リーマンショックより前の2007年後半にすでに景気の山はピークを過ぎており，ちょうど景気後退期にショックが生じたため景気の落ち込みがさらに深刻化しました。

さて，高度成長期の景気循環を DI の一致指数をみたのが図表4-9 です。この図の景気動向指数によって，本章で学んだ景気の波を数値で確認できま

■図表4-8　景気動向指数，CI（コンポジット・インデックス），一致指数：1985〜2013年

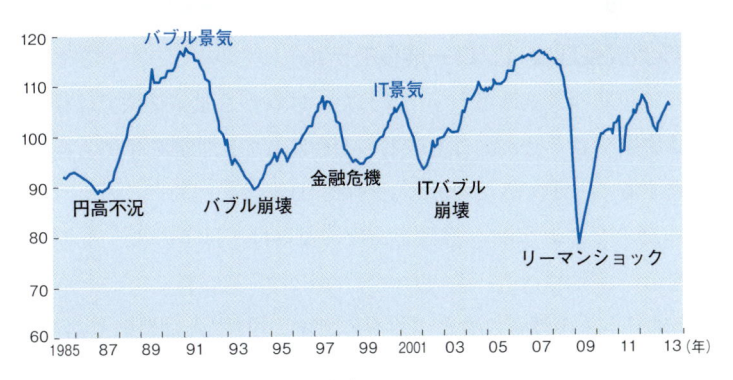

（出所）　内閣府「景気動向指数」より作成。
（注）　CI 指数（2010年＝100）

■図表 4-9　DI（ディフュージョン・インデックス），一致指数：1957〜1970 年

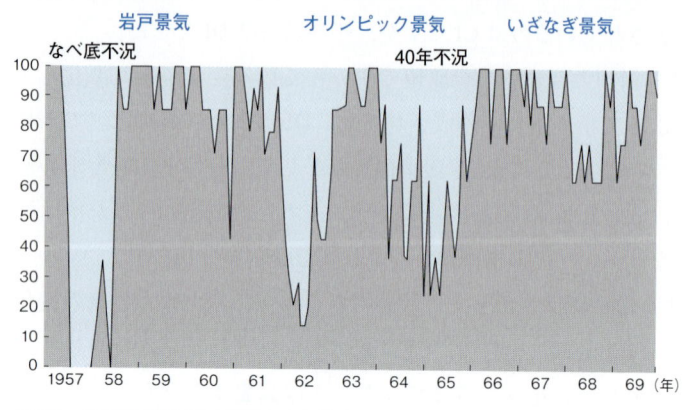

岩戸景気　　オリンピック景気　　いざなぎ景気
なべ底不況　　　　　　　　40年不況

（出所）　内閣府「景気動向指数」より作成。

す。どのような経済指標が動いたのかを基となった統計で確認することで，日本経済の動きがより理解できるようになります。

4.3　高度成長の理論と実際

▶新古典派成長理論（ソロー成長モデル）

　前節では短期の景気循環を学びました。けれども景気循環では長期的な経済発展は説明できません。日本はどのようにして，世界の中でも高い経済水準に到達することができたのでしょうか。日本は必然的にこのような経済大国となったのでしょうか[7]。通説をあげるならば，以下のようなものが考えられます。

　1つめは日本人の性質にもとづくものです。「日本人は勤勉である」「教育水準が従来から高かった」などです。こういった国民性をベースに明治維新

---

[7] 世界各国の長期的な経済発展については，ロバート・C. アレン（2012）『なぜ豊かな国と貧しい国が生まれたのか』（グローバル経済史研究会訳，NTT 出版）が参考になります。

後の富国強兵を経て，戦後の発展に結びついたという考え方です。下に1984年の朝日新聞の記事から引用した文章があります。まさにそのような言説になっています。

> 「日本人は世界の中でもまれにみる勤勉な国民であるといわれている。それは，第2次世界大戦後における日本経済の高度成長をみれば，だれしも納得するところであろう。
>
> それでは日本人は何故勤勉なのか，ということになると見解は分かれてくる。……教育の普及率の高さを強調する方が説得力がある。近代的工業技術は，横文字が読め，電気，化学の基礎知識を持ち，数学的トレーニングを受けた者でなければ使いこなせないからである。開発途上国の現状などをみると，規律の問題も重要であるが，これも教育の普及と密接に関連しているといえよう。
>
> さて，それだけで日本人の勤勉性を説明できるかというと，私はそうは思わない。日本人の勤勉性の根源には，「やる気」という要素が重要な役割をもっているように思われる……」(1984年10月16日，朝日新聞夕刊「日本人の勤勉性（経済気象台）」より引用。)

逆に貧困の罠と呼ばれる状況に陥った場合，教育が低水準であるために所得が増加せず，さらにそれが低教育水準を固定化します。ただ，「やる気」というのは経済学的な説明としては説得力に欠けます。一方で池田（2013）[8]は，土地不足の日本において土地を節約して労働を浪費する江戸時代の勤勉革命が日本の工業化成功の要因だと分析しています。

2つめは政治や行政，制度にもとづくものです。優れた官僚の主導による産業政策が効率的に産業の競争力を高めたといわれたこともあります。日本に引き続き，東南アジアの国々が日本の政策を参考に開発独裁を進め，経済成長を遂げたこともこの理由をもっともらしくさせます。教育が低水準で労

---

[8] 池田信夫（2013）『「空気」の構造──日本人はなぜ決められないのか』白水社，166-172ページ。勤勉革命は速水融が説明した概念です。脚注7のアレン（2012）では産業革命の発生理由を説明していますが，産業革命と勤勉革命の違いは興味深く，経済成長にもさまざまなパターンがあることがわかります。

働賃金が安ければ，割高な資本投資は行われません。そのため，政府主導の**ビッグ・プッシュ**によって資本を整備し，成長を高めることが必要になります。

3つめはミクロの視点です。企業が国内外の市場に合わせたり，その生産性を高めたりしたというものです。たとえば，自動車は戦前から日産やトヨタが自動車を生産し**海外へ輸出**もしていましたが，1960年代に入ると本田技研工業などの参入もあり，生産が急激に拡大していきました。1960年の四輪自動車の生産は約48万台で輸出は約5万台でした。それが15年後の1975年には，生産が約694万台で輸出が約268万台にまで増加しています[9]。このような企業の発展は何らかの企業努力があったためで，マクロ的要因だけで必然的にそうなるわけではありません。

このように，日本の国民，政治・行政，企業という個々の経済主体が「うまくやった」のが成長の要因と考えることはできます。しかし個々の経済主体の努力とは別の要因，すなわちマクロ的要因は何かないでしょうか。さらに，その後日本だけではなく，韓国，台湾，香港，シンガポールなどのアジアNIEs（ニーズ），その後のタイやインドネシア[10]，さらにはブラジル，ロシア，インド，中国のBRICs（ブリックス）など多くの国が高成長を経験しています。

そこで4つめとして，**新古典派の成長理論（ソロー成長モデル）**で説明される資本と経済の成長を考えます。なお，単純化のために人口は一定とします。

ある年のGDPあるいは国内所得は，消費されるか貯蓄されるかのどちらかです。一般的に**消費**のほうが注目されることが多いようですが，ここでは**貯蓄**に目を向けます。貯蓄されたお金はどこかに投資され，結局，貯蓄と投資の額は等しくなります。これを**貯蓄投資バランス**[11]といいます。

---

[9] 数値は矢野恒太記念会編（2006）『数字でみる日本の100年──20世紀が分かるデータブック［改訂第5版］』を参照しました。

[10] 東アジアの国々の高成長を分析したものとしては世界銀行（1993）『東アジアの奇跡──経済成長と政府の役割』が有名です。

[11] 投資Investmentの頭文字Iと貯蓄Savingの頭文字SをとってISバランスともいいます。また，国民経済計算では純貸出（＋）/純借入（−）となっています。

■図表 4-10　限界生産力逓減

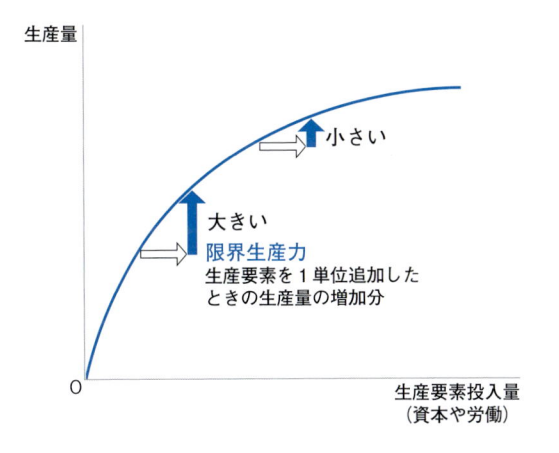

生産量 / **小さい** / **大きい** / **限界生産力** 生産要素を1単位追加したときの生産量の増加分 / **生産要素投入量（資本や労働）**

　経済成長を供給，すなわち生産面からとらえます。生産量が拡大するためには，設備投資の増加や生産性（技術）の向上が必要です。ところで，資本や労働が多いほど生産量は増えます。しかしながら，それらを追加的に増やしたときの生産増加量（**限界生産力**）は徐々に低下していきます。これを**限界生産力逓減**といいます。

　図表 4-10 で示していますが，資本や労働などを1単位増やす（白抜きの矢印）ときの生産量の増え方（青色の矢印の長さ）は投入量によって異なります。青色の矢印の長さは，資本ストックが少ないときのほうが長く，追加的な投資による効率が高いことを示しています。

　投資が行われて生産設備が増えることで，次の年の国内生産，そして，国内所得はさらに高まるはずです。その所得の増加分は，消費を増加させるとともに貯蓄も増加させます。すると，その貯蓄を減資としてさらに投資が増加することになります。

　しかしながら，図表 4-11 にあるような「投資増加→生産増加→所得増加→…」の好循環は永遠には続きません。限界生産力は逓減するため，マクロ経済の投資が増加していけば，いずれ利子率よりも低い収益になってしまいます。そのため，その前に**定常状態**と呼ばれる資本の増加が止まる点にぶつ

■図表 4-11　投資増加→生産増加→所得増加→…の循環

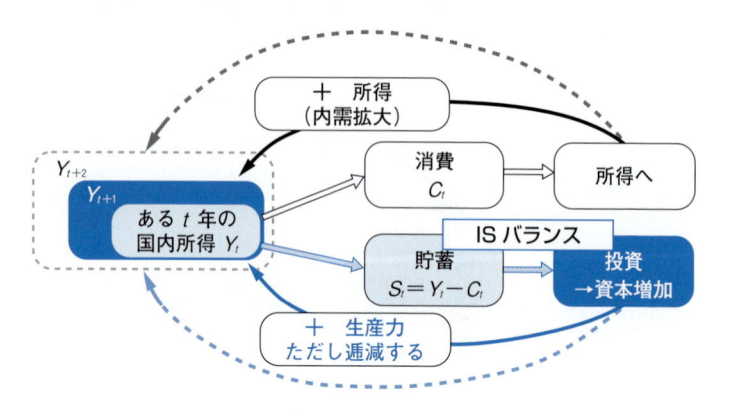

かります。資本は減耗していきますから，その減耗を埋め合わせる分のフローの**更新投資**はあるのですが，資本ストックはそれを超えて増えないのです。

資本が不足している状態では多くの投資が行われて成長率も高くなり，資本ストックが積み重なっていくとやがて成長が止まります。

実際には定常状態で成長率がゼロになるとは限りません。人口の増加や資本の積み重ねだけではなく，**技術進歩**も成長の要因に加わる[12]からです。そして，重要なのは技術進歩や人々の知識，アイディアには限界生産力の逓減がないということです。そのため，技術進歩により成長し続けることもあり得ます。

図表 4-12 は 1929 年から 1980 年までのいくつかの国の**1 人あたりの実質 GDP（購買力平価）**の推移を示しています。

戦後の日本の経済成長は，まさに先進国の水準に追いつくような動きをしました。日本と同じく敗戦国となったドイツ（旧西ドイツおよび東ドイツ）も戦後に復興を遂げました。戦争により壊れた資本を復興させたのは日本もドイツも同じでした。

---

[12] 技術進歩が内生的に決まる仕組みはローマー・モデルをはじめとした内生的成長理論で説明されます。チャールズ・I. ジョーンズ『ジョーンズ マクロ経済学 1　長期成長編』（東洋経済新報社）では，その他の成長理論も含めて包括的に学ぶことができます。

■figure 4-12　1人あたり実質GDPの比較

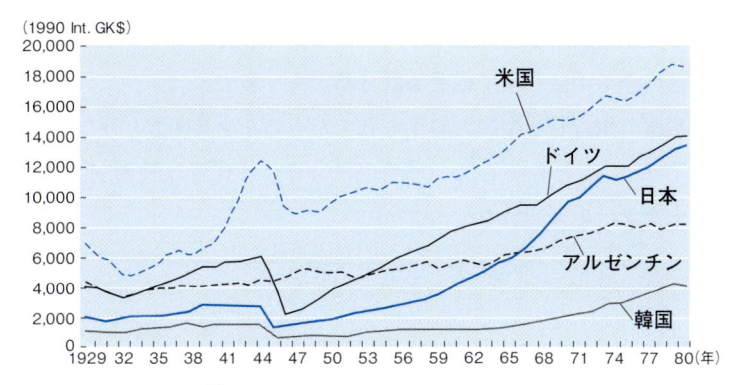

(出所)　マディソン（2000）[13]より作成。
(注)　1945年以降のドイツには旧西ドイツと旧東ドイツの両方が含まれる。ゲアリー＝ケイミス方式（GK）による実質ドル値（マディソン（2000）参照）。

けれどもその推移は日本と異なります。ドイツは，戦後からしばらくすると，ほぼ米国と同じトレンドで経済が推移するようになりました。それに対して，日本は技術水準のキャッチ・アップがドイツよりもより大きな幅で可能であったため，高成長がより長い期間に渡って実現しました。1970年代に入り技術水準がドイツやその他の先進国に追いつく頃に終焉し，その後は低成長となってしまいました。

しかし，なぜ日本がキャッチ・アップ可能であったのかはそれでも不思議です。たとえば，アルゼンチンは1960年頃までは日本を上回る経済水準でしたが，その後は停滞しました。したがって，普遍的な経済原理が働くとともに，何らかの日本の特殊性も存在したと考えるのが自然です。この点は4.1節の高度成長期の景気循環や次章の需要面や経済政策も参考にしながら，じっくり考えてみてください。

---

[13]　アンガス・マディソン（2000）『世界経済の成長史 1820-1992年——199カ国を対象とする分析と推計』（金森久雄監訳），東洋経済新報社。

▶成長会計分析

資本だけで財は生産できるのではなく，労働や技術も必要です。では，それぞれの生産要素はどの程度全体の経済成長に影響を及ぼしてきたのでしょうか。その分析手法として**成長会計分析**があります。

生産要素の組合せと生産の関係を表したものを**生産関数**と呼びます。生産 Y_s は主に資本 K と労働 L から行われますが，生産性は技術 A にも依存します。本書では生産関数を

$$Y_s = AK^{\frac{1}{3}} L^{\frac{2}{3}}$$

という**コブ=ダグラス型生産関数**で考えます。ここで A はマクロ経済における生産要素についての指標なので**全要素生産性**（**TFP**；Total Factor Productivity）と呼びます。

この式では例として K を 3 分の 1 乗，L を 3 分の 2 乗していますが，べき乗部分は合計すると 1 になります。このような形にすると，たとえば K と L をそれぞれ 2 倍にすると

$$(2K)^{\frac{1}{3}} (2L)^{\frac{2}{3}} = 2^{\frac{1}{3}} 2^{\frac{2}{3}} K^{\frac{1}{3}} L^{\frac{2}{3}} = 2K^{\frac{1}{3}} L^{\frac{2}{3}}$$

と計算されるので，全体でも元の数のちょうど 2 倍になることがわかります。このような生産関数は**規模に関して収穫一定**の性質を持つといいます[14]。これらのべき乗部分は所得が資本と労働にそれぞれどれだけ分配されるかの**要素分配率**ともなります。

第 2 章で GDP 統計の読み方として，寄与度を学びました。寄与度は GDP の支出面のそれぞれがどの程度全体の成長率に寄与したかの数値で，各経済変数の寄与度を合計が GDP 成長率に等しくなります。これと同じく，生産面で技術，資本，労働がどれほど全体の成長に寄与したかをみるのが成長会計分析です。

コブ=ダグラス型生産関数の全微分をとりすべての生産要素が変化したと

---

[14] もし元の数の 2 倍より大きくなるなら規模に関して収穫逓増，逆に 2 倍に満たないような場合は規模に関して収穫逓減といいます。

きの生産変化を求め、さらに両辺を Y_s で除すると[15]、

$$\frac{dY_s}{Y_s} = \frac{dA}{A} + \frac{1}{3}\frac{dK}{K} + \frac{2}{3}\frac{dL}{L}$$

という式が導かれます。左辺は実質 GDP 成長率となっており、右辺にその要因として技術、資本、労働の成長率があります。ただし、この式で A の成長率の統計はありません。一方で実質 GDP、資本、労働の成長率は明らかになっています。そこで、残りの部分として A の成長率を求めることができ、その値を**ソロー残差**と呼びます。定義上は生産性の成長率ですが、実際にはそのほかのさまざまな要素を含んでいます。

図表 4-13 で成長会計分析による分析結果をみてみましょう[16]。米国と西ドイツの分析結果と比較しながら、日本の特徴をつかみます。ここで寄与度の他に**寄与率**も計算して載せています。寄与率は各項目の値を合計すると 100% となるものです。寄与率をみると、日本と西ドイツは似た構成になっていて、米国とは異なることが容易にわかります。

労働については、寄与度が他国より若干大きい程度ですが、その項目をみると**労働時間の増加**に特徴があります。米国と西ドイツはマイナスとなっています。その違いでほぼ労働要因の差全体を説明できるほどです。資本については、成長理論からの予想通りに、日本と西ドイツで生産設備のための投資が高くなっています。

けれども、成長にもっとも寄与したのは資本の 2.1% ではなく生産性の 4.86% でした。西ドイツでも同じでやはり生産性が 3.49% と高くなっています。

米国と比べると日本では**資源配分の効率性**と**規模の経済効果**がとくに大き

---

[15] d は全微分の記号です。あるいは、自然対数をとると、ある t 期について、$\ln Y_{s,t} = \ln A_t + \frac{1}{3}\ln K_t + \frac{2}{3}\ln L_t$ となります。$t-1$ 期との差を求めると $(\ln Y_{s,t} - \ln Y_{s,t-1}) = (\ln A_t - \ln A_{t-1}) + \frac{1}{3}(\ln K_t - \ln K_{t-1}) + \frac{2}{3}(\ln L_t - \ln L_{t-1})$ となります。対数値の差は成長率になりますので、同じ意味の式が得られます。

[16] Edward F. Denison & William K. Chung (1976) "Economic Growth and Its Sources," Hugh Patrick & Henry Rosovsky eds, *Asia's New Giant : How the Japanese Economy Works*, The Brookings Institution.の結果。なお、Ito Takatoshi (1992) *The Japanese Economy*, MIT. の記述にあったものを、原典で確認したものです。

■図表 4-13　高度成長期の成長会計分析：比較

	日本 1953-1971年		米国 1948-1969年		西ドイツ 1950-1962年	
国民所得成長率	9.17		3.85		7.26	
実質成長率	8.81	100	4.00	100	6.27	100
	寄与度	寄与率	寄与度	寄与率	寄与度	寄与率
労働	1.85	21.0	1.30	32.5	1.37	21.9
雇用者数	1.14	12.9	1.17	29.3	1.49	23.8
労働時間	0.21	2.4	−0.21	5.3	−0.27	4.3
男女・年齢要因	0.14	1.6	−0.10	2.5	0.04	0.6
教育	0.34	3.9	0.41	10.3	0.11	1.8
その他	0.02	0.2	0.03	0.8	0.00	0.0
資本	2.10	23.8	0.79	19.8	1.41	22.5
在庫	0.73	8.3	0.12	3.0	0.33	5.3
生産設備	1.07	12.1	0.36	9.0	1.02	16.3
住居	0.30	3.4	0.28	7.0	0.14	2.2
その他	0.00	0.0	0.03	0.8	−0.08	1.3
生産性	4.86	55.2	1.91	47.8	3.49	55.7
知識の向上	1.97	22.4	1.19	29.8	0.87	13.9
資源配分の効率性	0.95	10.8	0.30	7.5	1.01	16.1
規模の経済（対米国）	1.06	12.0	0.42	10.5	0.70	11.2
所得弾力性	0.88	10.0			0.91	14.5

（出所）　Edward F. Denison & William K. Chung（1976）pp. 63-151 より作成。

い値です。資源配分の効率性というのは，それ以前日本では農業などの第1次産業従事者が多かったものが，製造業などの他部門へ移動することで，生産性の上昇につながったということです。農業の生産量は土地面積などに制約されますが，製造業は大量生産が可能です。製造業への労働移動があると，日本全体の生産性が上昇します。規模効果とは経済規模が大きくなることで生産性が上昇したことを示します。

　知識の向上も高い値となっています。図表 4-14 は高等学校と大学・短期大学への進学率の推移を示しています。高等学校への進学率は男女ともに上

■図表 4-14　進学率の推移

	高等学校への進学率			大学・短期大学への進学率		
	総数	男	女	総数	男	女（うち大学）
昭和 30(1955)年	51.5	55.5	47.4	10.1	15.0	5.0(2.4)
35(1960)年	57.7	59.6	55.9	10.3	14.9	5.5(2.5)
40(1965)年	70.7	71.7	69.6	17.0	22.4	11.3(4.6)
45(1970)年	82.1	81.6	82.7	23.6	29.2	17.7(6.5)
50(1975)年	91.9	91.0	93.0	37.8	43.0	32.4(12.7)
55(1980)年	94.2	93.1	95.4	37.4	41.3	33.3(12.3)
平成 2 (1990)年	94.4	93.2	95.6	36.3	35.2	37.4(15.2)
12(2000)年	95.9	95.0	96.8	49.1	49.4	48.7(31.5)
22(2010)年	96.3	96.1	96.5	56.8	57.7	56.0(45.2)

(出所)　文部科学省「学校基本調査」より作成。
(注)　1980 年までは 5 年ごと，それ以降は 10 年ごとの値。高等学校については，通信教育部への進学者を除いている。大学・短期大学については過年度高卒者等を含む。

昇しました（総数では 1955 年の 51.5% から 1975 年の 91.9% へと大幅に上昇）。男女に違いがありますが，大学への進学率も上昇しています。

とくに理工系学部の新設や拡充がなされ，政府も増員の政策をとりました。たとえば，吉川 (2012)[17] によると，東京大学の学部学生数（1 学年）について，経済学部生は 1959 年の 309 人から 1967 年の 321 人へと横ばいなのに対して，理学部学生は 132 人から 205 人，工学部学生は 453 人から 845 人へと増加しました。

▶ エネルギーと日本経済

生産には技術，資本，労働が必要ですが，さらに，たとえば労働，すなわち人が生きて働くためには食糧が必要です。同じように資本はエネルギーを必要とします。

---

[17] 吉川洋 (2012)『高度成長——日本を変えた六〇〇〇日』（中公文庫，92 ページ表 8）による (1997 年，読売新聞社刊の文庫版。表の原典は東京大学出版会 (1986)『東京大学百年史，資料三』)。

高度成長を考える上では，1950年代以降にエネルギーが石炭から石油へ転換した**エネルギー革命**が重要です。エネルギー革命は中東での大規模油田の開発による原油価格の低下に伴い世界的に生じた現象でしたが，日本への影響はとくに大きなものでした[18]。

　戦後，GHQは日本の原油の輸入を認めていませんでした。それが1949年から朝鮮戦争の影響もあって原油輸入が復活しました[19]。さらに，1962年には原油の輸入自由化が行われました。**図表4-15**では石炭の従業者数と原油輸入量を対比しています。原油輸入量の増大に対して炭鉱の従業者数が減少したことがわかります。このような急速な石炭産業の縮小は，後に九州での三井三池争議などの**炭労スト**を引き起こしました。

　石油は石炭に比べてエネルギー効率が高く，また熱量が安定しています。さらに，電力，自動車に必要なガソリン，石油化学製品の原料にもなります。ナイロンは漁網から女性のストッキングまで幅広く利用できます。「戦後，強くなったのは靴下と女」ともいわれました。1951年6月11日の毎日新聞では合成繊維であるナイロン生産開始を伝えましたが，その記事の（ネット上の）解説をみるとその後の動きもわかりますので紹介します。

> 「東洋レーヨン（現東レ）が米デュポン社とナイロン生産技術導入の契約に調印した。これにより12月には愛知工場で日産5tのナイロン生産設備が完成した。1957年には合成繊維産業育成5カ年計画が策定され，企業は助成を受けて生産を急増させた。70年には日本は世界一の合繊

---

[18] 小堀（2011）によると原油輸入価格は1959年度から1969年度にかけて32％下落しましたが，さらに日本は国際的にも安価に原油を入手できていました。ただし，輸入価格下落のうち輸送・保険費の低下が全体の3分の2を占めていました。これは輸送タンカーの大型化によります（小堀聡（2011）「エネルギー供給体制と需要構造」武田晴人編『高度成長期の日本経済――高度成長実現の条件は何か』有斐閣，179ページ）。1956年に日本は英国を抜き，造船の建造量世界第1位となります。ヴォーゲル（1984）はその要因として，日本は納期での競争に勝り，それを支えたのは臨時工や下請けだと指摘しています（エズラ・F.ヴォーゲル（1984）『ジャパン アズ ナンバーワン再考――日本の成功とアメリカのカムバック』上田惇生訳，TBSブリタニカ）。

[19] JX日鉱日石エネルギー「石油便覧」（http://www.noe.jx-group.co.jp/binran/index.html）第2章によると「1949年7月に太平洋岸の製油所操業再開と原油の輸入が許可され，翌1950年に戦後最初の輸入原油として米国からサン・ノーキン（San Joaquin）原油が到着した。こうした原油の輸入は，1950年10月から製油所ごとにその精製能力に応じた数量を割り当てられ，民間貿易の形で輸入されることとなった」とあります。

■図表 4-15　石炭と石油

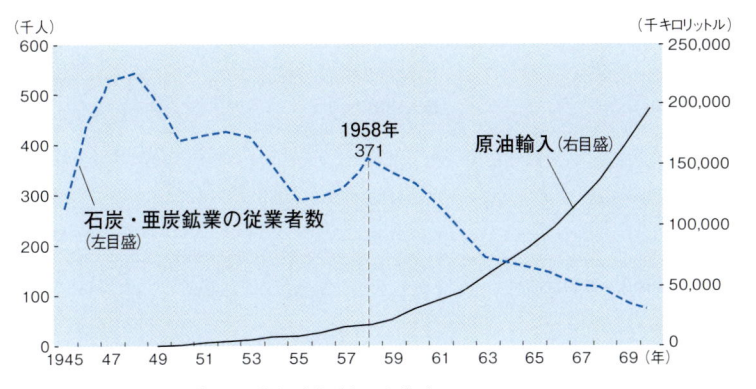

(出所) 総務省統計局「日本長期統計総覧」より作成。

輸出国に成長した。しかし，後にニクソン・ショックや円の大幅切り上げなどで，業界は大打撃を受けた。」（毎日新聞社ウェブページ「昭和のニュース」[20]より引用。）

❖ コラム　最近のエネルギー情勢

　日本経済はエネルギーのさまざまな動向から大きな影響を受けてきました。戦前の米国からの石油輸入ストップ，1950年代以降のエネルギー革命，そして第5章以降で学ぶ石油危機，その後の天然ガス輸入や，原子力発電所の利用などです。エネルギーは日本経済のカギといっても過言ではありません。そして，現在，再び深刻なエネルギー問題に直面しています。

　2011年3月11日に発生した東日本大震災における東京電力福島第一原子力発電所の事故をうけて，国内の原子力発電所は相次いで停止となりました。2012年5月にはすべてが止まり，福井県の大飯原発3号機・4号機が7月に再稼働するものの翌2013年9月に定期検査のため運転を停止し，再び稼働ゼロとなりました。今後の見通しは不透明です。

　原子力発電の利用には是非があり，経済問題だけではありませんが，あえて経済面だけを考えれば，どのような影響があるでしょうか。

---

[20]　http://showa.mainichi.jp/news/1951/06/post-fe30.html

■図表 4-16　輸出・輸入と鉱物性燃料の輸入

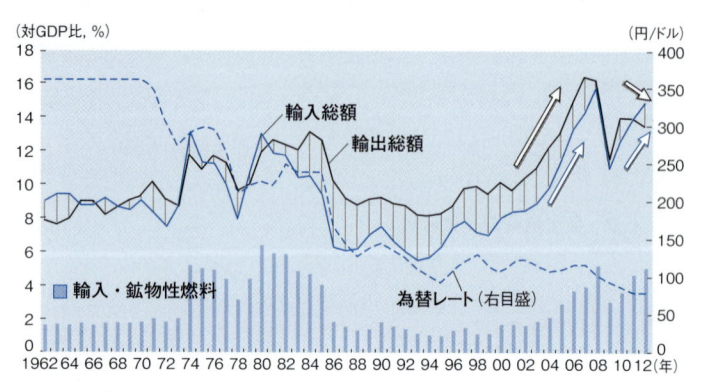

(出所)　財務省「貿易統計」より作成。
(注)　暦年の対 GDP 比（%）の値。参考に為替レート（右目盛，円/ドル）をあわせて示している。

　明らかな変化は鉱物性燃料（原油や天然ガス）の輸入増大です。**図表 4-16** は日本の輸出と輸入の長期動向を対 GDP 比で示し，また，輸入のうち鉱物性燃料の輸入（同じく対 GDP 比）を棒グラフで描いています。

　1970 年代の 2 度に渡る石油危機と，2000 年代半ば頃の原油価格の高騰と円安時に，輸入総額は増大しました。そして，その増大はほとんどが鉱物性燃料の増加によりました。

　海外の景気が良く，日本の輸出が好調の場合は，生産に必要な原料やエネルギーの輸入が増えます。そのため，通常は輸出と輸入は同方向に動きます。ただし，このような数量面での変化だけではなく，輸出と輸入の金額は価格や為替から影響を受けます。たとえば，原油価格の上昇が要因の場合は，輸入の増加が輸出の増加を上回るため，貿易黒字が縮小したり，場合によっては赤字化したりします。

　さて，長期的な動向を眺めると，これまで少なくとも輸出と輸入は同方向に動いてきました。ところが 2011 年以降は輸入金額が増える一方で，輸出金額は減少し，貿易赤字が拡大しました。国内要因による鉱物性燃料，とくに天然ガスの輸入増加のためです。2012 年の貿易赤字は約 6.9 兆円となり，また，鉱物性燃料の輸入額は 2010 年と比較して約 6.7 兆円増加しました。

　このように，2011 年以降，日本経済はこれまで経験したことのない状況に直面していますが，その影響はどのようなものになるでしょうか。

　原子力は発電用燃料として用いられています。**図表 4-17** にあるように，国内

■図表4-17　エネルギーと電力

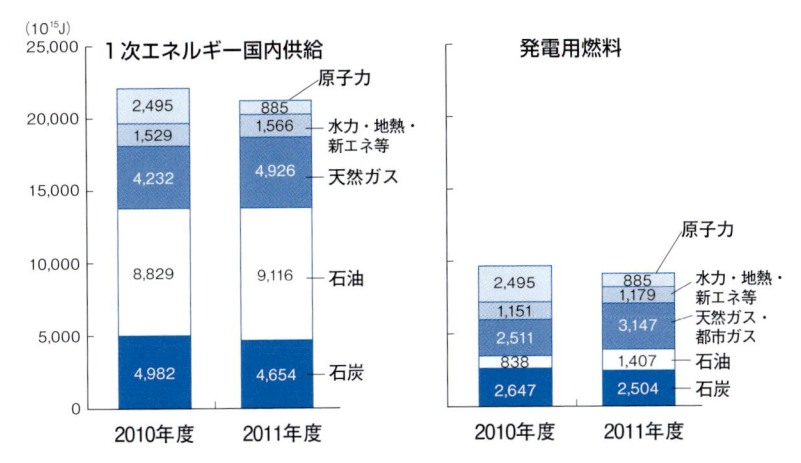

（10¹⁵J単位）

1次エネルギー国内供給

2010年度	2011年度	区分
2,495	885	原子力
1,529	1,566	水力・地熱・新エネ等
4,232	4,926	天然ガス
8,829	9,116	石油
4,982	4,654	石炭

発電用燃料

2010年度	2011年度	区分
2,495	885	原子力
1,151	1,179	水力・地熱・新エネ等
2,511	3,147	天然ガス・都市ガス
838	1,407	石油
2,647	2,504	石炭

（出所）　資源エネルギー庁「平成23年度総合エネルギー統計（確報）」より作成。
（注）　エネルギー単位はJ（ジュール）。カロリーによる計算で，1kcal＝4.18605kJと換算される。原油の場合は1リットル＝38.7MJ（メガジュール＝10⁶J）で，図にある10¹⁵JはPJ（ペタジュール）という。

で最初に使用されるエネルギー（1次エネルギー）の内訳では，石油がもっとも多く，続いて石炭と天然ガスとなっています。原子力の割合は少ないほうです。けれども，発電用燃料としては，原発停止前の2010年度をみると，天然ガス，石炭と並んで主要なエネルギー源でした。2011年度では，原発が順次停止されたため，天然ガスや石油の使用量が増加しました。これが輸入増加の要因となりました。

これまでの日本経済と少し異なり，エネルギー問題が生産者ではなく，家計や小売りなどの民生業務へ影響が大きいと考えられます。図表4-18では2011年度の電力最終消費の使用者内訳を示しています。民生業務がやや多いのですが，おおむね家庭と産業用とが同程度の規模です。けれども，それぞれの最終エネルギー消費量に占める比率を求めると，産業では石油消費のほうが多く電力は16.1%であるのに対して，家庭では50.7%と過半を占めます。

電気料金は電力会社が積立金の取り崩しを行うことで，緩やかな上昇に止まっていました。2013年度の取り崩し総額は約1兆円規模で，大手電力会社9社のうち3社は積立金が枯渇します（産経ニュースweb，2013年6月18日記事「電力7社が「貯金」取り崩し　3社が残高ゼロへ」にもとづく）。2013年以降は電

4.3 高度成長の理論と実際

■図表 4-18　電力最終消費量

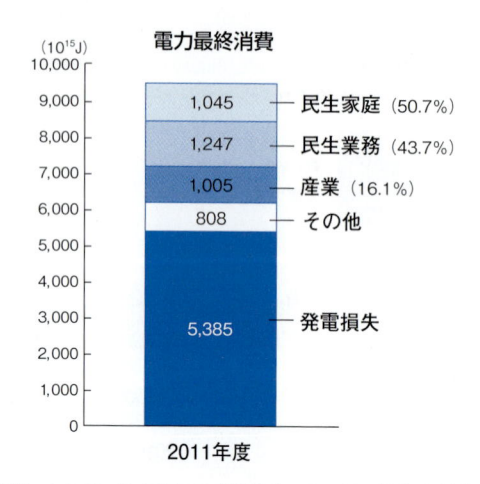

(10¹⁵J) 電力最終消費

区分	値	割合
民生家庭	1,045	(50.7%)
民生業務	1,247	(43.7%)
産業	1,005	(16.1%)
その他	808	
発電損失	5,385	

2011年度

（出所）資源エネルギー庁「平成23年度総合エネルギー統計（確報）」より作成。
（注）　かっこ内は，電力/最終エネルギー消費を表す。

気料金の値上げが避けられなくなっているうえ，2012年の円高が修正されたため，より高い料金になる見込みです。

　最初に現れるのが家計への圧迫と，小売りなどサービス業の収益悪化です。そしてその波及効果が企業にもおよぶでしょう。問題は，この負担は広く生じることです。それぞれの負担増が比較的小さかったり，また，その変化がゆっくりだったりするため，時間的余裕がある一方で，対応が遅れる可能性があります。現在の動向を，本書の第5章以降で学ぶ石油危機に日本経済がどう対応したのかと比較してみてください。

キーワード

神武景気，二重構造，経常収支，外貨割当制度，なべ底不況，岩戸景気，所得倍増計画，昭和40年不況，構造不況論，いざなぎ景気，貿易立国，景気基準日付，景気動向指数，在庫循環，在庫循環図，勤勉革命，ビッグ・プッシュ，新古典派の成長理論（ソロー成長モデル），貯蓄投資バランス，限界生産力逓減，定常状態，キャッチ・アップ，成長会計分析，全要素生産性（TFP），エネルギー革命

問　題

(1) 神武景気からなべ底不況へ陥ったプロセスを説明しなさい。
(2) 所得倍増計画がどのようなものだったのかを調べ，その計画と実際の成長とがどの程度一致していたのか確認しなさい。
(3) 最近の景気動向指数を調べ，どのような要因が景気変動に影響を与えているのか分析しなさい。
(4) 1964年の東京オリンピックはどのような経済効果があったのかを考察しなさい。
(5) 図表4-13の経済成長分析を自分でまとめて，日本の成長要因を確認しなさい。
(6) エネルギー革命とは何か。なぜ，日本にとってそれが重要だったのか考察しなさい。

第 5 章

高度成長期の構造変化

　経済の動きの背後には経済主体のさまざまな行動があります。ここでは家計の需要，企業活動や産業構造の変化，政府の経済政策を考えていきます。高度成長期には，家計の耐久財需要を中心とした需要拡大が企業の投資を促しました。また，高い家計貯蓄率や低金利政策も企業の投資を支えました。円安水準での固定相場制は輸出産業に有利に働きました。産業構造の変化では，地方から都市への若年労働者の移動も重要な役割を果たしました。

　高度成長が終焉した要因としては，産業構造の変化や生産性の上昇が一段落ついたことが挙げられます。石油危機の時期と重なっていますが，必ずしもそれだけではありません。とはいえ石油危機は，エネルギー自給率が低い日本経済に大きな影響を及ぼしました。また，ニクソンショックにより変動相場制へと移行し，円高となりました。これらは，日本経済に次の変化を促しました。

5.1　高度成長期の総需要分析

▶ マクロ経済の構造

　マクロ経済を把握しようとするときには，経済活動や各市場が相互に影響し合うことに注意が必要です。日本経済の動向を予想するのは難しいのですが，それは複雑な相互関係とその時間的なずれを把握しにくいからです。

　そこで，はじめに図表 5-1 でマクロ経済の相互関係を確認します。図では

■図表 5-1　経済の見取り図：需要（支出）と供給（生産）

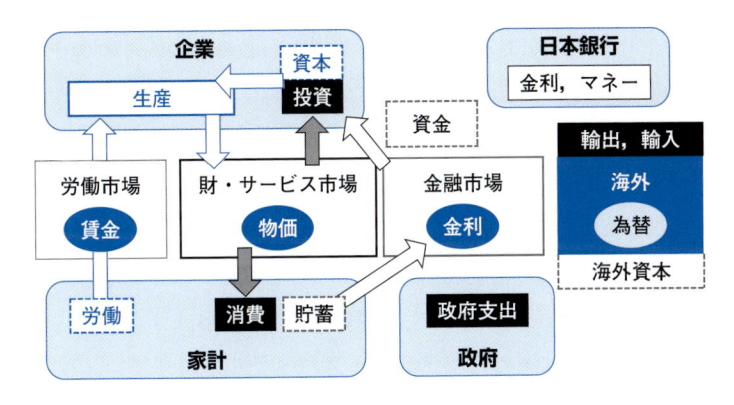

財・サービス市場，労働市場，金融市場，海外部門とそれぞれの市場における企業，家計，政府および日本銀行（中央銀行）のかかわりをみています。なお，経済学ではこの図の仕組みをモデル化して，数式により表現します。ここでは，数式を用いずに感覚的に経済モデルを把握することを試みます。

　財・サービス市場では財・サービスの取引量と物価が定まります。支出（需要）面では，家計は消費を行い，企業は投資などを行います。政府は，税または借り入れにより政府支出や公共投資を行います。企業の投資はフローでみると支出になりますが，それは資本ストックとして生産要素になります。企業はこの資本ストックや家計が提供する労働により生産活動（供給）を行います。

　労働を需要するのは企業ですが，供給するのは家計です。労働需給により労働市場で賃金が定まり，それが家計所得となります。

　家計はこうして得た所得で消費をしますが，残った分は貯蓄に回します。家計貯蓄は金融市場において取引され，主に銀行などの金融仲介機関を通じて企業の投資の資金源となります。金融市場で取引される金融商品の価格や貸出しにかかるのが金利（利子率）です。日本銀行は国債などの売買を通じて，金利に働きかける政策を行っています。

　ここで一度図を概観すると，たとえば家計は労働市場へは労働供給，財・

サービス市場では消費支出，金融市場では資金供給（貯蓄）を行うというように，それぞれの市場で取引を行っています。何かの取引を変化させると，予算制約や時間制約があり別のところで調整が必要です。このように，これら3つの市場にはつながりが出てきます。企業においても同じようにつながっています。

海外との取引もあります。海外部門との財・サービスの取引は輸出と輸入になります。輸出入時の価格は，国内の財・サービス市場の価格に影響を与えます。輸出入の裏側には資金のやりとりとしての資本の動きもあります。また，これらの経済活動によって**為替レート**が決まります。

図表 5-2（1）では例として**デフレ・スパイラル**を考えています。たとえば，物価が下落したとき，家計は安くモノを購入できるようになるので，一見，良いことのようにも思えます。けれども，物価が下落すると企業の売上げが減少して，賃金も下がってしまいます。賃金が下落すると，家計は消費支出を減らさざるを得ません。そして，再び物価下落を招いてしまいます。このような悪循環をデフレ・スパイラルといいます。

ある企業にとっては価格を引き下げるのは，売上げを維持するために必要かもしれません。しかし，すべての企業が同じ行動を取ると，経済全体での賃金と消費が低下し，結局はすべての企業の業績が悪化することになります。これを吉川（2012）[1]が指摘する**合成の誤謬**といい[2]，日本のデフレーションのメカニズムです。

図表 5-2（2）では金融政策の効果の経路を考えています。日本銀行が金融緩和により金利を低下させると，企業は借り入れが容易になり，投資が増えます。企業投資の増加は，財・サービス市場での需要の増加になるため，それが景気を回復させるとともに物価を上昇させます。物価が上昇すれば，デフレ・スパイラルと逆のメカニズムが働き，賃金の上昇と消費支出の増加がもたらされます。

また，金利低下は円安の要因ともなります。通常，円安は輸出増加を促し，輸出増加は生産力強化を必要とするため，企業の投資を増加させます。この

---

1 吉川洋（2013）『デフレーション――"日本の慢性病"の全貌を解明する』日本経済新聞出版社.
2 複数均衡という説明もあります。

■図表 5-2　マクロ経済での相互関係

(1)　デフレ・スパイラル
投資減少
売上げ減少
企業
労働市場
財・サービス市場
賃金
物価
物価下落
賃金低下
家計
消費
減少
デフレ・スパイラル
(2)　金融緩和
企業
日本銀行
投資
増加
金利低下
景気回復
円安
賃金
財・サービス市場
金融市場
輸出増
海外
インフレ
物価
消費
家計
金融緩和

経路からも，国内の景気は回復することになります。

このような経路を頭に思い描くことができるならば，逆に，その**経路が途中で切れる要因**も考えることができます。たとえば，近年，金融政策の効果が薄れているようにみえるのは，おそらく低金利にもかかわらず投資需要が高まらないためです。投資が高まらなければ，その後の効果が出ません。

多くの人にとって，モデル化して経済分析をする機会はあまりないでしょう。けれども，このようなマクロ経済の見取り図を頭に入れておくことで，

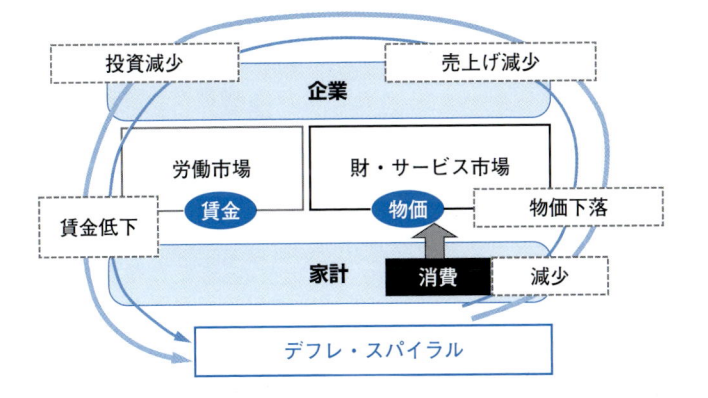

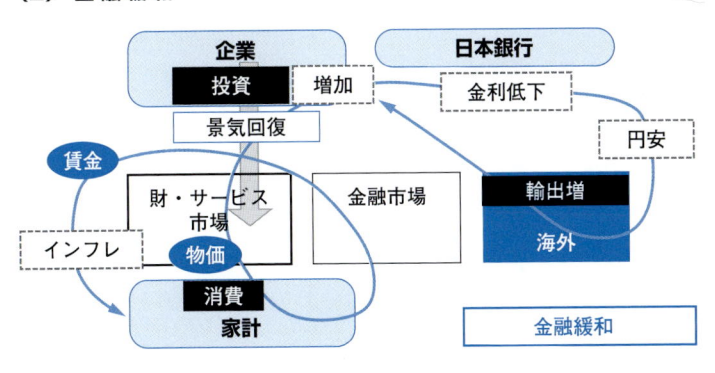

■図表 5-3　実質 GNP とその内訳の推移

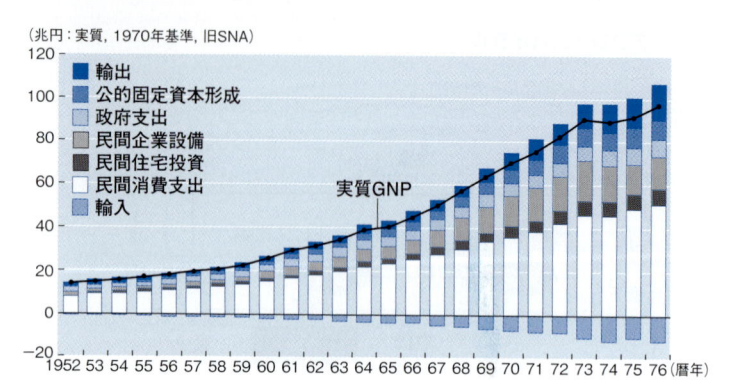

(兆円：実質，1970年基準，旧SNA)

凡例：輸出／公的固定資本形成／政府支出／民間企業設備／民間住宅投資／民間消費支出／輸入／実質GNP

(出所)　総務省統計局「日本長期統計総覧」より作成。

経済の理解が深まるはずです。ただし，この図は長期的な時間の概念に欠けていて，それを扱う動学的分析までは十分に考慮できません。家計の時間を通じた消費行動や企業の将来予想も重要ですので，日本経済の事例をみながら，徐々に学んでいきます。

高度成長期のような高成長の場合でも，消費や投資は市場取引における相互関係のバランスを保ちながら増えていきます。図表 5-3 は実質 GNP とその内訳を描いていますが，おおむね同じような比率で増えたことがわかります。

経済学では長期と短期に分けて考えることが多くあります。長期とは，必ずしも遠い将来に実現するという意味ではなくて，上でみたようなバランスがとれた均衡の状態です。長期における成長は，生産性が上昇して所得が増加し，それとともに消費が増えていくのが基本的な流れとなります。

このバランスが崩れると景気変動が生じます。すなわち，長期に対して短期とは，均衡から外れた状態にある期間のことを意味します。短期変動においては，過剰生産や調整の遅れが重要です。

図表 5-4 では実質 GNP の成長率とそれに対する民間消費（民間消費支出），民間投資（民間企業設備投資），輸出の寄与度を示しています。成長率

■図表 5-4　実質 GNP 成長率と寄与度

(出所)　総務省統計局「日本長期統計総覧」より作成。

が落ちたときには民間投資が落ち込んでいます。このとき，消費が落ち込んでいないのに，投資は減ってしまっていることがあります。

たとえば 1958 年のなべ底不況をみると，GNP 成長率は低下していますが，民間消費の寄与度はプラスで前年よりもむしろ大きくなっています。この場合，その前の 2 年間における**過剰投資**と海外経済からの影響が落ち込みの原因だという仮説が立てられます（ただし，経済は複雑ですので，さまざまな角度から検討しなければいけません。このときの状況については前章を参照してください）。

総需要分析

マクロ経済における**総需要** Y_d は，国民経済計算で学んだ GDP の支出面に似た形で表現できます。繰返しになりますが，以下のような定義です。

$$Y_d = C + I + G + EX - IM$$

ここで，C は民間消費，I は民間投資，G は政府支出，EX は輸出，IM は輸入です。さらに消費は所得に依存し，投資は金利（利子率）に依存し，輸出入は為替や外国の GDP などに依存します。

それぞれの項目について，もう一度**図表 5-3** と**図表 5-4** をみてみます。私たちは，日本経済が輸出主導で成長してきたと思いがちですが，案外とその割合は小さく，寄与度も大きくありません。たとえば，1960年をみると，13.3% の実質 GNP 成長率に対して，その半分弱程度が民間消費（寄与度 6.2%）によるものでした。次に民間投資の 4.4% で，輸出の寄与度は 1.2% にすぎません。日本は国内経済の規模が大きくなるような高度成長であったのです。

次に**総需要曲線**について考えましょう。ミクロ経済学の需要もマクロ経済学の総需要も，価格・物価（縦軸）と数量（横軸）は図で右下がりの関係となります。ミクロ経済学における需要曲線はある価格に対する財やサービスの需要量を表しています。通常は，その財の価格が上昇すると需要量が減少します。では，マクロ経済学の総需要はなぜ物価に対応するのでしょうか。ミクロ経済学での仕組みとはまったく異なります。

総需要の式にある民間投資に注目します。投資は企業が資金を借り入れる際の**調達コスト**，すなわち利子率に依存します。それは，

> 利子率・上昇　→　民間投資・減少
> 利子率・下落　→　民間投資・増加

という関係になります。ただし，企業がみるのは名目ではなく実質利子率です。企業の投資は長めの期間で収益を出していくので，その間の変化も問題です。名目利子率と実質利子率との関係を示す式は第 2 章でも出てきた**フィッシャー方程式**ですが，再度，確認すると

> 名目利子率＝実質利子率＋予想（期待）インフレ率

となります。

短期について考えます。インフレ率は景気が過熱ぎみの場合に高まり，不景気のときに低くなるので，中央銀行（日本銀行）はそれに対応した金融政策をとります。インフレ率が高まった場合は名目利子率を引き上げ，インフレ率が低くなると引き下げます。

ところが，短期では**インフレ率は粘着的**（sticky prices）で調整が遅れま

す。中央銀行はむしろこの調整の遅れを利用しています。たとえば中央銀行が名目利子率を引き下げると，フィッシャー方程式からわかるように短期的には実質利子率も下落します。実質利子率が低下すると民間投資が増加して，景気が回復するのです。

その後，景気が回復してインフレ率が高まれば，中央銀行は利子率を引き上げるので，経済はもとの水準に戻っていきます。このようにして**マクロ経済は調整される**というのが重要です。

総供給[3]についても考えてみましょう。需要が増えても一時的であれば，それは調整されるだけで継続的な需要の拡大，すなわち高成長は起こりません。企業は需要拡大に応じて価格を引き上げたり，**名目賃金**を引き上げたりするかもしれません。けれども，この賃金引き上げ分が生産性上昇に見合ったものでなければ，一時的なものに止まるでしょう。

インフレ率の高まりに対して，今度は中央銀行が利子率を引き上げるため，（インフレ率は収まりますが）景気は後退してしまうことになります。

> 一時的な需要拡大　→　インフレ率上昇
>   　→　（中央銀行）利子率引き上げ　→　景気後退
>   　→　インフレ率下落（調整される）

という循環が生じ，結局は元に戻ります。生産性の上昇を伴う実質賃金の上昇の場合のみ，経済水準の上昇が維持されます。そうではない一時的な需要の拡大はやがて景気後退をもたらし，時間を通じて好景気と不景気とのつじつまが合うだけです。

けれども日本では約20年にわたる高度成長を実現しました。生産性の向上は前章で学びましたので，次は需要の拡大について考察します。

❖ コラム　中国の経済成長

近年，中国はめざましい経済成長をとげています。**図表5-5**は中国のGDP（名目，人民元）の推移です。とくに2000年をすぎた頃から高い成長がみられま

---

[3] マクロ経済での総供給の仕組みは，実質賃金と労働需要の変化です。第3章で学んだハイパー・インフレーションについてのモノ不足と需給分析を参照してください。

■図表 5-5　中国の名目 GDP およびその構成の推移

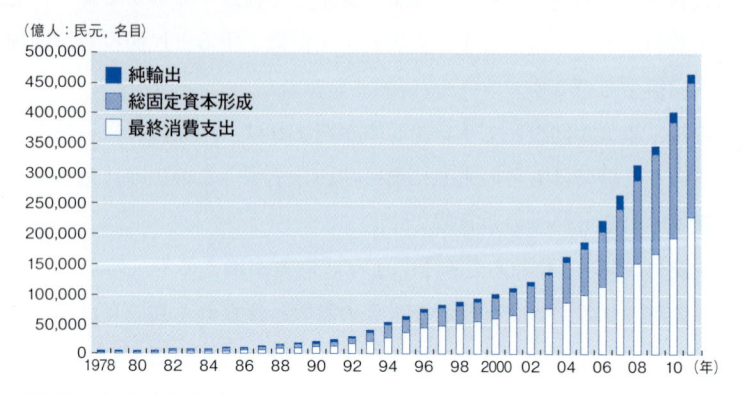

(億人：民元, 名目)

凡例：純輸出／総固定資本形成／最終消費支出

(出所)　中国国家統計局編，*China Statistical Yearbook* 2012 より作成。

す。このような中国の高成長は日本の高度成長期とどのような違いがあるのでしょうか。

一つは**投資の割合が大きい**（図では総固定資本形成）ということです。そしてその要因として**輸出入の増大**があげられます。

日本にも世界にも，より安価な Made in China の品が供給されています。中国は 1978 年から改革開放，さらに**対外開放政策**により海外からの**直接投資**を呼び込む政策をとりました。2001 年には WTO（World Trade Organization；世界貿易機関）に加盟し，より自由な対外取引を行うようになりました。そうして，現在では海外に大量の財を供給しています。

図表 5-6 では 3 つの支出項目の寄与度（％，合計で GDP 成長率）を示しています。たとえば，成長率が直近でもっとも高かった 2007 年では，消費（最終消費支出）の寄与度が 8.59％，投資（総固定資本形成）は 8.08％，純輸出は 3.04％ です。これは本文でみた 1960 年の日本の数字と比較すると（ただし中国は名目 GDP），消費の寄与度が小さくなっています。中国は日本の高度成長期とくらべて，より**投資主導型の成長**という側面が強いといえます。

さらに日本と異なるのはエネルギーです。**図表 5-7** はエネルギー消費量とその内訳を示しています。中国では**石炭**の消費量が大きく伸びています。エネルギー消費量は 2000 年から 2011 年までに約 2.6 倍増加しましたが，それに対応して石炭消費量も増加しました。日本では世界的な石炭から**石油**へのエネルギー革命の中で，高度成長を達成しましたが，中国ではそうではないのです。

注目したいのは，中国での石炭需給ギャップ（国内の消費と生産の差）が対エ

■図表 5-6　中国の名目 GDP 寄与度

（出所）　中国国家統計局編，*China Statistical Yearbook* 2012 より作成。

■図表 5-7　エネルギー消費量と需給ギャップ

（出所）　中国国家統計局編，*China Statistical Yearbook* 2012 より作成。

5.1 高度成長期の総需要分析

ネルギー消費量で 0％ に近く，**国内で石炭増産への対応ができた**ことです。堀井 (2011)[4] によると，石炭の増産に寄与したのは郷鎮炭鉱と国有重点炭鉱です。郷鎮炭鉱とは町・村における地方政府あるいは公営の中小炭鉱で，**労働集約的**な生

---

[4] 堀井伸浩 (2011)「エネルギー価格——政策による低価格誘導は見直しが進む」渡邉真理子編 (2011)『中国の産業はどのように発展してきたか』ジェトロ・アジア経済研究所，調査研究報告書，第 7 章。

産方式に特徴があります。政府の政策も影響していますが，安い労働賃金によりエネルギーも低価格で供給できたのです。

安い賃金によりエネルギーコストを抑えられてきたということは，今後は賃金上昇に伴い，そのコストが上昇する可能性があります。世界的に原油価格も上昇傾向にあります。そう考えると，現在の構造のまま，中国のエネルギーコストが優位性を持ち続けられるようにはみえません。中国の成長維持には何らかの変化が必要でしょう。

5.2　需要の拡大と産業構造，経済政策

▶ 産業構造の変化と実質賃金

高度成長期に国内での需要が拡大した背景には**産業構造の変化**と**実質賃金の上昇**がありました。

図表 5-8 は製造業の名目賃金の変化率とインフレ率を示したものです。両者の差が実質賃金の伸び率になります。図から 1950 年代と 1960 年代で実質賃金の伸び率がとくに大きかったことがわかります。今と比べるとインフレ率が 5% 前後と高かったのですが，それを上回る名目賃金の上昇でした。インフレ率が高めになったときに好景気が一時的なものに止まらないためには，**実質賃金の上昇**が必要です。実質賃金の上昇は**生産性の上昇**を意味しています。

ただし，一般の人が生活している中では，実質賃金の動きはなかなかわかりません。1969 年 7 月 9 日の朝日新聞では以下のような記事を載せています。

「……せっかくの貯蓄も，最近の物価高で値打ちは下がる一方。さきごろ三菱銀行が，いまの物価上昇が続けば，22 歳の新入社員は 65 歳までに 3 億 3 千万円の生活費が必要で，老後の生活資金を定年までに確保するには毎月の支出の 5 割を貯蓄に回さなければならない，という絶望的な報告を発表……それがインフレで吹き飛ばされる——となると庶民は

■図表 5-8　インフレ率と賃金上昇

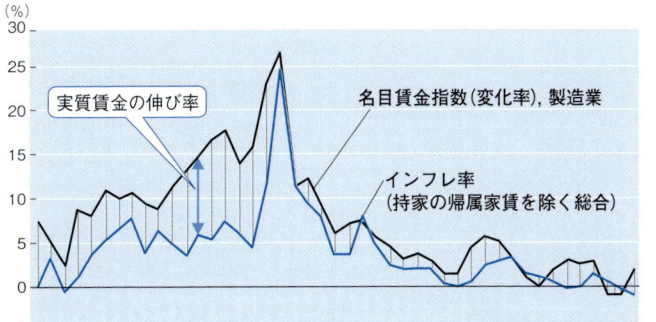

グラフ内の凡例：
- 実質賃金の伸び率
- 名目賃金指数(変化率), 製造業
- インフレ率（持家の帰属家賃を除く総合）

（出所）　総務省統計局「日本長期統計総覧」より作成。

救われようがない。」（1969 年 7 月 9 日，朝日新聞より引用。）

　高インフレは 1960 年代に入って顕著となり，この時期まで続いていました。その頃に 22 歳だった人は 2012 年頃に 65 歳になりました。その後，この新入社員はどうなったでしょうか。図を見ながら，あるいは年金などの社会保障やその後の日本経済から考えてみてください。

　では実質賃金の高い伸びはなぜ達成されたのでしょうか。一つは労働需給の逼迫です[5]。けれども賃金が高まって生産性が変わらなければ，企業は利益を出すことができません。そこでもう一つ考えられるのが，生産性が高まったことです。その要因としては産業構造の変化があげられます。

　それぞれの部門の生産性がそれほど上昇していなくても，生産性の低い部門から高い部門への労働移動が生じれば，全体での平均賃金の上昇は可能です。図表 5-9 では 1955 年から 2000 年までの産業別就業者数の推移とともに，その構成比率を示しています。1955 年において，第 1 次産業の構成比率は

---

[5] 南・牧野（2002）では，ルイス理論の転換点分析が紹介されています。それによると，1960 年を中心とする数年間で過剰労働が解消されて実質賃金が上昇したとされています（南亮進・牧野文夫（2002）『日本の経済発展［第 3 版］』東洋経済新報社）。

■図表 5-9　産業構造の変化：就業者数と構成比率

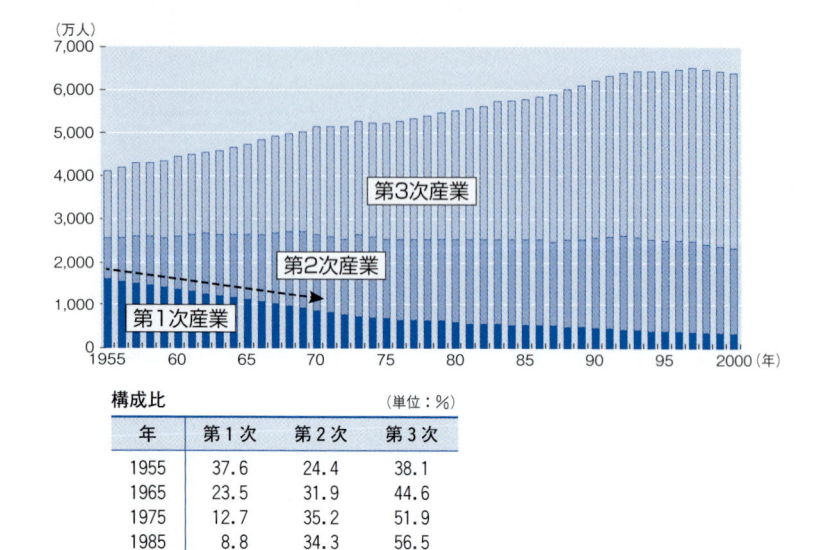

構成比 (単位：%)

年	第1次	第2次	第3次
1955	37.6	24.4	38.1
1965	23.5	31.9	44.6
1975	12.7	35.2	51.9
1985	8.8	34.3	56.5

（出所）　総務省統計局「労働力調査年報」より作成。

37.6％でしたが1975年には12.7％にまで減少しました。一方で，第2次産業と第3次産業は増加しました。第1次産業から第2次・第3次産業へシフトしながら経済が発展することを**ペティ＝クラークの法則**といいます。産業構造の変化により経済全体の平均的生産性が高まったのです。このような産業構造の変化は第2次世界大戦前にも生じていました。戦後の混乱を経て再度，日本経済は産業構造の転換を実現しました。

ただし，第2次産業，第3次産業が生み出す財・サービスへの需要拡大がなければ，産業構造の変化は達成されません。高度成長期では，**耐久消費財**の需要拡大がカギです。耐久消費財はテレビや冷蔵庫など長期にわたり使用する財のことをいいます。これらの財の生産には，衣食に比べて，規模の効果が働きやすいのも特徴です。

図表 5-10 は1961（昭和36）年の経済白書から抜粋した各産業の生産性と需要の1955年から1960年にかけての伸び率です。輸送機械に加えて，耐久

■図表 5-10　生産性と需要の伸び率

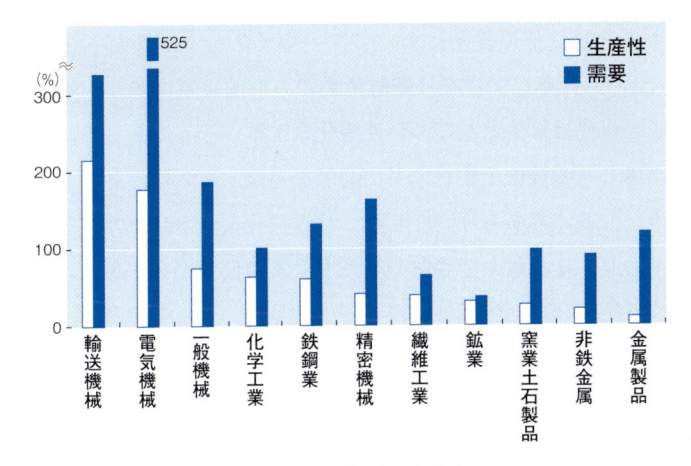

(%) 525
300
200
100
0

輸送機械／電気機械／一般機械／化学工業／鉄鋼業／精密機械／繊維工業／鉱業／窯業土石製品／非鉄金属／金属製品

□ 生産性
■ 需要

(出所)　経済企画庁 (1961)『昭和 36 年版経済白書』より作成。
http://www5.cao.go.jp/keizai3/keizaiwp/wp-je61/wp-je61bun-038z.html
(注)　1960 年の 1955 年に対する伸び率。生産性は「生産指数/常用雇用指数」により算出，需要は通商産業省「出荷指数」により算出。

財が中心となる電気機械において生産性や需要が著しく伸びました。

▶ **耐久消費財への需要増加：三種の神器**

昭和 35（1960）年度の経済白書では高い経済成長の原動力として，技術革新とともに**消費革命**をあげています。そこでは以下のように当時の**耐久消費財**の需要拡大への役割が論じられています[6]。

「技術革新の開花期にあって旺盛な近代化投資が行われた上に，アメリカで戦前に普及したもの（自動車，電気洗濯機）と戦後のもの（テレビ）とを同時に取り入れる**耐久消費財需要**が重なって，**機械工業**の世界に類例のないほど急速な発展を生んでいる。機械工業はいまや鉱工業生

---

[6]　内閣府ウェブページ上で閲覧可能。旧経済企画庁『昭和 35 年年次経済報告』「日本経済の成長力と国際競争力」(http://www5.cao.go.jp/keizai3/keizaiwp/wp-je60/wp-je60-0000i1.html) より抜粋。

産の3割を占める大産業となり，他の産業に及ぼすその波及効果は著しく大きくなっている。

　産業発展はその段階によって，主導する産業が異なる。例えば明治20年から40年にかけては**繊維産業**が主導的役割を演じ，第2次大戦前の昭和年代は軍需と結びついた**重化学工業**がそうであった。いまや民需を市場とする機械工業が産業の発展を主導する時期にある。それはまた今後にも続くであろう。なぜならば近代化投資の必要性はなお多く残されており，また耐久消費財の普及度もまだ低いからである。」（旧経済企画庁『昭和35年度経済白書』より引用。）

　実質所得の伸びとともにさらに消費が拡大していきました。その中で役割を果たしたのが都市への人口集中です（吉川（1992）[7]）。**地方から都市への労働移動**は，**金の卵**と呼ばれた地方から出てくる若年労働者達が中心でした。地方の農家は3世代からなる大家族が中心でしたが，都会に出てきた若者達はそれぞれ世帯を持ち，生活のための耐久財を必要としました。

　図表 5-11 では都市圏への転入超過数を示しています。東京圏（東京都，神奈川県，埼玉県，千葉県）を棒グラフ，東京都，愛知県，大阪府の値を線グラフにしています。これらの地域への転入者数が転出者数を上回っているときにプラスの値になります。また，1958年以降の東京圏の値は男女別にしています。

　まず，大きな流れとして，1950年代，60年代に**3大都市圏への超過流入**となりました。3大都市圏への転出入超過人口（転入−転出）は40万人から60万人程度でした。たとえば，20歳人口は，もっとも多い1969年で約245万人でした（総務省統計局，人口推計による）。世代人口に対する割合からみると，移動者数の多さに驚かされます。**団塊の世代**と呼ばれる戦後の第1次ベビーブーム時に生まれた人々が成人になった頃です。

　高度成長期の人口移動は男女ともにみられる現象です。東京圏について男女別でみると，もっとも大きかった1962年の38.8万人の超過流入のうち，

---

[7] 吉川洋（1992）『日本経済とマクロ経済学』東洋経済新報社。

■図表 5-11　転入超過数（総数）

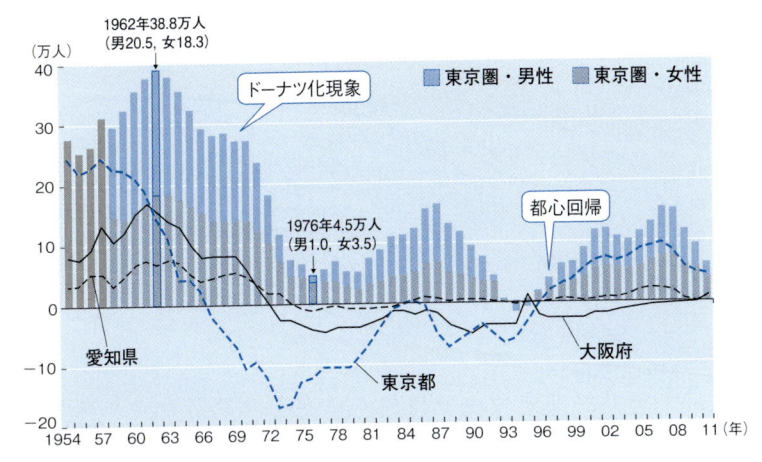

1962年38.8万人
（男20.5, 女18.3）

ドーナツ化現象

1976年4.5万人
（男1.0, 女3.5）

都心回帰

愛知県

東京都

大阪府

■東京圏・男性　■東京圏・女性

（出所）　総務省統計局『住民基本台帳人口移動報告』より作成。
（注）　正の値の場合は超過転入，負の値の場合は超過転出。1954～1957年までの東京圏での数は（男女別の統計がないため）総数。

男性は20.5万人で女性を若干上回りました。その後，1976年では女性が男性を上回りました。

総務省「国勢調査」によると，1955年に単独（単身）世帯は，全世代のわずか3.4％を占めるにすぎませんでした。それが，1970年には10.8％に増えました。また，夫婦のみの世帯なども増えており，このような農村から都市への人口移動により**核家族化**が進んだことがわかります。当時理想となったのは，近代的なダイニングキッチンやバス・トイレなどを備えた2DKの団地での生活です。

なお，この時期に東京圏は超過流入となっているのですが，東京都のみだと1967年以降に超過転出となっています。それは，1960年代に住宅が東京郊外へ移動する**ドーナツ化現象**[8]が生じたためです。

8　1970年代に入ると3大都市圏への超過流入の数が急激に減少しています。1980年代半ばに再び東京圏への流入の増加がみられますが，バブル経済の崩壊とともに減少しています。1990年代半ば以降は東京都への超過流入，すなわち**都心回帰**の動きがみられます。

5 高度成長期の構造変化

■**図表5-12　非農家，農家別の耐久財普及率**

（1）非農家世帯

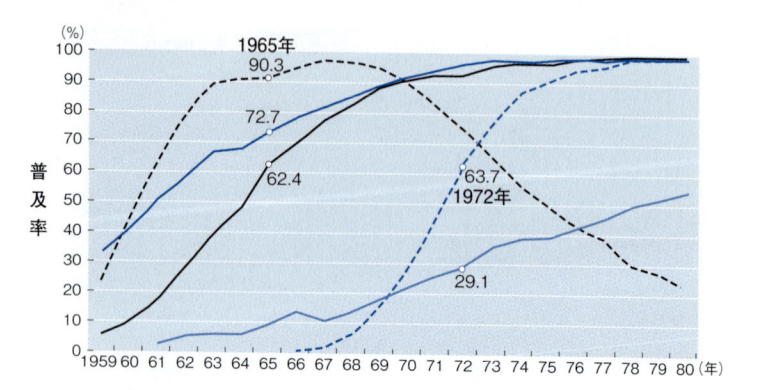

（2）農家世帯

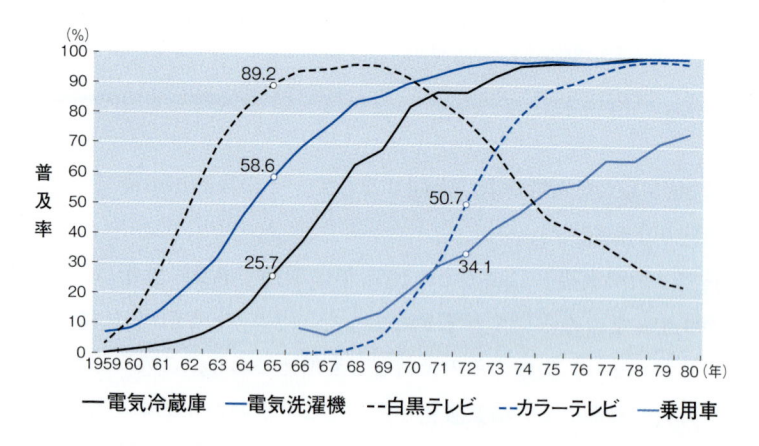

―電気冷蔵庫　―電気洗濯機　--白黒テレビ　--カラーテレビ　―乗用車

（出所）　総務省統計局「日本長期統計総覧」より作成。
（原典）　内閣府経済社会総合研究所「消費動向調査年報」

　世帯が増加する中で，とくに普及が進んだのが**三種の神器**と呼ばれた白黒テレビ，電気洗濯機，電気冷蔵庫です。これらの財の家庭普及率を示したのが**図表5-12**です。上段図が非農家世帯で，下段図が農家世帯です。ここから2つの特徴がわかります。

一つは農家世帯よりも非農家世帯において、三種の神器の普及が早かったということです。たとえば1965年の電気冷蔵庫の普及率は、非農家世帯で62.4%なのに対して、農家世帯では25.7%でした。やはり都市に出てきた労働者がまず耐久財を求めたことがうかがえます。

　もう一つは中でも白黒テレビの普及が率先していることです。テレビの普及が進むことで、コマーシャルで商品が紹介され、さらに消費が拡大したと考えられます。テレビ放送が始まったのは1953年ですが、白黒テレビの普及率は1965年に農家世帯でも89.2%に達しています（前年の1964年は東京オリンピック開催の年です）。

　小浜・渡辺（1996）[9]によると、松下電器産業の14型白黒テレビの価格は1955年に99,500円だったものが、1959年には67,500円にまで下落しています。当時の平均的な月給は2万円程度なので、それでも高いですが、何とか購入できるほどになりました。

　さらに、三種の神器に続いて **3C** と呼ばれるカラーテレビ、クーラー、乗用車の普及率が高まりました。高度成長の期間中、耐久財消費への需要拡大が続いたのです。

❖ コラム　専業主婦の増加

　高度成長期には人々のライフスタイルが大きく変化しました。本文でも住居のドーナツ化現象を紹介しました。さらに変化の一つとして専業主婦の増加があげられます。**図表5-13**にサラリーマン世帯の専業主婦数とその全体に対する比率が描かれています。

　サラリーマン世帯の専業主婦率は高度成長期に高まりました。1955年には30.1%でしたが、1980年には37.1%です。上昇が続いたのは1965年頃までです。背景には配偶者の賃金上昇がありました。

　夫の所得が高いと妻の有業率が低くなることを、**ダグラス=有澤法則**といいます。有澤廣巳は傾斜生産方式を考案した人物で、第3章で紹介しました。

　図表5-14は夫の収入と妻の就業率の関係を示した総務省資料です。これをみると夫の収入が高いほど妻の就業率が低くなっているのがはっきりとわかります。とはいえ、年収が1,000万円～1,499万円でも50%弱の女性が就業しています。

9　小浜裕久・渡辺真知子（1996）『戦後日本経済の50年――途上国から先進国へ』日本評論社。

■図表 5-13　専業主婦の数と比率

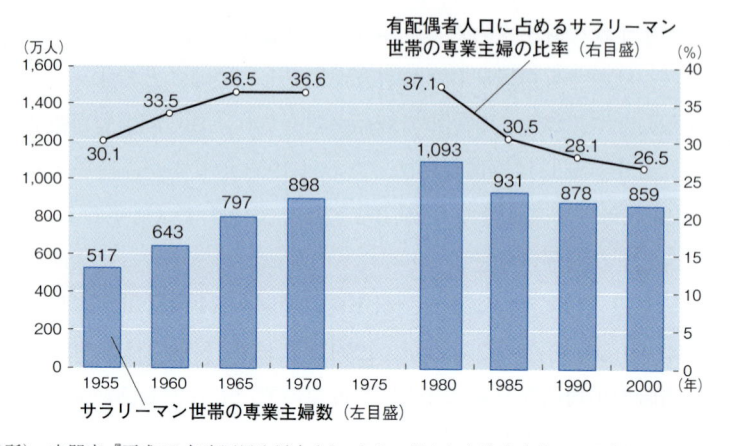

棒グラフ（サラリーマン世帯の専業主婦数、左目盛、万人）：
- 1955：517
- 1960：643
- 1965：797
- 1970：898
- 1980：1,093
- 1985：931
- 1990：878
- 2000：859

折れ線（有配偶者人口に占めるサラリーマン世帯の専業主婦の比率、右目盛、%）：
- 1955：30.1
- 1960：33.5
- 1965：36.5
- 1970：36.6
- 1980：37.1
- 1985：30.5
- 1990：28.1
- 2000：26.5

（出所）　内閣府『平成13年度国民生活白書』、家族の暮らしと構造改革、説明資料より作成。
（原典）　1955～1970年までは総務庁「国勢調査」、1980年以降は同庁「労働力調査特別調査報告」。

■図表 5-14　夫の収入と妻の就業率の関係

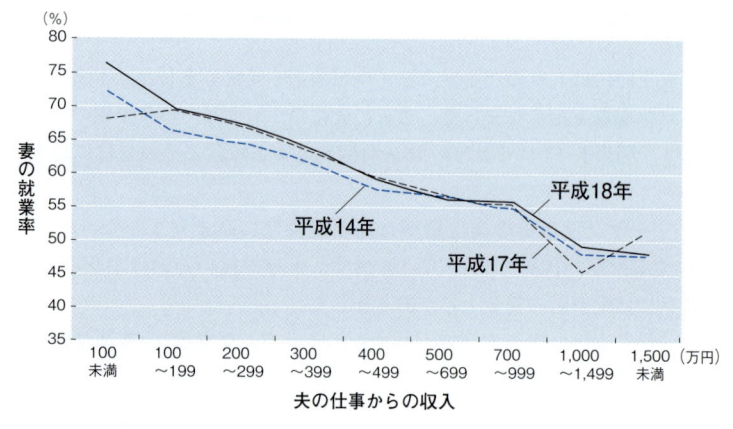

横軸：夫の仕事からの収入（100万円未満、100～199、200～299、300～399、400～499、500～699、700～999、1,000～1,499、1,500万円未満）
縦軸：妻の就業率（%）
系列：平成14年、平成17年、平成18年

（出所）　総務省統計局「夫の収入と妻の就業率の関係について」より抜粋。
　　　　　http://www5.cao.go.jp/statistics/meetings/iinkai_5/sankou_7.pdf
（原典）　労働力調査「第21表　妻の就業状態，夫の就業状態別典型的一般世帯（4種類）数」

また，2002（平成14）年と2006（平成18）年とを比較すると全体的に妻の就業率が高まっていますので，夫の年収だけで決まるわけではありません。

図表5-13に戻ると，1980年代以降は再び専業主婦の比率が低下しました。1990年代以降の長期不況による平均賃金の低下も影響しているとしても，それ以前からの傾向がみられるため，女性の社会進出という再度のライフスタイルの変化が影響しているでしょう。

橘木（2008）[10]は，女性が専業主婦に「夢」を描いていたのは第2次世界大戦前から高度成長期までの時期だと指摘しています。それは，裕福な層と貧しい層が明確に区別されていた時代に，苛酷な労働を強いられていた貧しい女性達の夢だったといいます。

高度成長期，女性はさまざまな電化製品の登場により過酷な家事労働が軽減されるとともに，日本全体が豊かになり，夢見た専業主婦になれる人が増えたのです。

▶ 貯蓄と低金利政策

高度成長期の投資を支えたのは家計の高い貯蓄率でした。労働者の賃金の増加とともに家計の貯蓄は増加し[11]，それが国内投資の資金源となりました。図表5-15は国民経済計算にもとづく家計貯蓄率[12]です。図表5-15をみてわかるように，額のみならず貯蓄率も1970年代半ばまで上昇し続けました。

金融制度も1950年代に整備されました。民間金融機関にはさまざまな規制がかけられ，銀行と証券，長期と短期など，業務の範囲も分けられていました。金融機関のサービス横並び状態は，行政による護送船団方式と呼ばれるもので，預金の安全性が確保されていました。

公的部門では，戦後設立された復興金融公庫はドッジ・ライン時に停止さ

---

10 橘木俊詔（2008）『女女格差』東洋経済新報社，196ページ。
11 なぜ貯蓄率が上昇したのかについてはいくつかの理由が考えられます。たとえば，貯蓄を多くする世代が多い，社会保障の整備が遅れている，ボーナスが貯蓄される，税制優遇措置によるなどです（橘木俊詔（2004）『家計からみる日本経済』岩波新書，42ページ）。あるいは，家計は戦時中に家を失い，さらに戦後のハイパー・インフレで金融資産も失ったため，それを回復するために貯蓄が必用であったことも考えられます（小川一夫（2009）『「失われた10年」の真実──実態経済と金融システムの相克』東洋経済新報社，第1章）。
12 そのほかの統計として家計調査があり，近年とくに2つの統計よる貯蓄率の差が開いていますので注意してください。国民経済計算における支出の特徴としては，帰属家賃，公的負担（教育費），高額消費（自動車など）などを含むことがあげられます。

■図表 5-15　家計貯蓄率の推移

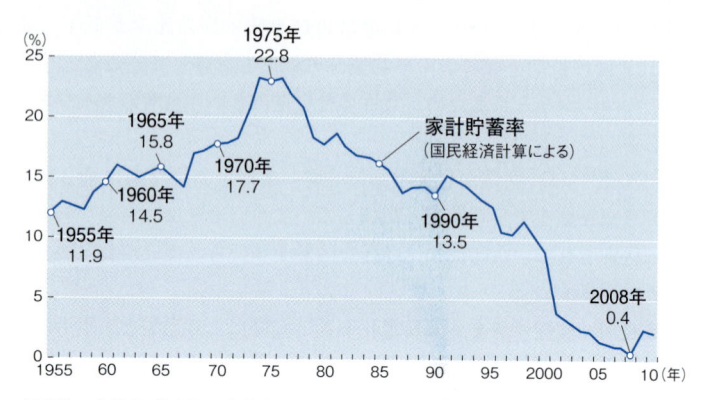

（％）
- 1955年 11.9
- 1960年 14.5
- 1965年 15.8
- 1970年 17.7
- 1975年 22.8
- 1990年 13.5
- 2008年 0.4

家計貯蓄率（国民経済計算による）

（出所）内閣府『平成 25 年版経済財政白書』長期経済統計より作成。
（原典）内閣府「国民経済計算」
（注）1980 年からは SNA93 による値。

れ，代わって 1951 年に**日本開発銀行**が設立されました。また，郵便貯金は企業へ貸し出されるのではなく，**財政投融資資金**として**旧大蔵省資金運用部**を通じて特殊法人などへ貸し出されました（第 9 章で詳しく学びます）。

　貯蓄と投資は金融市場で調整されますが，その調整役となるのが金利です。企業はその金利にもとづいて，利潤が最大となるように投資額を決定します（**利潤最大化問題**の解法はミクロ経済学を参照してください）。

　生産活動を行う場合には投資とともに労働が必要です。労働について，企業の利潤最大化問題を解くと「**労働の限界生産力＝賃金**」となります。資本についても同じ仕組みが働き，したがって，「**資本の限界生産力＝利子率**」となります。

　第 4 章で学んだ投資による経済成長の仕組みを復習しましょう。資本減耗分とフローの投資が等しくなるところで**定常状態**となり，資本（ストック）の増加が止まります。高度成長期のように定常状態に達しておらず，資本の限界生産力が大きい時期には利子率も高いでしょう。もちろん，短期では（利子率の変化は早いが資本の変化は遅いため）実際の実質利子率が資本の限界生産力と等しくなるとは限りません。そのため，利子率の変化が景気変

■図表 5-16　名目金利の推移

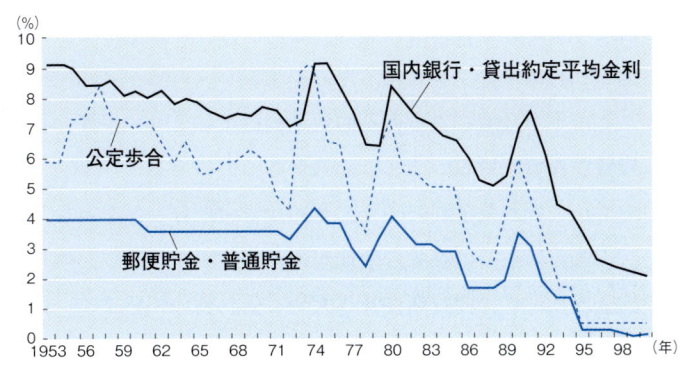

（出所）　総務省統計局「日本長期統計総覧」より作成。
（注）　名目金利の値。実質金利はここからインフレ率を差し引いて求める。

動の要因ともなります。

　さて，高度成長期は概して政府の**人為的低金利政策**により金利は低く抑えられました。そのため，企業は有利な条件で投資を行うことができました。**図表 5-16** ではいくつかの名目金利の推移を示しています。

　ここで**公定歩合**とは日本銀行が民間金融機関へ資金を貸し出す際に適用される金利で，かつては政策の際に参照される**政策金利**でした。2006 年以降は公定歩合ではなく，**基準割引率および基準貸付利率**と呼ばれ，政策金利でもなくなりました。預金金利としては，旧郵便貯金の普通預金，国内銀行の企業への貸出金利として貸出約定平均金利の推移を示しています。

　注意点として，これらの金利は名目金利です。高度成長期にインフレ率がおおむね 5% 程度であったこと，さらに，1955 年から 1973 年の GNP の平均成長率は実質で 9.35% であったことを踏まえてこの頃の金融の特徴を考えてみます。

　家計が預金する際の金利は 4% 程度で，高度成長期にはほぼ一定で推移してきました。インフレ率が 5% 前後ですから，実質的に単純にはマイナスになります。1969 年 7 月 9 日の朝日新聞での「せっかくの貯蓄もインフレで

吹き飛ばされる」という感覚を人々が抱くのはもっともだったのです。

もう一つは，企業が借り入れる際の金利も低かったといえます。実質成長率が9％前後ですが，金利は名目で9％です。借りて投資して，成長率程度の利益が得られれば十分プラスだったのです。

では，このような政府による人為的低金利政策により，民間の投資が活発化され「**投資が投資を呼ぶ**」ことに効果があったのでしょうか。また，金融市場での均衡から外れた金利により恣意的な資金配分とはならなかったのでしょうか。これらの点には議論の余地があります。

日本の高度成長期に民間設備投資は大きく揺れ動いています。これは最近の中国での投資が安定的であるのとは対照的です。限界生産力よりも実質利子率が低くなってしまうと，過剰な投資となるはずです。過剰投資は一時的には好景気をもたらしますが，その後に調整のための景気後退が訪れます。長期ではプラスとマイナスが相殺されるだけです。

さらに，銀行間で横並びの低金利であったために，金融市場がうまく働いておらず，非効率な投資が行われた可能性も考えられます。この頃，銀行は資金量での経営が必要であったため**預金獲得**を重視しました。また，資金の超過需要が発生しがちで，国内銀行は**オーバーローン**と呼ばれる日本銀行からの資金調達に依存していました。そのため，日本銀行は**窓口規制**（貸出額の増加量に上限を設定すること）でも金融市場をコントロールすることが可能でした。

日本の金融制度には，貯蓄を預かった銀行などの金融仲介機関から企業に貸し出される**間接金融**の特徴があります（第11章で詳しく学びます）。**図表5-17**は産業資金供給状況ですが，資金の7～8割が民間金融機関からの貸出しです。株式や事業債による**直接金融**の割合が非常に小さかったのです。

そうして，主たる金融機関が長期にわたり企業に資金を供給したり，経営者をも派遣したりする**メインバンク制**が成立しました。メインバンクや旧財閥を中心に，株式相互持ち合い等による**企業系列**が形成されました。銀行が企業を**モニタリング**するコストは，低金利ではカバーできませんが，メインバンク制により補完されたのです。

ただし，野口（2010）[13]は，直接金融が主流であった場合は，高度成長を

■図表 5-17　産業資金供給（増減）状況

額　　　　　　　　　　　　　　　　　　　　　　　　　　（単位：億円）

年	株式	事業債	貸出			合計
			民間金融機関	政府金融機関	融資特別会計	
1950	319	435	3,726	−160	287	5,129
1955	955	265	4,661	748	224	6,764
1960	4,719	1,528	20,838	1,598	588	29,272
1965	2,626	2,193	40,444	3,725	721	49,712
1970	10,029	3,589	102,494	9,107	1,037	126,259
1975	12,996	13,183	146,711	20,148	2,937	195,977
1980	14,485	5,727	150,725	20,181	4,606	195,724

構成比率　　　　　　　　　　　　　　　　　　　　　　（単位：％）

1950	6.2	8.5	72.6	−3.1	5.6
1955	14.1	3.9	68.9	11.1	3.3
1960	16.1	5.2	71.2	5.5	2.0
1965	5.3	4.4	81.4	7.5	1.5
1970	7.9	2.9	81.2	7.2	0.8
1975	6.6	6.7	74.9	10.3	1.5
1980	7.4	2.9	77.0	10.3	2.4

（出所）　総務省統計局「日本長期統計総覧」より作成。

実現することはできなかったであろうと分析しています。金融統制がない場合に比べて，大企業，製造業，油種産業に重点的に配分されたからです。また，小川（2009）[14] は，高度成長期に鉄鋼業のみ資金制約を受けていないことを分析し，鉄鋼業は重化学工業路線の牽引役として，民間金融機関および日本開発銀行から優先的に資金供給を受けることができた，と指摘しています。

13　野口悠紀雄（2010）『1940 年体制［増補版］』東洋経済新報社，105 ページ。
14　小川一夫（2009）『「失われた 10 年」の真実——実態経済と金融システムの相克』東洋経済新報社，94 ページ。

5.3 石油危機と高度成長の終焉

▶ ニクソンショック

1965年から1970年までは当時で戦後最長の**いざなぎ景気**と呼ばれる景気拡張期でした。けれども，その後日本経済の高度成長期は終焉を迎えました。その頃，日本経済はいくつかの**海外からの経済ショック**に見舞われました。

1971年8月，米国のリチャード・ニクソン（Richard M. Nixon）大統領は，インフレと経常収支赤字への対応として固定率でのドルと金の兌換を停止することを発表しました。これは**ニクソンショック**と呼ばれました。**ブレトン・ウッズ体制**以降維持されてきた金をベースとした国際金融における固定相場制は，その後スミソニアン合意により一時的に維持されたものの，**変動相場制**へと移行することになりました。

図表5-18は対ドルの名目為替レートの動きを示しています。日本でも変動相場制への移行により，1ドル＝360円の固定から1971年平均で347.8円[15]へと変化しました。さらに1973年には272.2円にまで100円近くの急激な円高が進みました。

ただし，名目為替レートが円高となったとしても，米国が高インフレなら実質的には一部はその効果が相殺されます。たとえば米国で1つ1ドルのモノが1ドル30セントに上昇していたとします。このときに為替レートが360円から276.9円に変化したとします。計算してみると，円高になったとしてもそれを1つ購入するには同じく360円が必要なままです。

このようなインフレ率の違いを調整して，実質的な変化をみるのが**実質為替レート**です。さらに日本からみて米国ドルだけではなく，他の国々についても貿易量をウェイトとしてまとめたのが（実質）**実効為替レート**です。

2010年を100とする実質実効為替レートを同図でみてみましょう（実効為替レートは大きい値ほど円高を意味しますが，図では軸を反転させていますので逆です）。実効為替レートは固定為替レートにもかかわらず1965年か

---

[15] 347.8円は年の平均値です。1971年8月まで1ドル＝360円の固定であり，その後に変化しました。

■図表 5-18　名目為替レートと実質実効為替レート

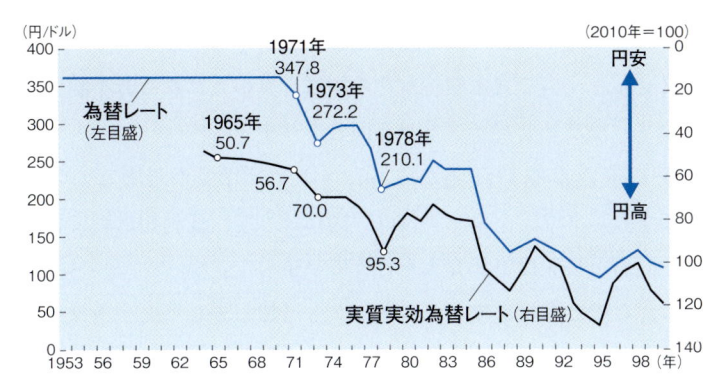

(出所)　総務省統計局「日本長期統計総覧」より作成。
(注)　実効為替レートは大きい値ほど円高を意味するが，この図では軸を反転させているため，グラフ下方向への変化で円高となる。

ら 1971 年にかけてすでに円高に動いていました。これは日本国内と海外物価の変化の違いによるものです。本来は，この時期に名目為替レートの調整も必要でした。

1971 年のニクソンショック後，実質的にも円高が進みました。1973 年までに 56.7 から 70.0 にまで高まりました。その後，石油危機の影響で 1978 年には 95.3 にまで上昇しました。名目の変化と同じように，実質的にも円高となりました（ただし，1980 年代前半では，実質為替レートは逆に円安方向へ動きました。米国で高インフレが発生したためです。この点は，次章で確認します）。

円高は輸出企業の収益を悪化させます。財の価格を外国通貨建てで一定とすると，1 ドルのモノが 360 円だったのが，272 円になってしまうことを意味します。しかしながら，企業が利益を確保しようとして外国通貨建て価格を，たとえば 1.32 ドルへ引き上げてしまうと，需要が減少してしまいます。

固定相場制を維持するためには政府・日銀が**為替介入**を行う必要があります。また，変動相場制へ移行後も為替安定化のために介入を行うことがあります。たとえば，円高に対する為替介入は**ドル買い円売り**となるため，買っ

たドル（ドル現金はごく少なく，ほとんどは米国の財務省証券など）が**外貨準備**として政府に積み上がります。なお，政府は短期の国債などを発行して市場から円を調達するので，**不胎化**されてマネーは増加せずインフレにはつながりません。一方で日本銀行がその国債を買い入れれば**非不胎化**となり，市場のマネーが増加してインフレ要因となります。

図表 5-19 をみると 1971 年から 1972 年に外貨準備が急増していることがわかります。ニクソンショック後の円高に対して，変動相場制に移行したとはいえ，政府・日銀は為替介入を行っていました。

同時に，このときにはマネーストックも増加しました。一つは部分的にでも非不胎化されたこと，もう一つは，いざなぎ景気において景気が過熱気味だったということです。さらに 1972 年から 1973 年にかけて，当時の田中角栄首相による**日本列島改造論**により，とくに地方における公共投資が増加しました。マネーストックの増加は，貨幣数量説で示されるようにインフレ率を引き上げました。次に石油危機をみますが，このことを覚えておきましょう。

■図表 5-19　外貨準備高とマネーストック変化率

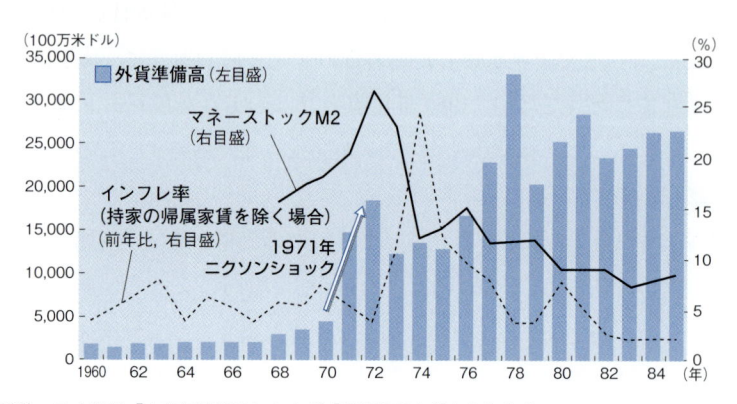

（出所）　日本銀行「本邦経済統計」および「経済統計年報」より作成。
（注）　外貨準備とは，日本銀行や外国為替資金特別会計（政府）が保有する為替介入等のための原資。

▶石油危機

1973年に**第1次石油危機**が生じました。第4次中東戦争を契機にOPEC（石油輸出国機構）が原油価格を引き上げたためです。

図表5-20は，アラビアン・ライト（Arabian light）原油価格の推移です。1973年に1バレル2.8ドルから10.4ドルまで約3.7倍の価格上昇が生じました。資源エネルギー庁『エネルギー白書2010』によると，当時，日本のエネルギーにおける石油依存度は78％で，そのほぼすべてを輸入に依存していました。比較すると，たとえば，米国の石油依存度は47％で，そのうち6割程度は国内生産でまかなわれていました。経済構造からみると，日本はより深刻な影響を受けるはずでした。

確かに，直後は大きな影響を受けました。図表5-19にあるように，インフレ率（持ち家の帰属家賃を除く総合指数）は，1974年に24.5％へと跳ね上がります（その後1975年に11.9％，1978年には3.7％へと落ち着きました）。このような物価の上昇は**狂乱物価**と呼ばれましたが，このとき，なぜかトイレットペーパーの買いだめも起こりました。そして，1974年には戦

■図表5-20　アラビアン・ライト原油価格

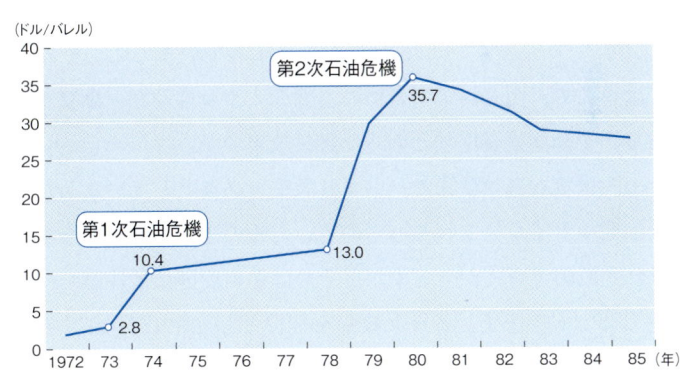

（出所）　矢野恒太記念会編（2006）『数字でみる日本の100年――20世紀が分かるデータブック［改訂第5版］』より作成。
（注）　アラビアン・ライトとはサウジアラビア産の軽質原油を指す。現在はドバイやWTI原油先物が原油価格の基準だが，当時はOPECが公示するアラビアン・ライトの価格が基準であった。

後最大の景気後退を経験しました。

次の新聞記事は 2008 年のリーマンショック時の GDP 成長率についてですが，それまでもっとも大きなマイナスであった石油危機時と比較しています。2008 年のことはまだ記憶に新しいと思いますので，この記事から当時の状況を想像してみましょう。

> 「内閣府が（2009 年 3 月）12 日発表した 2008 年 10–12 月期の国内総生産（GDP）改定値は物価変動の影響を除いた実質で前期比 3.2% 減，年率換算で 12.1% 減だった。……**第 1 次石油危機だった 1974 年 1–3 月期の年率 13.1% 減に次ぐ戦後 2 番目のマイナス成長**で，日本は深刻な不況にある。生活実感に近い名目は前期比 1.6% 減，年率換算は 6.4% 減。それぞれ 0.1 ポイント，0.2 ポイントの上方修正だった。
>
> 　実質 GDP の前期比 3.2% 減に対する寄与度は内需がマイナス 0.1 ポイントと 0.2 ポイントの上方修正。輸出から輸入を差し引く外需はマイナス 3.0 ポイントで変わらなかった。今回は企業の在庫が速報段階よりも膨らみ，GDP を押し上げる方向に働いたが，内閣府は『原材料在庫が積み上がっており，良い現象ではない』（内閣府）とみている。」
>
> （2009 年 3 月 12 日，日本経済新聞夕刊より引用。）

ただし，インフレはすでに 1973 年から高まっていました。その原因は石油危機ではなくて，円高対策のための為替介入や金融緩和（**調整インフレ論**と呼ばれる）や公共投資増加といった財政政策です。

また，国内景気も過熱気味で，いずれ調整を必要としていました。私たちは，石油危機やトイレットペーパーの買いだめのような印象的な出来事があると，それが原因と考えがちですが，そのほかの要因にも注意して経済をみることが大切です。事実，イラン政変を契機として生じた 1979 年の**第 2 次石油危機**時に原油価格はさらに約 2.7 倍上昇しましたが，日本では金融引き締めを予防的に早めに行った（当時の政策金利である**公定歩合**は 1978 年の 3.5% から 1980 年の 9.0% まで引き上げられた）こともあり，インフレ率は大きく上昇せずにすんでいます。

さらに，この頃に高度成長の要因がなくなりつつありました。労働移動が

終わり，産業構造の変化も終わりました。耐久財への需要も一巡しました。エネルギーコストは上昇し，投資効率が低下しました。キャッチ・アップ期が終わり，その後は開発コストが上昇することになりました。日本経済は比較的早く石油危機のショックから立ち直りますが，かつてのような実質賃金の伸びはみられなくなってしまいました。

けれども1980年代に日本は自動車輸出などを伸ばし，後半にはバブル経済という好景気に沸きました。ジャパン・アズ・ナンバーワンともいわれました。この興味深い現象がなぜ生じたのかは次章でみます。

キーワード

マクロ経済の構造，財・サービス市場，労働市場，金融市場，海外部門，総需要分析，産業構造の変化，実質賃金の上昇，生産性の上昇，消費革命，地方から都市への労働移動，金の卵，耐久消費財，三種の神器，護送船団方式，人為的低金利政策，オーバーローン，メインバンク制，企業系列，ニクソンショック，ブレトン・ウッズ体制，固定相場制，変動相場制，実質為替レート，実効為替レート，為替介入，石油危機，狂乱物価，調整インフレ論

問題

(1) マクロ経済の構造を考えながら，政府の公共投資増加が経済にどのような効果を持つのかについて，財・サービス市場への効果の他に，金利や民間投資への影響を考えなさい。
(2) 日本の高度成長期の特徴を民間投資と民間消費の点から考察しなさい。
(3) 高度成長期における耐久財消費需要の高まりについて，その要因を多面的に説明しなさい。
(4) 高度成長期において，政府の政策（とくに金融）がどのような影響を与えたのか考察しなさい。
(5) 2000年代以降も原油価格は高騰した。このときの影響を1970年代の石油危機と比較して，違いを考えてみなさい。

第6章

石油危機から
日米経常収支不均衡へ

　石油危機後の 1980 年代，日本経済は深刻なスタグフレーションの発生なしに危機を乗り切り，産業構造や国際金融の変化に対応して海外への貿易輸出を増加させました。これは日本経済に利益をもたらした一方で，米国との貿易摩擦や経常収支不均衡の拡大をもたらしました。その解決策を模索する中で，日本経済はさまざまな問題に直面しました。

　そのうち最大のものが 1980 年代後半におけるバブル経済の発生です。日本は株式や土地の価格が上昇してバブル経済に突入しました。なぜバブルが生じたのでしょうか。それぞれの人たちはバブルに踊ってしまっただけかもしれませんが，その根本的な要因に石油危機後の世界経済，とくに日本と米国の経済関係の変化がありました。

　日米経常収支不均衡が発生する中で，1985 年のプラザ合意により各国による協調ドル安政策が採用されました。その後，円高・ドル安が行きすぎたため日本の政策当局は低金利政策により，円高の抑制を試みました。この低金利政策は株価の上昇をもたらし，さらに地価の上昇も伴うことでバブル経済が発生しました。

6.1　石油危機後の低成長・安定成長

▶ 安定成長の分析

　日本経済は 1970 年代に，高度成長期から**低成長期**あるいは**安定成長期**に

入ります。ちょうど石油危機が起きた後ですが，たとえそれがなかったとしても成長率はいずれ低下したでしょう。

そもそも，経済規模が大きくなると計算上でも成長率は小さくなります。1968年に日本のGNPが世界第2位となったときの額は51兆920億円（1,419億ドル）でした。現在は名目でおよそ9〜10倍です。たとえば同じ5兆円の増加は，当時であれば約10%の成長率ですが，現在では約1%にすぎなくなります。

また，第4章で学んだソロー成長モデルから考えると，資本ストックは増えるに従って限界生産力が逓減します。日本経済は拡大して資本ストックが増加し，資本の限界生産力が小さくなったため，成長率も低下しました。

たとえば，100世帯の村に必要な住宅は100戸です。もし，その村に住宅が足りなければ，住宅は建設されていくでしょう。けれども新築住宅の建設はいずれ終わり，その後は老朽化した家の建直しや修繕が必要なだけです。1970年代頃に，日本は新規で必要な投資，あるいは高い成長率をもたらすような投資機会が減少したと考えられます。新製品の生産のための投資や，維持管理投資および**更新投資**があるため投資はゼロにはなりませんが，投資の生産性向上効果は小さくなります。

図表 6-1は建築物の（着工）床面積の推移です。1970年代に入ると建築の床面積は頭打ちになったり，低下したりしています。1980年代に入って居住専用の建築物がさらに減少したことからみて，ちょうど建設では転換期だったということでしょう。

第5章で学んだように産業構造変化が成長率を高めていましたが，1970年代に入るとそれが終焉しました。農村から都市への労働供給に注目して，農村から都市への労働移動が収束することを**ルイスの転換点**といいます。日本では1970年代に入ると農村から都市への人口移動が縮小しました。南・牧野（2002）[1]は，1960年を中心とする数年間で過剰労働が解消されて実質賃金が上昇したとのルイス分析を紹介しています。確かに第5章でみた転入超過数は1962年をピークに減少し始め，1970年代に入るとその減少が顕著

---

[1] 南亮進・牧野文夫（2002）『日本の経済発展［第3版］』東洋経済新報社。

■図表 6-1　用途別着工建築物の床面積

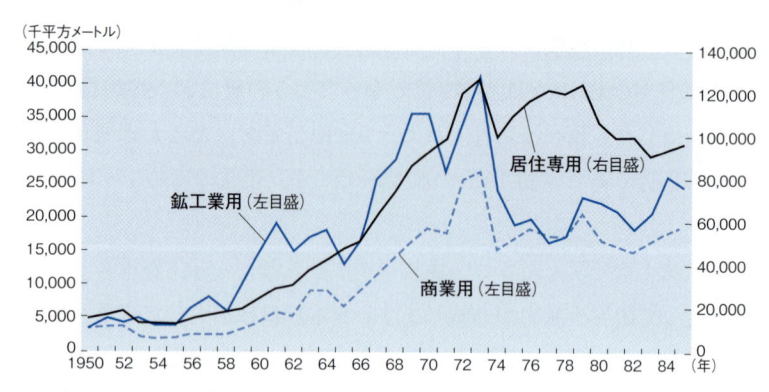

（出所）　総務省統計局「日本長期統計総覧」より作成。
（原典）　建設省「建築物着工統計調査」

■図表 6-2　実質 GDP 成長率の要因分解

(単位：年率，％)

		1966年→73年	1973年→79年	1979年→85年
日本	実質GDP	9.34	3.57	3.72
	資本寄与	4.63	2.11	1.58
	労働寄与	0.44	−0.09	0.49
	TFP寄与	4.27	1.55	1.64
米国	実質GDP	3.12	2.47	2.14
	資本寄与	0.81	0.7	0.6
	労働寄与	0.92	1.42	0.74
	TFP寄与	1.39	0.34	0.8
旧西ドイツ	実質GDP	4.25	2.33	1.08
	資本寄与	1.25	0.77	0.65
	労働寄与	−0.12	−0.52	−0.42
	TFP寄与	3.11	2.08	0.85

（出所）　旧経済企画庁（1994）『平成6年年次経済報告』より作成。

になりました。

　さらに，技術進歩率も減速します。第4章で学んだ**成長会計分析**を用いると，1970年代以降の日本経済の変化がより明らかになります。**図表6-2**は1994年の経済白書による成長会計分析の期間別国際比較分析です。1973年

から 1979 年の期間をみると，それ以前と比べて資本や TFP の寄与が小さくなったため，全体の実質 GDP 成長率が小さくなっていることがわかります。

これは旧西ドイツでもみられた現象です。全体の成長率はどの期間でも日本のほうが高いのですが，資本と TFP の寄与の変化をみると，日本と同じく徐々に小さくなっています。一方で米国はそうではありません。

高度成長期における資本増加は，第 2 次世界大戦による資本ストックの毀損とその回復で，それが終わったと説明できます。技術・TFP についてはどうでしょうか。米国などの先進技術を持っている国への**キャッチ・アップ**期が終わり，日本独自で開発が必要になったため技術進歩が難しくなったというのが理由です。

▶ フィリップス曲線と日本経済の回復

石油危機以降，欧米諸国はインフレにもかかわらず失業率が上昇する**スタグフレーション**に陥ってしまいました。日本でも第 1 次石油危機後の 1974 年前後は，激しいインフレに見舞われました。前章でみたように，1971 年にドルと金の兌換が停止された**ニクソンショック**が生じ，このときの円高対策としてのドル売りが金融緩和効果をもたらしたためです。日本では石油危機前にインフレ率が上昇していました。

けれども，その後日本経済は比較的順調に回復しました。とくに**米国の経済政策とのタイミングのずれ**が日本に有利に働きました。第 1 次石油危機後，日本はインフレを抑えるために，金融政策を緩和から引き締めに転換しました。第 2 次石油危機ではインフレの発生を比較的抑えられました。一方，このとき米国は拡張的政策を行っていました。**図表 6-3** は日本と米国のインフレ率，および失業率の推移を比較したものです。1974 年のインフレ率は日本のほうが高いのですが，1980 年のインフレ率は米国のほうが高くなっています。

金融引き締め政策は景気悪化要因となりましたが，一方で海外需要が日本の景気を支えました。たとえば，テレビの輸出金額は 1976 年に 75% 増加しました（円ベース，総務省統計局「日本長期統計総覧」，米国以外への輸出も含む）。輸出主導型の景気回復となったのです。1980 年代に入っても引き

■図表 6-3　インフレ率と失業率の日米比較

（1）インフレ率（消費者物価）

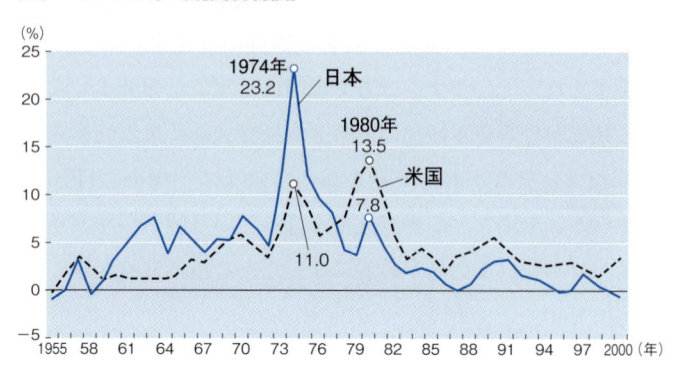

(%)

1974年 23.2　日本
1980年 13.5　米国
11.0
7.8

（2）失業率

(%)

米国：スタグフレーション

1974年 5.6
1982年 9.7　米国
日本
1.4　2.4

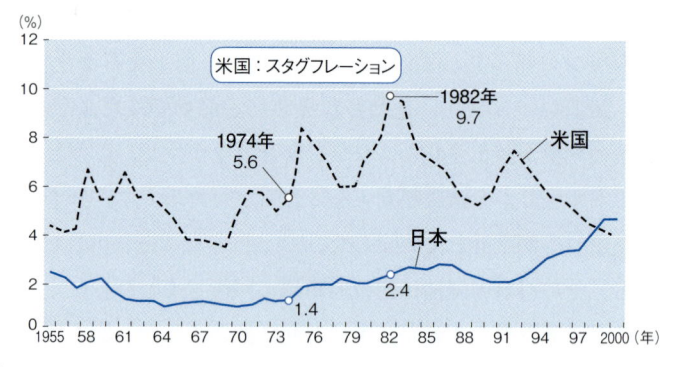

（出所）　IMF, International Financial Statistics.
（注）　ここでは日米ともに IMF の統計を用いた。日本のインフレ率は第 5 章の図表 5-8 と若干異なる。図表 5-8 のインフレ率では持ち家の帰属家賃が除かれている。

続き輸出は増加しました。インフレが抑えられたことで賃金も抑制され，労働コストの国際競争力を維持できました。また，米国に比べて低いインフレ率は，短期的には為替レートを実質で円安にしました。

　失業率の推移も比較してみましょう。日本もこの間1％ポイント程度の失業率上昇が生じ，1982年に2.4％となりました。一方，米国では1970年代後半は失業率が大きく低下するもののその後は上昇し，1982年には9.7％

にも達しました。日本でも**減量経営**が行われ，企業は投資を抑制するとともに，労働コスト（労働時間短縮や雇用）も抑えました。それでも米国と比較すると，失業率の上昇はある程度抑えられたといえます。

日本が石油危機から比較的早く立ち直った要因には，**省エネルギー化**という技術力だけではなく，マクロ経済の原理も働いています。さらにインフレと労働市場の関係[2]に注目してみていきましょう。

失業率とインフレ率の関係を示すものとして**フィリップス曲線**があります。フィリップス曲線はその関係を発見した経済学者アルバン・フィリップス（Alban W. Phillips）[3]にちなんでそう呼ばれます。フィリップス曲線は，インフレ率が高ければ失業率が低くなり，逆にインフレ率が低ければ失業率が高くなる関係を示します。けれども，石油危機後に米国が直面したのは，高インフレと高失業率の**スタグフレーション**です。したがって，フィリップス曲線では説明できない事態が生じました。このような動きの分析は，現在までつながるマクロ経済解明のカギとなっています[4]。その一端をみてみましょう。

失業率を GDP に置き換えた場合もフィリップス曲線と呼ばれます。それを以下のように表します[5]。

$$\pi_t = \pi_t^e + \bar{v}(y_t - \bar{y}) + \bar{o}$$

ここで π_t はある t 期のインフレ率で，π_t^e は予想（期待）インフレ率[6]と呼

---

[2] 野口悠紀雄（2008）『戦後日本経済史』（新潮社）では，賃金決定メカニズムにおける日本の戦時体制が他国と比べて優位性を発揮したと指摘しています。米国や西ヨーロッパ各国では賃金が物価に対応して変化する**賃金の物価スライド制**が一般的です。一方で日本では，労働組合が賃金抑制を受け入れ，経営者と一体となって雇用を守る傾向があります。

[3] Alban W. Phillips（1958）"The Relationship between Unemployment and the Rate of Change of Money Wages in the UK, 1861-1957," *Economica*, vol.25, pp.283-299.

[4] たとえば経済学者エドマンド・フェルプス（Edmund Phelps）やミルトン・フリードマンは従来のフィリップス曲線の誤りを指摘しました。フェルプスは 2006 年にフリードマンは 1976 年にノーベル経済学賞を受賞しています。

[5] この式はチャールズ・I. ジョーンズ（2011）『ジョーンズマクロ経済学Ⅱ　短期変動編』（東洋経済新報社）の第 5 章に従いましたので，詳しく学びたい場合はそちらを参照してください。

[6] 期待値は英語では expected value です。日本語で「期待」は待ち望む意味がありますが，ここでの期待値は単に予期する意味です。インフレ期待という場合，インフレを待ち望むということではなく，インフレ予想にすぎないことに注意してください。

ばれます。y_t は実際の GDP の対数値で，$\bar{y}$ は**潜在 GDP** の対数値です。対数値をとっているのは，差額ではなく率で考えるからです。すなわち $y_t - \bar{y}$ は **GDP ギャップ**となります。$\bar{o}$ は石油危機時に生じたような外生ショックで，一時的な要因です。

潜在 GDP は，労働や資本などの生産要素投入が長期的に持続可能である状態のときに達成される GDP の水準です。このときの失業率は**自然失業率**と呼ばれます。式からわかるように自然失業率の水準では，GDP ギャップがゼロとなるため，インフレ率は予想（期待）値と等しくなります。このときにインフレ率は上昇しないので，自然失業率は英語で **NAIRU**（Nonaccelerating Inflation Rate of Unemployment）と呼ばれます。

実際の GDP ギャップは，生産関数に労働や資本量を代入して計測したり，時系列データのトレンドを推計したりして求められます。

経済をみるときに重要なのは，潜在 GDP が現在どの水準にあるのかという認識です。1970 年代に米国の政策当局は，実際より潜在 GDP を過大に見積もり，GDP ギャップが負で大きいと考えていたと思われます。米国は 1976 年から 1977 年にかけて公定歩合（当時の政策金利）を引き下げるなど金融緩和策を採用しました。GDP ギャップが小さいにもかかわらずインフレを助長する金融緩和政策が行われれば，企業は需要と生産量を抑えるためにさらに値上げせざるを得ません。これがインフレを加速させてしまいました。

また，米国の賃金はインフレとともに変化する**物価スライド制**が一般的でした。石油危機が一時的なショック $\bar{o}$ であるにもかかわらず，名目賃金が上がってしまえば，実質賃金はやがて割高となります。実質賃金が高いと，企業は雇用を維持できないので（あるいは企業の倒産により）失業者が増加してしまいます。米国では石油危機という海外要因の他に，**ホーム・メイド・インフレ**と呼ばれる国内要因が経済に影響を与えました。

図表 6-4 は日本と米国の名目賃金変化率とインフレ率を比較したものです。実質賃金の変化率は名目の変化率とインフレ率の差になります。1982 年頃をみると，米国ではその頃までインフレとともに名目賃金も上昇しているため，労働者の実質賃金は低下していなかったことになります。高い実質賃金

■図表6-4　賃金上昇率の日米比較

(1) 日　本

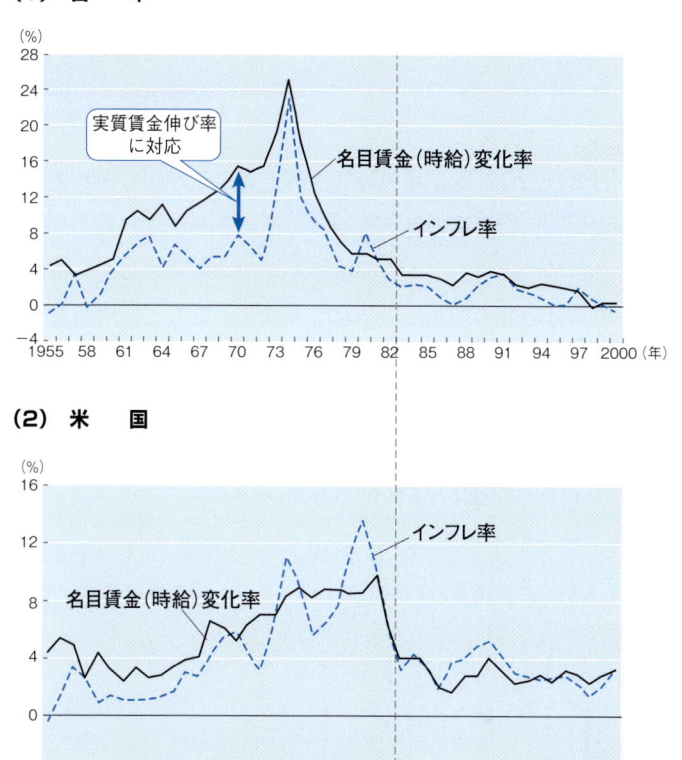

（グラフ：1955年から2000年までの日本の名目賃金（時給）変化率とインフレ率の推移。実質賃金伸び率に対応する部分が示されている。）

(2) 米　国

（グラフ：1955年から2000年までの米国の名目賃金（時給）変化率とインフレ率の推移。）

(出所)　IMF, International Financial Statistics.
(注)　日本について第5章でも名目賃金指数とインフレ率を比較した図（図表5-8）を載せているが，データは異なる。ここでは米国と比較するために共通データであるIFSの時給（hourly earnings）を用いている。インフレ率は消費者物価指数の変化率を示す。

が失業率を高め，スタグフレーションが発生しました。

　1980年をピークにインフレは収まっていきますが，1979年にFRB議長に就任したポール・ボルカー（Paul A. Volcker, Jr.）が金融政策を厳しい引き締めに転じたためでした。

　一方で，日本では実質賃金の伸びが大幅に縮小することになりました。日本は米国よりも早く金融引き締め策を採用しました。第2次石油危機時には

名目賃金が上昇しなかったためインフレも抑えられました。そうして，労働コストが企業の製品価格に転嫁されるのを避けられたのです。

　なぜ日本が米国よりも早く石油危機から回復したのかは，金融政策や労働市場の違いで理解できます。製造コストの削減という場合，省エネルギーなどによるエネルギーコストの削減だけではなく，労働コストの抑制も重要だったのです。

　むしろ，日本経済はエネルギーコストの上昇には対応しきれませんでした。産業構造が変化し，自動車の輸出額が鉄鋼業のそれを上回るようになりました。それがその後の円高，日米貿易摩擦の遠因となりました。輸出が拡大すると，日本経済は為替の変化に敏感になります。そして，円高対策としての低金利政策がバブルの発生にまでつながりました。間接的には石油危機は，日本経済に大きな影響を与えました。

❖コラム　フィリップス曲線と予想インフレ率

　図表6-5 は日本における 1955 年からのインフレ率（消費者物価指数の変化率）と完全失業率の関係を示した従来型のフィリップス曲線です。第1次石油危機時を除くと，日本では比較的安定的な曲線が描かれています。

　ただし，バブル崩壊後の 1991 年から 2011 年までの期間だけみるとフィリップス曲線の傾きが平らになっています。図では青い点と線でその関係が示されています。インフレ率と失業率の間に関係はそれでもありそうですが，以前に比べてとても小さくなりました（また，インフレ率の低下が大幅な失業率の上昇をもたらしているという議論もあります）。

　GDP ギャップとインフレ率の関係から何が起こったのかを考えてみましょう。図表6-6 は本文の式にもとづき，GDP ギャップ（%）を横軸にとった場合のフィリップス曲線です。1991 年から 2011 年の期間を青い点と線で示しています。式のショック項 $\bar{v}$ がプラスだったりマイナスだったりするのでここでの統計分析でははっきりとしたことはいえませんが，1990 年以前は仮に図中の点線のようなフィリップス曲線であったとしましょう。そして，GDP ギャップがゼロのときのインフレ率は 5% 程度と推測します。1991 年以降は，予想インフレ率が低下したことが推測されます。注目したいのは，最近では GDP ギャップがゼロのときにインフレ率がほぼゼロとなっている点です。日本経済は潜在水準では，ゼロ・インフレなのかもしれません。

■図表 6-5　日本のフィリップス曲線

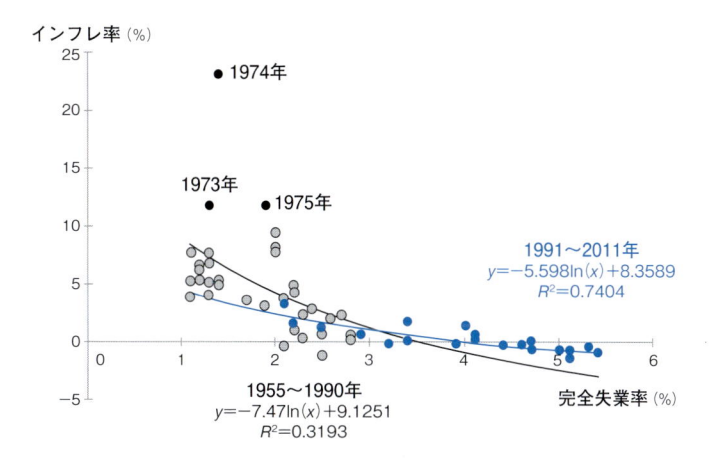

1955～1990年
$y=-7.47\ln(x)+9.1251$
$R^2=0.3193$

1991～2011年
$y=-5.598\ln(x)+8.3589$
$R^2=0.7404$

（出所）　内閣府『平成 24 年版経済財政白書』の長期統計より作成。

■図表 6-6　GDP ギャップ版のフィリップス曲線

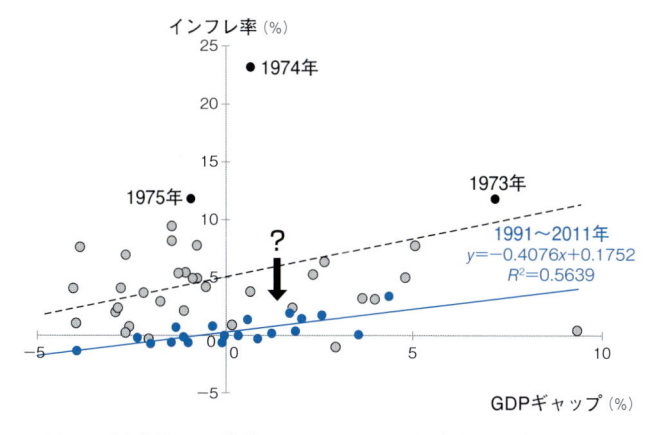

1991～2011年
$y=-0.4076x+0.1752$
$R^2=0.5639$

（注）　GDP ギャップは著者による推計で，HP フィルターと呼ばれる分析により，トレンドを求めてそれを潜在 GDP とみなして計算している。

　　第 1 次石油危機時の日本や，第 2 次石油危機時に米国は GDP ギャップがそれほどマイナスではないのにもかかわらず，過剰な金融緩和政策を行いました。そのため，景気は良くならない一方でインフレを招いてしまい，スタグフレーショ

6.1　石油危機後の低成長・安定成長

ンとなりました。米国のポール・ボルカーFRB議長（当時）による厳しい金融引き締めによりインフレが収束しましたが，このことから期待に働きかける金融政策の重要性が認識されるようになりました。

本文で紹介したフィリップス曲線の式は独占的競争や価格の硬直性を仮定して，企業の利潤最大化問題から導出されるため，**ミクロ的基礎を持つ**といわれます。従来のケインズモデルにミクロ的基礎を導入して分析する方法を**ニューケインジアン**といい，その式から導き出されるものも**ニューケインジアン・フィリップス曲線**と呼ばれています。企業行動から導き出されていることからわかるように，この式は**総供給曲線**となっています。

式には予想インフレ率が入っているため，過去ではなく，将来のGDPギャップが今期のインフレ率に影響を与えることになります。来期の式は

$$\pi_{t+1} = \pi_{t+1}^e + \bar{v}(y_{t+1} - \bar{y}) + \bar{o}$$

となりますが，考えてみると，今期からみて π_{t+1} は将来のインフレ率で今期の期待インフレ率に含まれるものです。そのため，将来のGDPギャップの動向が今期のインフレ率に影響を与えることになります。

2013年に日本銀行は大胆な金融緩和を行いましたが，その効果のルートの一つとして，この予想に働きかけることをあげています。

予想（期待）インフレには議論があります。すなわち，企業や人々は将来の予想にそれほど反応するのだろうか，むしろ，過去の動向から将来を予想したり調整したりするのではないかというものです。たとえば，1期前のインフレ率をベースとする**適応的期待形成**という考え方を採用すると，

$$\pi_t = \pi_{t-1} + \bar{v}(y_t - \bar{y}) + \bar{o}$$

という式になります（なお，前期からどれくらい調整するかの係数は1としています）。この場合は将来のGDPはかかわりません。もしこちらが真実に近ければ，金融政策が予想に働きかけてもインフレ率には影響がないでしょう。

フィリップスが1958年の論文で示したフィリップス曲線は，現在でも大きなテーマとして議論され続けています。

参考文献

岩田一政・内閣府経済社会総合研究所（2011）『バブル／デフレ期の日本経済と経済政策——我々は何を学んだのか』の第2章「デフレと経済政策」では，この点について著名な経済学者達が議論しています。以下のサイトにPDF版が掲載されていますので，ぜひ読んでみてください。

http://www.esri.go.jp/jp/prj/sbubble/history/history_04/history_04.html

6.2 日本経済の構造

▶ エネルギーと日本経済の構造変化

　世界各国がスタグフレーションに直面する中，日本はそれを避けることができました。けれども，産業構造の変化や世界経済の変化からの影響は受けました。

　まず，図表6-7で石油危機前後の原油の輸入数量をみてみましょう。原油の輸入量は，第1次石油危機以降増加が止まり，第2次石油危機後は1990年頃まで減少しました。原油の穴を埋めたのが，**石炭**や**天然ガス**，そして**原子力**でした。石炭の国内生産は増えず，オーストラリアなどから輸入されました。1960年代からのエネルギー革命が日本の高度成長を支えてきたことからの大転換でした。

　資源庁『エネルギー白書2012』でエネルギー動向をみると，1973年度の1次エネルギー国内供給における石油の割合は75.5%でしたが，1985年度には55.4%にまで減少しました。一方で石炭は16.9%から19.6%，石油危機後に導入された天然ガスや原子力は1985年度にそれぞれ9.7%，9.1%を占めるまでになりました。とくに発電については，1970年代の2度の石油危機のため，1979年の国際エネルギー機関（IEA）勧告でベースロード用[7]石油火力発電が禁止され，日本でも新規の石油火力発電所は新設されないことになりました。

　このような**エネルギーコストの上昇**は，素材系製造部門などエネルギー依存度の高い産業に影響を与えます。資源庁『エネルギー白書2012』によると1973年度の製造業業種別エネルギー消費量は，鉄鋼，化学，セメント，パルプなどの素材系により78.4%が占められていました。旧経済企画庁『昭和49年経済白書』では，石油や電力への依存度が高い生産物として，粗鋼，ソーダ，アルミ，セメントをあげています。石油危機がなかった場合に

---

[7] ベースロード用とは，電気需要の変動に対応する部分ではなく，一定の量で発電する部分のことをいいます。原子力発電がこのベースロード用の発電の役割を多く担っていたため，東日本大震災後，火力発電がそれに代わることになりました。

■図表 6-7　原油・石炭の輸入数量

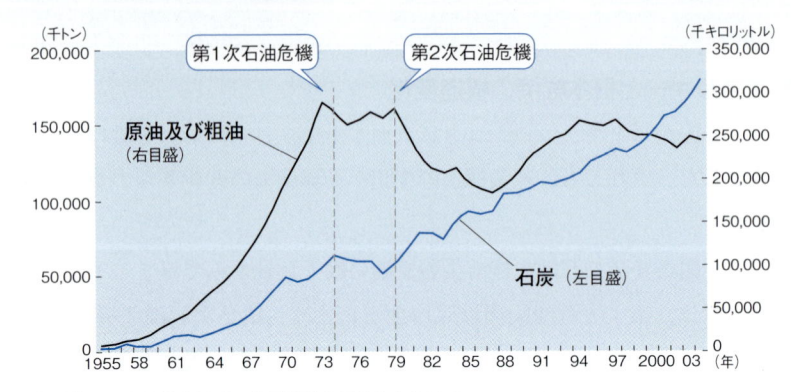

(千トン) 左目盛 / (千キロリットル) 右目盛

第1次石油危機、第2次石油危機

原油及び粗油（右目盛）

石炭（左目盛）

(出所) 総務省統計局「日本長期統計総覧」より作成。
(原典) 日本関税協会「外国貿易概況」

比べて増加率に 20～30％ の違いがあると試算しています。

倒産件数（総数。帝国データバンク『全国企業倒産集計』）は 1972 年の 7,140 件から 1977 年の 18,471 件へと増加しました。その後も 1984 年の 20,841 件まで倒産件数は高止まりで推移しました。象徴的なのは，1975 年に素材系である化学繊維大手の興人が会社更生法の適用を申請したことです。その負債額は当時の戦後最大規模となりました。

図表 6-8 は輸出総額に占めるいくつかの輸出財の比率を示しています。1974 年に鉄鋼の輸出割合は 19.7％ とピークに達していますが，それ以降は 1985 年に 7.8％ となったように減少しました。また，合成繊維糸と織物の合計は，1974 年時点ですでに減少傾向の中にあり，その後も減少しました。一方で自動車は 1960 年代後半から急激に輸出の中での割合が上昇し，石油危機後は急上昇しました（1974 年の 9.5％ から 1985 年の 19.7％ へ）。

自動車の輸出が増大した背景には，ガソリン価格上昇に伴い，海外で日本企業が得意としていた燃費の良い小型車への需要が増加したことがあります。第 2 次石油危機後に米国を中心に燃費の良い小型車への需要が高まりましたが，米国企業の生産はその需要に追いつけず，日本の小型車の米国輸出が増

■図表6-8　輸出品目別の輸出総額に占める割合

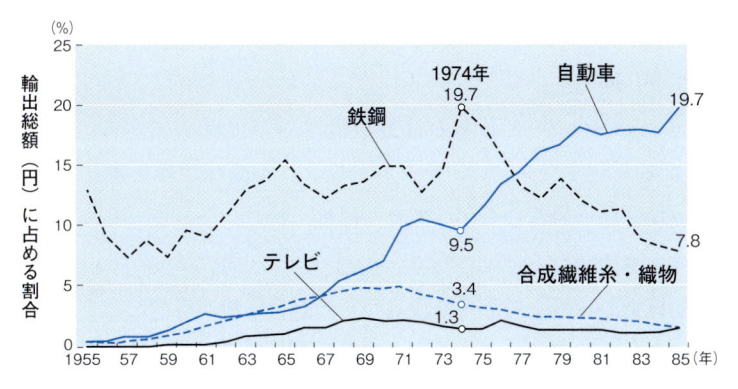

(出所)　総務省統計局『日本長期統計総覧』より作成。
(原典)　日本関税協会「外国貿易概況」

大しました。

　小林(1981)[8]によると，日本では乗用車の生産台数が1968年にトラック・バスを上回ったばかりでしたが，1976年には乗用車の国内販売数を輸出台数が上回るまでになりました。1980年に米国での自動車販売シェアは20%を超えました。小林(1981)では以下のようにそのような輸出の伸びが国内需要の低迷を穴埋めしたことを指摘しています。

> 「乗用車の国内需要は(昭和)48年に292万台を記録した後，第1次石油危機，ガソリン価格の高騰，戦後最大の不況，それにメーカーによるモデル・チェンジの自粛などが重なって数年間の低迷を余儀なくされた。この落ち込みを補ったのが輸出である。」(小林進(1981)，94ページ。)

　日本の産業構造には高エネルギー生産部門からの転換が生じました。鉄鋼や合成繊維は石油やエネルギーを必要とします。一方で自動車やテレビなどの電気製品はそれらと比較するとエネルギー必要量が小さく，また競争力が

8　小林進(1981)『目で見る日本の経済・産業・企業——歴史・現状・将来』東洋経済新報社，88ページ。

技術力にも依存します。そのため，当時の新興国である，台湾や韓国との競争力も維持されました。

▶日本的経営

1979年にハーバード大学の社会学者エズラ・ヴォーゲル（Ezra F. Vogel）による『ジャパン アズ ナンバーワン』[9]が発行され話題となりました。日本の成功を経済のみならず，教育，福祉，行政，政治など多様な側面から分析しています。

日本的経営の特徴として長期視点からの経営判断が可能なことを指摘しています。資金を市場からではなく，銀行からの借り入れに依存しているため，株主からの短期的な収益要求を気にしなくてよいからです。企業は**メインバンク制**のもと，ある特定の銀行をメインとして借り入れを行うため，銀行も長期的視点からの収益を目指すことが可能でした。

雇用では，**終身雇用制**や勤続年数が長いほど賃金が高くなる**年功賃金**に特徴があります。終身雇用制のため長期関係が重要となり，労使関係が良好に保たれやすく，さらに，景気変動に対して賃金は**ボーナス**での調整により，雇用が維持されやすくなります。石油危機後に日本の実質賃金の伸びが抑制されたのはそのためです。また，労働者は，とくに大企業において企業に忠誠心をいだき，質の良い労働を提供しているといいます。

図表6-9はOECDの労働統計による各国（日本，米国，英国，西ドイツ）の1人あたり年平均労働時間の比較と推移です（ただし，国による時間の違いは統計上の定義の違いによるところもあります）。日米を比較すると，1980年代後半まで日本の労働時間が圧倒的に長かったことがわかります。質だけではなく量でも「働きすぎ」という状況にあったのです。

なお，1980年代後半から政府により**時短**（労働時間の短縮）が進められ，1人あたり年1,800時間程度が目標とされました。1990年代には週休2日制も一般的になり，図にあるように年1,800時間というのはほぼ達成されました。労働時間は1990年代後半に日米の逆転がみられます。ここにはありま

---

[9] エズラ・F. ヴォーゲル（1979）『ジャパン アズ ナンバーワン』（広中和歌子・木本彰子訳），TBSブリタニカ（原著："*Japan as Number One*"）。

■図表 6-9　1 人あたり年平均労働時間の比較

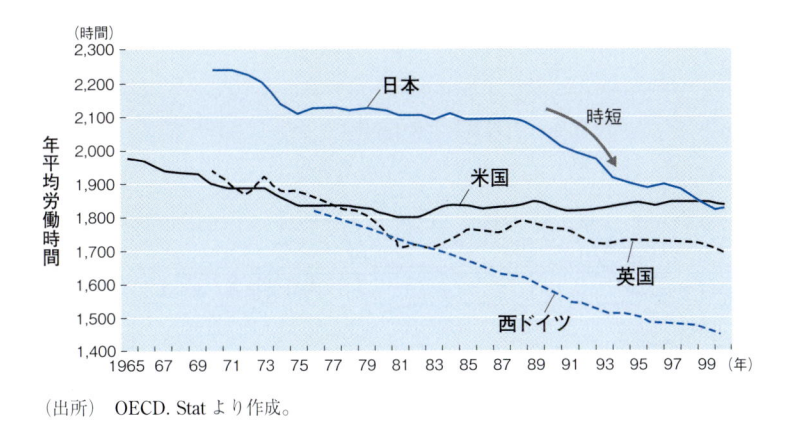

(出所)　OECD. Stat より作成。

せんが，その後も米国が日本を若干上回る労働時間で推移しています。

　その他に日本的経営の特徴として**系列**があります。系列は旧財閥系同士やその他大企業と中小企業の間での企業グループです。**株式の持ち合い**により相互で経営を行えるので，企業間の長期的な関係を維持して利益を目指せるメリットがあります。一方で，**子会社**の中小企業は**親会社**と不利な条件で取引を行う場合や，外国企業からみて閉鎖的な企業取引で自由な経済活動を阻害している場合があります。それでも，当時は日本の強さとして認識されていました。

❖コラム　労働コストか，生産技術か

　本文で紹介したエズラ・ヴォーゲルは，前掲の著書の中で次のように述べて，日本経済の成功要因として，労働コストよりも生産性のほうを重視しています。

>　「……日本の成功の原因を安い労働力に帰することは，もはや時代遅れの考えである。ドルの下落によって，1978 年現在の日本の賃金は，アメリカを多少上回る程度にまで向上したのである。それよりもむしろ，近代的な設備と高い生産性を理由として挙げるほうが適切である。」（29 ページ）

■図表 6-10　為替レートと内外価格差（GDP デフレーターベース）の推移

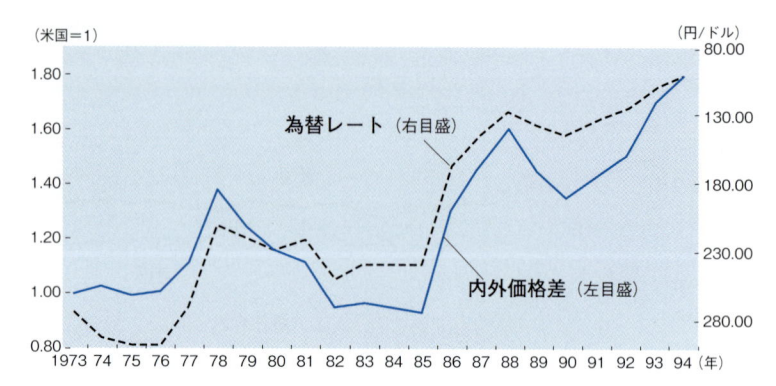

(出所)　経済企画庁（現内閣府）(1995)『平成 7 年年次経済報告』より抜粋。
http://www5.cao.go.jp/keizai3/keizaiwp/wp-je95/wp-je95-00203.html
(注)　内外価格差＝日本の物価水準／（米国の物価水準×為替レート）。1973 年が基準で，この年の内外価格差＝1 になる。物価上昇率は GDP デフレーターによる。

　一方，本書では労働も含めたコスト，そして価格に注目して説明してきました。第 4 章では勤勉革命も紹介しました。そこで，コストを反映する価格の日米比較をしてみましょう。

　図表 6-10 では日本と米国の物価水準の差（**内外価格差**，経済企画庁（現内閣府）による値）の推移を，1973 年の値を 1 として示しています。この値が大きくなる場合は，日本の物価が米国よりも高くなるように動いていることになります。

　ニクソンショックの円高により 1978 年まで内外価格差は拡大しましたが，それ以降は 1985 年まで縮小しました。このことは，日本はそれまでと同じ円価格で輸出していたとしても，米国からみれば日本製品が割安になっていったことを意味します。日本と比べて米国のインフレ率が高かったため，円高の効果が徐々に相殺されたのです。

　このことは賃金についてもあてはまり，日本の実質賃金が相対的に低下したことを意味します。すなわち，技術力だけではなく低賃金による価格競争力もあったことが確認できます。

　この時期にもしも米国のインフレ率がそれほど高くなく，実質賃金も高止まりしていなければ，そもそも，石油危機が起きなければ，日本経済は今ほどの水準に到達できなかったかもしれません。あるいは，当時の米国企業が本気で大型車

から小型車への生産転換を行っていたら，米国企業の技術力は高かったはずなので，日本企業は競争に勝てなかったかもしれません。

6.3　国際経済との関係とバブル経済への道

▶ 日米経常収支不均衡の拡大

図表 6-11 は米国の財政収支，経常収支および貿易収支の推移を示しています（経常収支については p. 164 のコラムを参照してください）。米国の財政収支と経常収支は 1980 年代に入るとともに赤字が拡大しました。この 2 つの赤字は双子の赤字といわれるものです。

第 4 章で貯蓄投資バランスを学びました。投資 Investment の頭文字 I と貯蓄 Saving の頭文字 S をとって IS バランスともいいます。マクロ経済で貯蓄と投資の額は等しくなります。

GDP を Y として，その支出面を消費 C，民間投資 I，政府支出 G，輸出 EX，輸入 IM で表すと，

$$Y = C + I + G + EX - IM$$

となります。ところで，所得面から考えると，所得 Y から租税額 T を引いた可処分所得は消費されるか貯蓄されるかのどちらかです。したがって，

$$Y - T = C + S$$

という関係もあります。この式を上記に代入して書き換えると，貯蓄と投資の関係が以下のようになります。

> $S - I$　　　　＋　　　　$T - G$　　　　＝　　　　$EX - IM$
> 民間部門・貯蓄超過　＋　一般政府・財政収支　＝　経常収支

ここでの財政収支は，国民経済計算上の一般政府のため，中央政府のほか，地方政府などを含みます。民間部門の IS バランスを固定して考えると，財

■ 図表 6-11 米国の双子の赤字

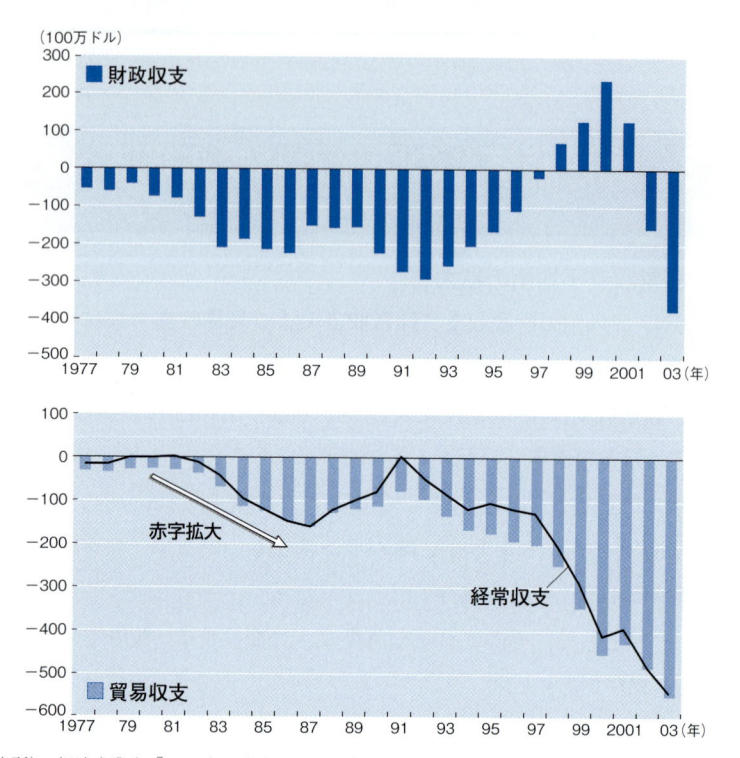

(100万ドル)

財政収支

貿易収支
赤字拡大
経常収支

(出所) 経済産業省『2004 年通商白書』より作成。
(原典・資料) 米国商務省 Balance of Payments，米国行政管理予算局（OMB）「2005 会計年度予算教書」。

政赤字が増加した場合に経常収支も同じだけ赤字増になることが理解できます。

図表 6-12 に示したように，経常収支が赤字の場合は，海外から米国へ資金が流入します。米国は財政赤字の穴埋めのための資金を，海外から得ていたことになります。逆に日本のように貯蓄が大きく IS バランスがプラスになる場合は，資金が海外へ流れます。米国の赤字の多くを日本や西ドイツの黒字が埋めていました。

米国の財政収支の赤字拡大の背景には，1981 年に発足したレーガン政権

■図表 6-12　IS バランスと資金

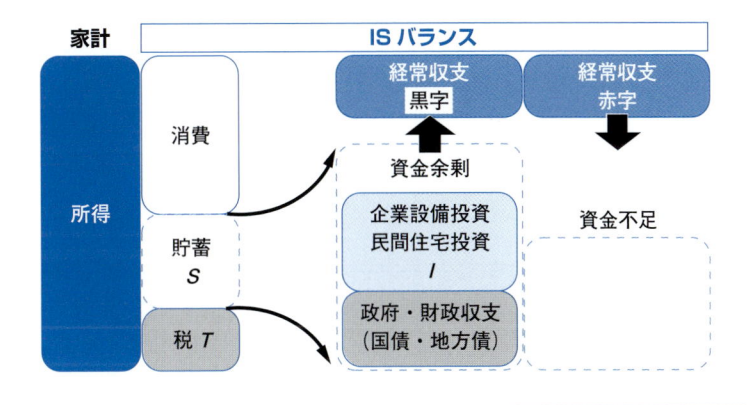

IS バランス

家計 — 所得 → 消費／貯蓄 S／税 T

資金余剰 → 経常収支 黒字
　企業設備投資
　民間住宅投資 I
　政府・財政収支
　（国債・地方債）

資金不足 → 経常収支 赤字

が採用した減税政策に伴う歳入不足がありました。レーガン大統領（ロナルド・レーガン，Ronald Reagan）による一連の経済政策は**レーガノミックス**と呼ばれます。

　減税政策によって民間消費が増加しましたが，とくに伸びたのが**耐久財消費**でした。竹中（1991）[10] によると，耐久財のうち 4 割は**自動車**によって占められていました。すでにみたように 1980 年代に日本から米国への自動車輸出が伸びていました。また，1979 年に発売されたソニーのウォークマンやその他，VTR，CD プレイヤーなどに代表されるような日本製の電化製品が世界で注目されるようにもなりました。

　これらの財を代表に，日本から米国への輸出は全体でも急増しました。**図表 6-13** は対米国輸出額とその総輸出額に占める比率（%）を描いています。米国への輸出額は，名目でみて 1979 年の 5.8 兆円から 1985 年の 15.6 兆円へと 3 倍近く拡大しました。また，日本にとって米国はより重要な輸出相手国となりました。対米国輸出の割合は，同期間に 25.6% から 37.1% へと上

---

[10] 竹中平蔵（1991）『入門アメリカ経済』日本評論社，18 ページ。また，同書の 17 ページの表 2-2 によると，米国の個人消費の伸び率は 1970 年代から 80 年代にかけて落ち込みますが，その後は回復しました。1981 年から 1989 年に実質 3.2% の伸び率でした。耐久財に限ると 6.5% の伸びで，2.3% の非耐久財伸び率を大きく上回っています。

■図表 6-13　日本の対米輸出額と総輸出額に占める割合

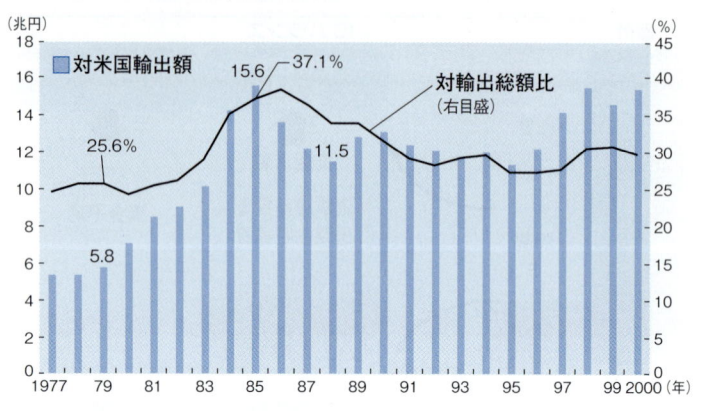

（出所）総務省統計局「日本長期統計総覧」より作成。
（注）対輸出総額比は日本の総輸出額に占める対米国輸出額の比率（％）。

昇しました。

　米国の経常収支の赤字拡大のもう一つの要因は貿易赤字でした。米国の貿易赤字が増加する一方で，日本から米国への輸出が拡大して，**日米経常収支不均衡**が発生しました。そしてこの対外不均衡は**日米貿易摩擦**[11]を生じさせました。

> ❖コラム　国 際 収 支 表
>
> 　マクロ経済での海外との取引関係は**国際収支表**としてまとめられ発表されています。国際収支表は 2014 年に見直しの予定です。これまでの統計をみる機会もあると思いますので，ここでは新旧の定義をどちらも紹介します。
> 　旧国際収支表では**経常収支**と**資本収支**がそれぞれプラスとマイナスで同一の値となります。具体的には，以下のようになります。
>
> $$経常収支＋資本収支＋外貨準備増減＋誤差脱漏＝0$$
>
> 　2014 年の見直しは，「国際収支マニュアル第 6 版」に準拠して行われます。そ

---

[11] ただし，日米貿易摩擦は，すでに 1960 年代に繊維産業，その後は鉄鋼や家電製品で生じていました。それが，1980 年代には自動車や半導体で生じました。

■図表 6-14　国際収支表（国際収支マニュアル第 5 版および第 6 版への変更）

(単位：億円)

新・第 6 版	国際収支総括表（第 5 版）			1990 年	2000 年	2012 年
経常収支	経常収支			64,736	128,755	48,237
		貿易サービス収支		38,628	74,298	−83,041
			貿易収支	100,529	123,719	−58,141
			輸出	406,879	495,257	614,421
			輸入	306,350	371,537	672,562
		サービス収支		−61,899	−49,421	−24,900
第 1 次所得収支 ←	所得収支			32,874	65,052	142,723
第 2 次所得収支 ←	経常移転収支			−6,768	−10,596	−11,445
金融収支（±）	資本収支（−＋）			−48,679	−94,233	−81,878
		投資収支		−47,149	−84,287	−81,074
		その他資本収支		−1,532	−9,947	−804
	外貨準備増減			13,703	−52,609	30,515
資本移転等収支						
誤差脱漏	誤差脱漏			−29,761	18,088	3,126

(出所)　財務省ウェブページ統計より作成。
(注)　この国際収支表の統計は国際通貨基金（IMF）「国際収支マニュアル第 5 版」にもとづいて作成した。第 5 版は 1996 年に改訂されたもので，それ以前の統計では「貿易外収支」がサービス収支と所得収支を合わせたもの。2014 年からは第 6 版に変更の予定。

の定義では，資本収支のうちの投資収支と外貨準備の合わせたものを**金融収支**と呼びます。また，その他資本収支を**資本移転等収支**とします。さらに，これまでの投資収支とは符号が逆になります。資産の変化に注目して，資産増加がプラス（＋），資産減少がマイナス（−）となります。そのため，上の式は，

経常収支＋資本移転等収支−金融収支＋誤差脱漏＝0

という関係へと変更になります。

これらの定義とその項目については，表を見ながらのほうがわかりやすいので，図表 6-14 で確認してください。経常収支はこれまでは，**貿易収支，サービス収支，所得収支，経常移転収支**からなっていました。貿易収支は，財の輸出と輸入の差額で，モノの国際取引の動きを表します。サービス収支はモノではなく旅行による支出，運賃など，海外で受けたサービスの取引を示すものです。

所得収支は日本居住者が利子や配当など海外の金融資産から得た収益や，賃金等の受取りと支払いの差額になります。経常移転収支は寄付などで，政府または民間の無償資金協力も含まれます。2014 年の見直しでは，名称が変更となり，

これまでの所得収支は**第1次所得収支**，経常移転収支は**第2次所得収支**となります。

金融収支（旧資本収支）は，資金の動きを示します。金融収支は海外での**直接投資**や**証券投資**からなります。**外貨準備**は，通貨当局による資本の動きで，たとえば政府が為替介入を行ってドル金融資産を購入した場合は，ここに計上されます。

なお，日本の海外からの投資収益の内訳をみると，直接投資よりも証券投資のほうが多い状況です。また，証券投資の内訳では株式の配当金よりも，外国の国債などから得られる**債券利子**が多くなっています。近年の所得収支増加には企業等の海外投資も寄与していますが，全体では比較的安全な債券からの収益の比重が大きくなっています。

▶ **国際金融の変化と安定**

日米経常収支不均衡が拡大した要因の一つに，石油危機後の自動車輸出があることをみましたが，その増加は日本製品が評価されたのみならず，為替レートの影響もありました。

第5章で学んだように，1971年のニクソンショックにより為替レートは1ドル＝360円の固定レートから変動相場制へとすでに移行していました。その後，1973年平均は1ドル＝272.2円，1978円平均は210.1円と円高になりましたが，それ以降，為替レートは，1985年まで若干の円安となりました。とくに第5章でみた実質為替レートは円安で維持されました。

次に**図表6-15**で輸出と輸入についての物価をみてみましょう。日本銀行は**輸入物価指数**と**輸出物価指数**を発表しています。それぞれ通関段階における輸入品と輸出品の価格を，基準年を100として作成したものです。**円ベース**のものと**契約通貨ベース**のものがあります。契約通貨ベースはドルとは限りませんが，もっとも主要な通貨であるためドルを念頭にみていきます。たとえば円高になれば，ドルで輸入財の価格が変わらなくても，円ベースの価格は下落します。

第1次と第2次石油危機後に円ベースの輸入物価指数が大幅に上昇しました。円高により海外のモノが安く購入できるようになったものの，それを上回る原油価格の高騰が生じたためです。一方で，第2次石油危機後，輸出物

■図表 6-15　輸出物価指数と輸入物価指数

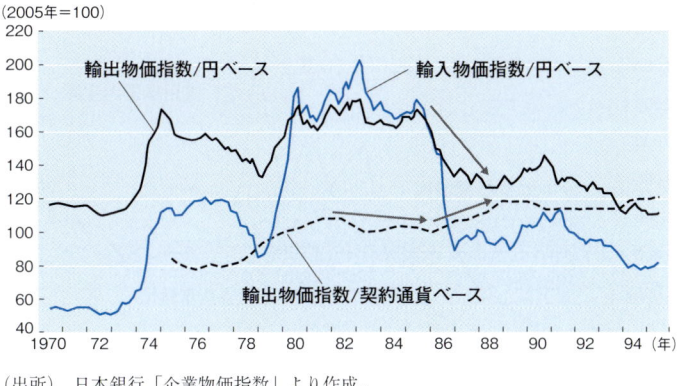

（出所）　日本銀行「企業物価指数」より作成。
（注）　2005 年基準。

価指数は輸入物価指数ほどには上昇していません。すなわち，輸出に対して輸入が割高になったことになります。

輸入物価指数の輸出物価指数に対する比は**交易条件**です。

$$交易条件指数 = 100 \times (輸出物価指数 / 輸入物価指数)$$

という計算でこの指標が得られます。輸入物価指数の上昇のほうが大きかったため，交易条件は悪化しました。

交易条件の悪化は一時的なものに止まり，1981 年から 1985 年頃の間，若干の低下があるものの安定的に推移しました。契約通貨ベースの輸出物価指数をみるとさらにその傾向が顕著です。それでも輸入物価指数が高止まりしていることから，エネルギー消費型の産業はこの時期にも回復は難しかったと考えられます。一方で，内外価格差を背景に自動車や電化製品などは国際競争力を高めることができました。

図表 6-16 では，自動車とテレビの輸出数量の推移をグラフ化しています。1985 年頃まで右肩上がりに増えていることが確認できます。その後状況が変化するきっかけとなったのは，1985 年 9 月の当時の G5 によるプラザ合意

■図表6-16　テレビ受像機，乗用車の輸出量と乗用車国内生産量

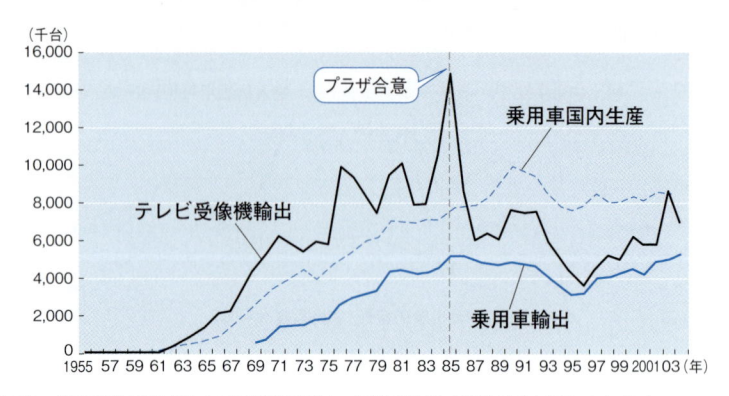

(出所)　総務省統計局「日本長期統計総覧」，経済産業省「機械統計年報」より作成。
(注)　乗用車の国内生産は経済産業省「機械統計年報」の値で，バス，トラックは含まず，一方で輸出のための生産を含むことに注意。自動車の輸出と国内販売数を比較した場合は，バブル期を除くと両者は同程度になっていることが多い。

でした。

▶円高対策と低金利政策

　1985年9月にニューヨークのプラザホテルで開催された先進5カ国財務大臣・中央銀行総裁会議（G5）[12]では**プラザ合意**によりドル安政策が採用されました。各国通貨当局による為替介入により、ドルは急激に通貨価値が下落しました。円/ドルの為替レートは1985年8月に1ドル約240円だったものが、翌1986年のはじめに200円台を突破しました。

　けれども、急激なドル安に対して米国も含めた各国は対応に迫られ、**金利引き下げ**を実施することになりました。1987年2月のパリにおけるG7で**ルーブル合意**がなされるものの国際金融は安定化せず、1988年末頃には1ド

---

[12] 国際経済・金融の問題を話し合う会合で、Group of Five よりG5と呼ばれます。当時は日本、米国、英国、ドイツ、フランスからなっていました。1986年にカナダとイタリアを加えてG7となります。主要国首脳会議という首脳による会議もあり、これにはロシアが加わりG8と呼ばれています。

ル124円台にまでの円高となりました。日本の公定歩合は1986年の5.0%から順次引き下げられ，1987年には2.5%となり，この低金利は1989年5月まで継続されました。

大幅な円高は日本の輸出産業に大きな影響を与え，日本経済は**円高不況**と呼ばれる状況に陥りました。

図表6-13を再びみると，1985年に15.6兆円だった対米輸出は，1988年の11.5兆円にまで減少しました。図表6-15をみると，輸出物価指数は契約通貨ベースで上昇する一方で，円ベースでは下落しました。ドルで値上げしたとしても，円に戻すと収益はそれでも減少するほどであったことを意味します。

図表6-16でも，自動車輸出が1985年以降減少に転じ，テレビの輸出も減少しました。自動車は1985年以降，海外での**現地生産**が増加しました。一般社団法人日本自動車工業会の統計資料によると，米国での日本車生産は1985年に30万台程度だったものが，1990年には130万台程度へと増大しました。このように円高が日本の輸出にブレーキをかけました。

ところが，米国の貿易収支と経常収支は1987年まで赤字が拡大しました。ドル安により輸入財価格が上昇したためです。通貨安が輸入価格の上昇をもたらし，当初は貿易赤字を拡大させました。やがて輸出価格引き下げによる輸出量が増大すれば，収支が改善します[13]。このような時間を追った変化を**Jカーブ効果**といいます。貿易収支の図がJの字のように推移するためです（ただし，米国の景気回復に伴う輸入増大も当初の貿易赤字拡大の要因でした）。

1ドル240円台から124円まで円高が進みましたが，一方では米国の貿易収支がなかなか改善せず貿易摩擦は継続しました。そのため，日本の外需主導型の経済成長は行き詰まりました。

1985年に当時の中曽根康弘首相は，前川春雄前日本銀行総裁を座長に経

---

[13] 貿易収支が改善するのは，マーシャル=ラーナー条件と呼ばれる条件を満たす場合です。たとえば円安によって，日本のドルベースの日本輸出財価格は下落します。このドル価格下落に対して，輸出が増える量（輸出の価格弾力性）が十分に大きい必要があります。輸入が減少することも考慮します。具体的には，「輸出の価格弾力性＋輸入の価格弾力性」が1より大きいという条件です。

常収支不均衡是正を分析する研究会を設置しました。そして，1986年に**前川レポート**と呼ばれる報告書が首相に提出されました。その提言の一つが，住宅対策および都市再開発事業の推進や地方における社会資本整備の推進を含む**内需拡大策**でした[14]。政府による1987年の緊急経済対策では，4.3兆円の公共事業，7千億円の住宅金融公庫融資の追加，1兆円の減税策が行われました[15]。

図表6-17は1982年から1990年にかけての実質GDP成長率と支出項目の変化率と寄与度ですが，**外需主導型から内需主導型への変化**が如実に現れています。

1982年から1985年では，住宅や公的総資本形成（公的固定資本形成）などがマイナスでした。そして，1985年円高以降の1986年と1987年に輸出がマイナスとなっています。

円高不況により1986年の実質GDP成長率は2.9％と大幅に減速しますが，そのまま長く落ち込んだのではなく1987年から回復し始めています。その回復を当初において牽引したのが，**民間消費**，**住宅投資**，**公共投資**です。1987年の数値は1982年から1985年にかけてのものと対照的です。そして，やや遅れて**企業設備投資**も回復し，1988年の輸出の回復や民間消費，住宅投資のプラス成長継続に反応して，企業設備投資も大幅なプラスとなりました。**図表6-16**で自動車をみると，輸出台数の減少は国内生産の増大によってカバーされたことがわかります。

ではなぜ，このような内需主導型の景気回復が実現したのでしょうか。旧経済企画庁（1988）『昭和63年経済白書』では「円高メリットの波及」「在庫・設備の調整の完了」「金融緩和」をあげています。金融緩和による超低金利によって住宅投資や企業設備投資が増大しました（ただし，1989年4月に導入された消費税（税率3％）の影響もあります。とくに住宅は，導入

---

14 ただし，2013年3月24日の日本経済新聞朝刊記事では「委員の1人で最近亡くなった元慶大教授の加藤寛は『構造改革が報告書の本質。なのに積極財政による内需拡大論と政治家や役人に都合良く解釈されてしまった』と生前悔しがっていた。委員の1人だった元経済企画庁長官の宮崎勇も『農業改革は結局進まなかった。内需拡大の核も都市再開発や住宅整備にあったのにいつのまにか全国的な開発促進に広がってしまった感がある』と言う」と紹介しています。

15 旧経済企画庁（1988）『昭和63年経済白書』第1章の記述にもとづく数値。

■図表 6-17　実質 GDP 成長率とその項目：変化率と寄与度

(単位：％)

暦年	実質GDP成長率		民間最終消費支出	住宅	企業設備	政府最終消費支出	公的総資本形成	輸出	輸入
1982	3.1	変化率	4.4	−0.7	1.3	2.9	−2.1	0.9	−2.5
		寄与度	2.6	0.0	0.2	0.3	−0.2	0.1	−0.2
1983	2.3	変化率	3.3	−5.9	1.7	2.5	−2.2	4.8	−3.0
		寄与度	2.0	−0.3	0.2	0.3	−0.2	0.5	−0.2
1984	3.9	変化率	2.6	−2.1	11.7	2.3	−3.4	14.8	10.5
		寄与度	1.6	−0.1	1.6	0.2	−0.3	1.7	0.8
1985	4.4	変化率	3.3	2.6	12.1	0.3	−6.5	5.4	−1.4
		寄与度	1.9	0.1	1.8	0.0	−0.4	0.6	−0.1
1986	2.9	変化率	3.5	8.1	4.5	5.1	3.1	−5.7	1.9
		寄与度	2.1	0.4	0.7	0.5	0.2	−0.6	0.1
1987	4.2	変化率	4.2	22.4	5.9	1.6	6.7	−0.5	9.5
		寄与度	2.5	1.3	0.9	0.2	0.5	−0.1	0.7
1988	6.2	変化率	5.3	11.4	14.7	2.3	4.3	5.9	20.9
		寄与度	3.1	0.7	2.5	0.2	0.3	0.6	1.8
1989	4.8	変化率	4.8	0.9	14.5	2.0	−0.4	9.1	18.6
		寄与度	2.8	0.1	2.6	0.2	0.0	1.0	1.8
1990	5.1	変化率	4.4	4.8	10.9	1.5	4.9	6.9	7.9
		寄与度	2.5	0.3	2.1	0.1	0.3	0.7	0.8

（出所）　総務省統計局「日本長期統計総覧（新版）」より作成。
（注）　各年，上段が変化率（％）で下段が寄与度（％）を示す。68SNAによる値。実質値は1990年基準。変化率が4％以上のものを青字とし，寄与度が1％以上のマスを青で塗りつぶしている。

前に駆込み需要が生じました）。

　消費についてはどうでしょうか。一つは**資産効果**による増加でしょう。公共投資は建設のみならず用地取得が必要です。住宅建設でも同じです。これらの経済取引が増大することで地価が上昇して所有する資産の評価額が上昇すれば，家計は消費を増加させることが可能になります。

　さらにもう一つ，実質賃金について考えてみます。**図表 6-18**は実質賃金指数の推移を，日本銀行「企業物価指数」のうち国内需要財指数に重ねて示しています。円高により海外の財が安く手に入るようになり，国内品の価格も低く抑えられました。そうして，家計の購買力は高まり，実質賃金は上昇しました。これが**円高のメリット**，あるいは交易条件の改善効果です。実質

■図表6-18　物価と賃金

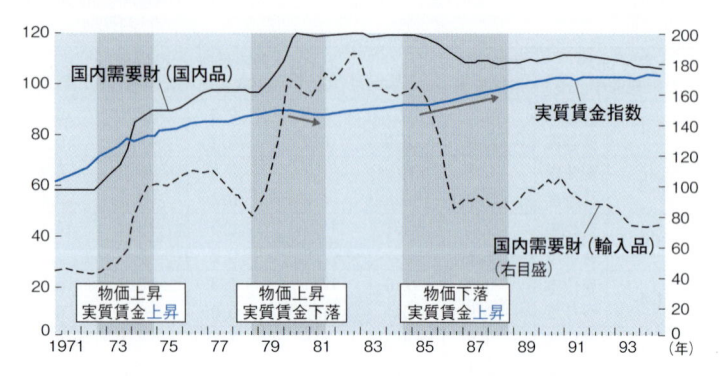

（出所）　厚生労働省「毎月勤労統計調査」の実質賃金指数（調査産業計），日本銀行「企業物価指数」より作成。
（注）　国内需要財指数は四半期データの4期移動平均値。ここでの物価下落は一般物価指数の下落を意味しないので，通常のインフレ・デフレとは意味合いが異なることに注意。

賃金の上昇が消費を押し上げ，内需が拡大したため景気回復が迅速に実現したのです。

図表6-18からは，いくつかの興味深い動きを確認できます。第1次石油危機では，物価上昇にもかかわらず実質賃金はある程度上昇し続けました。ところが，第2次石油危機では国内の物価上昇は比較的抑えられたものの輸入品（主に原油）の価格は上昇し，このときに実質賃金は下落しました。これが日本企業の競争力を維持させました。

ところで，2000年代の日本経済は長くデフレ傾向が続いているため，デフレが不景気の原因だと思われがちです。しかし，このように物価と景気，そして実質賃金との関係はもう少し奥が深そうです。いつも同じ方向に動くとは限りません。

残念ながら1980年代後半の景気回復はバブル経済であり，その後，1990年代以降の長期景気低迷へとつながりました。石油危機，スタグフレーションの回避と対米輸出の増加，一方で経常収支不均衡の拡大と国際協調政策による円高，行きすぎた円高に対する超低金利政策とそれによる過剰投資，過剰流動性の発生，こうした流れが金融市場でのバブルを発生させました。

著者には，輸出の減少を内需でカバーするため，あるいは経常収支不均衡を解消するために，外需主導型から内需主導型への転換を行ったことは適切ではなかったように思えます。第5章で学んだように，マクロ経済はバランス（均衡）の上に成立しているため，このような政策目標を達成するには過剰な内需拡大が必要となってしまいます。

　また，国際協調として超低金利をそこまで継続する必要はあったのでしょうか。当時の西ドイツは，日本よりおよそ1年早く金利を引き上げました。とはいえ，内需拡大は米国からの要求でもあり，政治的な選択の難しさがありました。

　1989年1月に天皇陛下が崩御され，元号は昭和から平成へと改元されました。昭和が始まったとき，そのわずか数カ月後に昭和金融恐慌が発生しました。そして，昭和5年には昭和恐慌となりました。平成もまたバブル崩壊を迎えることになりました。両時代ともに共通するのは，経済政策がその引き金を引いてしまったことです。

キーワード

低成長期（安定成長期），フィリップス曲線，スタグフレーション，省エネルギー化，自然失業率（NAIRU），ホーム・メイド・インフレ，石炭・天然ガス・原子力，日本的経営，メインバンク制，終身雇用制，年功賃金，時短（労働時間の短縮），系列，株式の持ち合い，内外価格差，双子の赤字，ISバランス（貯蓄投資バランス），レーガノミックス，日米経常収支不均衡，日米貿易摩擦，国際収支表，経常収支，貿易収支，サービス収支，所得収支，金融収支，資本収支，交易条件，Jカーブ効果，円高のメリット

問題

(1) 1980年代に日本経済は低成長期に入った。なぜ，低成長となってしまったのか，生産あるいは資本の視点から考察しなさい。

(2) フィリップス曲線は失業率とインフレ率の関係を示すものであるが，なぜこの2つに相関関係が生じるのかマクロ経済学の教科書等で調べて確認しなさい。

(3) 原油価格の高騰は日本の産業構造にどのような影響を与えたのか論じなさい。

(4) 日本の対米輸出が増加したのはなぜか，ミクロ（経営や労働など）とマクロ（為替や米国経済）の両面から考察しなさい。

(5) 2013年，日本の貿易収支は赤字となった。あなたが本書を読んでいる時点での日本の経常収支と貿易収支を調べ，2013年の状況と比較しなさい。

(6) 第2章の交易利得の説明も参考にして，現在の交易条件と交易利得を調べて，その動きの原因を考察しなさい。

第 7 章

バブル経済の発生と崩壊, 対応

　1985年のプラザ合意後, 円高が進みました。行きすぎた円高に対する金融緩和政策は, 米国のブラック・マンデーの発生により出口を失いました。また, 円高による輸入物価低下もあり, インフレ率は低いままで, 景気過熱にもかかわらず金利引き上げの判断が難しい状況でした。その状況下で資産価格バブルが生じました。

　本章では, 為替レートの基本的な決まり方を学習して, なぜ円高に対して低金利政策が採用されたかを理解します。そして, それが株価や地価にどのような影響を与えたのかを考えます。経済, 企業, 地価に対する強気の予測はバブル経済につながりましたが, 1990年頃を境に株価は下落しました。より深刻な影響を与えたのは1991年からの地価の下落です。土地を担保としていた銀行の貸出しが回収不能となり, 不良債権が増大しました。1995年の住専処理問題などの経験を通じて不良債権問題の解決は先送りされ, 1997年の金融危機へとつながりました。

7.1　円高対策としての低金利政策

▶ 購買力平価説（PPP）

　1985年のプラザ合意以降の日本経済の重要なテーマは円高です。そこで, ここでは為替レートがどのように決まるのかを学び, そして為替レート変動の経済効果を考えます。

ある2国で国際的取引が行われる場合，通貨の交換が必要になりますが，その際の交換レートが為替レートです。第6章で学んだ国際収支表には経常収支と金融収支（旧資本収支）がありました。**経常取引**は財・サービスの取引のため，**価格・物価**がかかわります。一方で，**資本取引**には**金利**がかかわります。したがって，為替レート決定の基本要素は2国の物価と金利です。

まず，経常取引について考えます。もし2国において，ある財の価格が異なる場合，貿易業者は**裁定取引**を行うことで利益を得ることができます。すなわち，その財が安い国から高い国へ運んで売ることで，その価格差から利ざやを稼ぐことができます。

しかしながら，自由な経済活動を行えるもとでは，多くの業者が取引に参入するので価格競争が生じます。結局は，この財の価格はどちらの国でも同じになるまで調整されることになります。このようにして，同一財の価格が国家間で同じになることを**一物一価の法則**といいます[1]。

これを国の物価についてあてはめて，2国の物価水準が同一になるような為替レートが定まるという考え方を，**購買力平価説**（**PPP**；Purchasing Power Parity）といいます。

日本を自国として，米国を外国とします。そして，1ドル＝100円のように為替レートを円で表示することとします。たとえば米国で10ドルのモノが日本で1000円だとすると，一物一価の法則が成立する場合の為替レートは，1000/10＝100円/ドルと計算できます。購買力平価が成立するときには，

$$為替レート = \frac{自国の物価水準}{外国の物価水準}$$

が均衡の為替レートとなります。貿易には輸送費用なども発生しますが，ここではゼロとしています。また，通常の物価水準は指数ですが，ここでは円やドルといった通貨単位で考えます。たとえば，デフレにより日本の一般物価水準が下落した場合はどうなるでしょうか。

---

[1] 実際には同じになっていないケースが多くみられます。運輸コストという理由の他に，企業がその国の市場（需要の価格弾力性の違いなど）に合わせて商品価格を異なるものにすることがあります。

$$\text{為替レート}\downarrow = \frac{\text{自国の物価水準}\downarrow}{\text{外国の物価水準}}$$

矢印の方向に水準が変化するので、為替レートの値は小さくなり、このとき円高になる可能性が高まります。逆に日本の物価は変わらずに、海外でインフレが生じた場合は、円安になる可能性が高まります。物価変化率（インフレ率）で購買力平価を表現した場合には、

$$\text{為替レートの変化率} = \text{自国のインフレ率} - \text{外国のインフレ率}$$

という関係も導かれます。この式は**相対的購買力平価**といいます。

注意すべきは、名目為替レートの変化の見方です。名目為替レートが円高になった場合でも、物価の変化が要因の場合は（購買力平価に従い）調整されているにすぎません。実質的には円高でないかもしれません。このときは、第5章で学んだ**実質為替レート**により円高なのか円安なのかを判断する必要があります。

図表7-1ではOECDが推計した購買力平価（PPP）と名目為替レートを比較しています。購買力平価算出のための物価水準として、物価の対象を生産（GDP）と民間消費としたものの2種類を示しています。

■図表7-1　**PPPと為替レート**

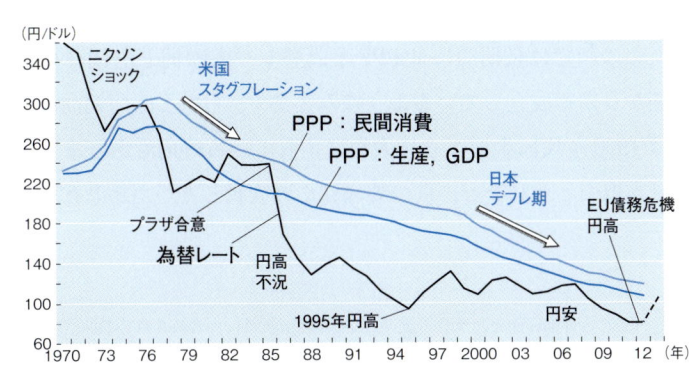

（出所）　OECD. Stat Extracts より作成。
（注）　PPP for GDP（/$），PPP for private consumption（/$）という統計を用いている。

1970年代後半以降，対ドルのPPPが低下し続けていることがわかります。日本のインフレ率が低位安定であったのに対して，米国はインフレ率がそれより高めだったためです。とくに1970年代後半からの米国でのスタグフレーション期と2000年代日本のデフレ期に民間消費PPPの低下が目立ちます。

1970年代後半から1985年のプラザ合意直前までは，名目為替レートがPPPよりも上回っています。名目為替レートはそれほど円安になっていませんが，PPPとの差で考えると円安でした。そのため，1985年のプラザ合意後の円高は，政策効果だけではなく，均衡への回帰でもありました[2]。円高不況が深刻化しなかったのも，実質的にそれほどの円高ではなかったからです。

なお，図では為替レートとPPPの水準にいつでもずれがありますが，この差は日本国内のサービス価格が海外より高めの可能性を示唆しています。貿易可能な財を**貿易財**といいます。それに対して，サービスなどは貿易できないため，**非貿易財**と呼ばれます。非貿易財の場合は一物一価の法則が成立するとは限りません。

とくに日本のサービス価格には内外価格差があり，海外よりも高めです。そのため予想される均衡為替レートはPPPよりも少し下の水準のはずです。それを評価基準とすると，1995年の円高は実質的にも円高，2000年代の円安は実質的にも円安，2012年の円高はほどほどの円高，2013年の円安は実質的にも円安と解釈できます[3]。

さて，この図では長期的にはPPPと為替レートが同じ方向へ変化し，購買力平価が長期で成立しているようにみえます。けれども短期間でみれば，たとえば1990年代前半のように大幅にずれている時期もあります。その場合は，資本取引と金利など，別の要因により変動していたと考えられます。

---

[2] 吉川洋（1992）『日本経済とマクロ経済学』（東洋経済新報社）の第6章を参照。
[3] ただし，最近では貿易財の価格競争力という視点からはドルだけではなく，対韓国ウォンや対中国元との関係も踏まえて判断する必要があります。2012年の円高は対ドルでは実質的にはそれほどの円高ではありませんでしたが，対韓国ウォンでは大幅な円高となっていました。これは韓国のウォン安政策によるものです。日本の輸出企業の多くがその円高により利益を減少させました。とくに液晶テレビなどの家電分野での不振が目立ったのはそのためです。

▶ 金利平価と短期均衡

　長期的には各国の物価水準の差を調整する動きが為替レートにみられますが，短期ではそうとも限りません。財の貿易には運輸に時間がかかり，動きが鈍いからです。一方で，資金は，大きな額でも一瞬で取引することが可能です。たとえば BIS 統計によると，**外国為替市場**における 2010 年の 1 日あたりの円の為替取引平均額は 6,942 億ドル（1 ドル＝88 円で換算すると約 61 兆円）にも達します。これはおよそ当時の 1 年間の輸出額に相当します。そのため，短期では 2 国間の金利差がより大きな影響を為替レートに与えます。

　価格の場合と同じく，2 国間に金利差があれば**金利裁定**が生じますが，それがなくなるような条件を**無裁定条件**といいます。日本で運用しても米国で運用しても同じ収益となる条件です。このようにして決まる為替レートを**金利平価**といいます。

　図表 7-2 は日米の金利差[4]と為替レートの動きを比較してみました。ここでの金利差は「米国金利−日本金利」で，値が大きいほど日本の金利が相対的に低いことを意味します。金利が相対的に低ければ資金が日本から海外へと流出し，円安となります。そのため，2 つのグラフは同方向に動くことになります。

　図では金利差が低いときと高いときについて，それに対応する為替レートの動きを点線で結んでみました。物価差と比べると短期的な為替の動きを説明できています。

　ただし，特殊な経済状況下での為替の変化は説明できていません。たとえば，ニクソンショックから第 2 次石油危機後の米国のスタグフレーション時，1985 年のプラザ合意後，1994 年から 1996 年頃の円高，そして 2011 年から 2012 年までの時期があげられます。

　また，政府が何らかの為替政策，場合によっては通貨当局が外国為替市場

---

[4] ここでみている金利は公定歩合（office discount rate）と呼ばれるもので，中央銀行が銀行に資金を貸し出すときの金利です。年末の値をとっています。現在は公定歩合ではなく，基準割引率および基準貸付利率と呼ばれています。通常，為替レートに影響を与えるのは 2 年程度の短期金利，あるいは最近の金融政策との関係では 10 年程度の長期金利です。ここでは長期的な金融政策の動向をみたかったので，比較的統計を入手しやすい公定歩合で代替して確認しています。

■図表 7-2　金利差と為替レート

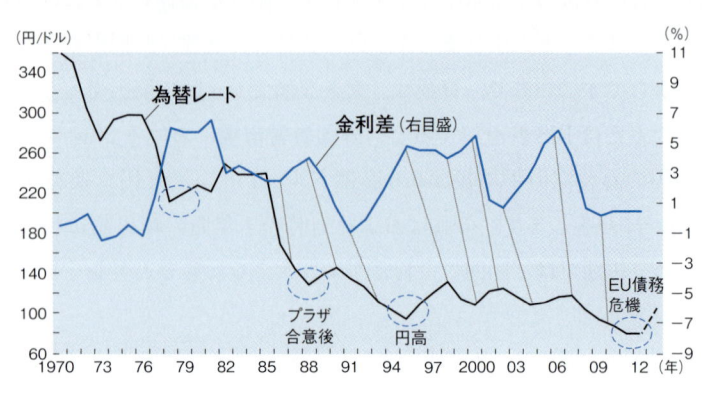

（出所）　IMF, International Financial Statistics より作成。
（注）　金利差は「米国金利－日本金利」の値。金利は年末の discount rate（公定歩合，基準割引率および基準貸付利率）の値。

で直接為替の売買を行う**為替介入**を行う可能性があります。そのような方針が採用されそうな場合，予想される**予想（期待）為替レート**はそれに合わせて現在のものと異なるものになります。

あるいは，2012 年の円高でみられたように，EU 債務危機のような海外経済混乱のリスクは，比較的安全な通貨を上昇させます。逆に自国にリスクが生じた場合も，それに相当する分だけ為替レートに**リスク・プレミアム**が加わり取引されます。

日本円と米ドルについて，金利平価によって決まる為替レートと金利の関係は，日本の金利（円建て）を $i_{日本}$，米国の金利（ドル建て）を $i_{米国}$，現在の名目為替レートである**直物レート**（**スポットレート**）を e，その期待（予想）値を $e_{予想}$ とし，リスク・プレミアムを α とすると，

$$i_{日本} - i_{米国} = \frac{e_{予想} - e}{e} + \alpha$$

と書くことができます[5]。このように為替レートの期待値で表現されるものを**カバーなし金利平価**[6]といいます。

為替レートは単に 2 国の物価や金利差のみならず，政府の経済政策，国内

経済の状況，海外経済の状況などさまざまな国際マクロ経済を反映して決まります。どのような要因により為替が動いているのかは複合的に考える必要があります。1985年プラザ合意直後後の円高は金利差よりは政策要因や購買力要因が大きかったと考えられますし，1995年の円高は物価差でも金利差でも説明しにくく，米国の政策要因を考える必要があります。金利差を計るには，2年物金利など短期の金利が基本ですが，金融政策がかかわる場合は長期金利をみる必要があります。

このような為替レートの決まり方が理解できると，なぜ1980年代後半の日本で金融緩和を行ったのかがわかります。日本銀行はプラザ合意後の円高対策のために，低金利政策を採用したのです。

低金利は為替レートだけではなく，投資を増加させる効果を持ちます。第6章でみたように，実際に1986年以降，住宅投資や企業設備投資が増加しました。低金利政策の継続は景気を過熱させてしまうため，いずれその解消が必要でした。しかしながら，1987年9月にニューヨーク株式市場で**ブラック・マンデー**と呼ばれる株価の暴落が生じました。ここで，もし日銀が金利を引き上げてしまうと，資金が日本へ流入して世界金融の不安定さが増してしまいます。**国際協調政策**のため，日銀は1987年2月に公定歩合を2.5％に引き下げて以来，当時としての超低金利を1989年5月まで継続することになったのです。このような低金利がバブルを生じさせました。

もちろん，低金利のみがバブルを発生させたわけではありません。内需拡大，1980年代に進んだ**金融自由化**と大企業の銀行離れ[7]，一方では高金利の大口定期が増大，投資収益率が低下したことに対し相対的に上昇した土地・株式投資収益率，金融自由化や国際化による外国企業のオフィス需要増加，

---

5 この式の導出は日本と米国とで，どちらで資金を運用しても同じになるという条件から得ています。外国人が日本で運用する場合，いったん円を買い，運用後にドルに戻します。たとえば1ドルの運用を考えるとそのドル建て額は$(1+i_{日本})e×(1/e_{予想})$となります。これが米国で運用した場合の運用後の額$1+i_{米国}$と等しくなります。なお，ここでの金利は1％の場合0.01と表したものです。そのため$i_{日本}×i_{米国}$は非常に小さな値となるのでゼロとしています。

6 これに対して**カバー付き金利平価**とは，為替の期待値ではなく，将来のレートを現時点であらかじめ契約する先物取引での**先物レート**を入れたものです。

7 野口（2008）は大企業が株式市場から容易に資金調達できるようになったために銀行離れが進み，戦時金融体制は使命を終えたと指摘しています。一方で銀行は生き延びるために金融市場に矛盾が生じたといいます（野口悠紀雄（2008）『戦後日本経済史』新潮社，164-166ページ）。

■図表 7-3　インフレ率の推移

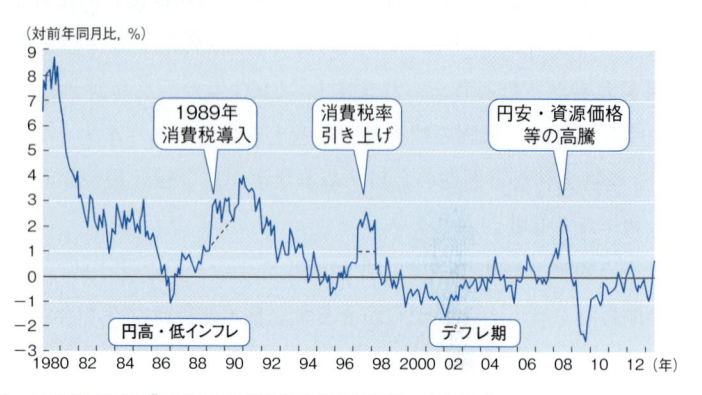

(対前年同月比, %)

グラフ内注記:
- 1989年消費税導入
- 消費税率引き上げ
- 円安・資源価格等の高騰
- 円高・低インフレ
- デフレ期

（出所）　総務省統計局「平成22年基準消費者物価指数」より作成。
（注）　総合指数の対前年同月比（％）の値。点線は消費税率の影響を取り除いた場合のインフレ率について大まかに線を引いたもの。

　経常収支黒字による余剰資金，**財テクブーム**など実態を伴わない金融資産運用，強気な経済成長見通し，土地供給を柔軟に可能とした戦後の農地改革などさまざまな要因が挙げられます。

　当時のインフレ率が低く推移していたことにも注意が必要です（**図表7-3**）。1985年以降，円高不況や円高による輸入物価下落の影響により，インフレ率は一時マイナスになるほど低い状態でした。1989年4月に3%の**消費税**が導入されたため，物価は上昇したように見えますが，それを除くと1990年後半までインフレ率は3%を超えていません。つまり，それ以前と比べて高いインフレといえる状態ではありませんでした。日本銀行の目的は物価の安定であり，株価の維持ではありません。このような低インフレ下で金利引き上げ（物価引き下げ効果を持つ）を行うことを判断するのは，難しかったといえるでしょう。

　こうして，1985年のプラザ合意以降，公定歩合は5%から1987年の2.5%まで引き下げられ，さらに1989年まで低金利が継続されました。次節では低金利がなぜバブル経済の要因となるのかを学びます。

7.2 バブル経済

▶株式市場

　プラザ合意後の円高対策としての低金利政策とブラック・マンデーに伴うその継続は株価などを押し上げ，**バブル経済**を発生させました。ここではそのメカニズムを学びます。はじめに株式市場について学びます。

　株式会社とは，株式の発行により広く資本を調達して経済活動を行うものです。最近では2006年に施行された**新会社法**により，資本金1円から起業が可能となり，株式会社がより一般的になりました。それまで，低資本金で設立が可能だった形態として存在していた（株式は発行しない）有限会社は廃止されました。

　株式会社の特徴は，資本の出資者（**株主**）は**有限責任**を負うというものです。すなわち，会社が破産した場合に出資した分の責任は負いますが，それ以上の負担は負いません。一方で社員全員が**無限責任**を負う合名会社と呼ばれる形態もあります。

　株式会社は一定の審査により**証券取引所**[8]での株式取引が可能になります。株式を公開した企業は**上場企業**と呼ばれます。取引市場で大企業向けなのが第1部，中堅企業向けが第2部，成長企業やその他の企業向けがマザーズやJASDAQです。2013年8月末現在，1部上場企業数は1,760社，2部570社，マザーズ186社で，JASDAQその他を加えた総合計は3,409社です。1990年末時点では1部上場企業数は1,191社で，マザーズはまだなく，総合計は1,752社でしたので，この二十数年で上場企業はずいぶんと増加しました。

　株式の取引価格を**株価**といいます。そして「株価×株数」を**時価総額**といいます。株式会社は基本的には株主のもので（これを**金融契約論**といいます），企業の目的は株価を最大化することです。ただし，日本では企業は社員や経営者，さらには顧客も含めた**利害関係者（ステークホルダー）**のものという感覚もあり，伊丹(1987)[9]はこれを資本主義企業に対して**人本主義**

---

[8] 日本の証券取引所は2013年7月に東京証券取引所（東証）と大阪証券取引所が統合されるなど統合が進みました。

企業と呼びました。

▶ 金利と株価

図表 7-4 は日経平均株価（月末値）と東京証券取引所（東証）1 部の 1 日平均売買高（万株）の推移です。ここで日経平均株価とは，日本経済新聞社が作成・発表している指標で，東証 1 部上場企業のうち 225 銘柄の平均値[10]です。TOPIX（東証株価指数）というのもニュースで出てきますが，こちらは東証 1 部上場の全体の時価総額を，1968 年 1 月 4 日の時価総額を 100 として指数化したものです。TOPIX が 1,000 という場合は 1968 年の 10 倍の時価総額という意味になります。

図をみると，1985 年 12 月の日経平均は 13,113 円でした。株価は 1987 年のブラック・マンデーまで上昇基調が続きました。一度そこで落ち込みますが，その後は 1989 年 12 月の 38,916 円まで膨れあがりました。時価総額は 190 兆円から 611 兆円へと 4 年間で 3 倍以上の増加となりました。ただし，株式の持ち合い[11]などで売買されない株も多く，取引されていたのは全体の 3 割程度でした。611 兆円という時価総額は，その株価を全体にあてはめて換算したにすぎません。

株価を決めるのは将来予想も含む企業の利益です。企業が利益を生み出すと，株主に配当として還元されます。株価は企業の利益予想により定まりますが，その根拠となるのはこの配当です。配当を D とおいて，もし将来（無限期間）にわたり配当が一定なら株価は，その割引現在価値により求められます（割引現在価値については p.186 のコラムを参照してください）。

$$配当の割引現在価値 = \frac{D}{1+i} + \frac{D}{(1+i)^2} + \frac{D}{(1+i)^3} + \cdots = \frac{D}{i}$$

ここで金利 i も一定としています[12]。この配当の割引現在価値となる株価のことをマーケット・ファンダメンタルズといいます。これ以上の株価だと長

9　伊丹敬之（1987）『人本主義企業——変わる経営，変わらぬ原理』筑摩書房。
10　株価には企業ごとの差がありますのでみなし額面というので調整がなされています。また，225 銘柄は定期的に入れ替えが行われています。
11　会社が相互に株式を持ち合うことで，相互の長期的な関係を維持できます。日本型経営の特徴にも挙げられます。1990 年代に入るとその解消が進みました。

■図表 7-4　日経平均株価と売買高

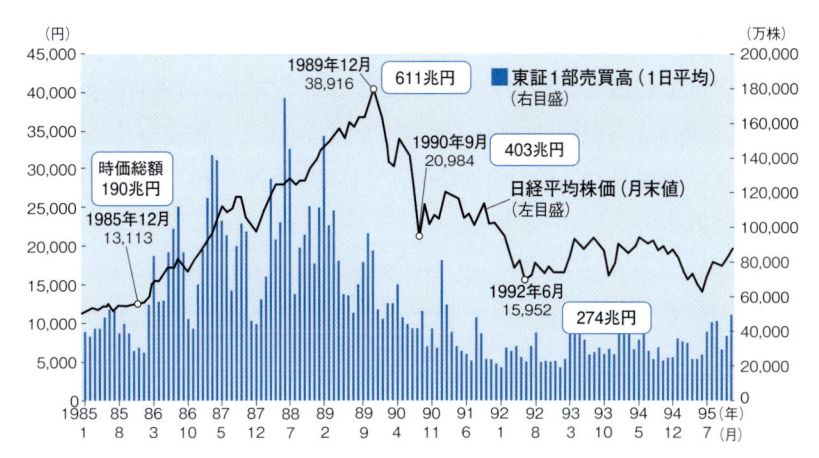

(出所)　日本経済新聞社ウェブページ「日経平均プロフィル」、東京証券取引所ウェブページ「売買高・売買代金」より作成。

7.2 バブル経済

期的にみて株式の購入は損になり、これ以下の価格で買えれば得をします。

　ここで金利 i が変化した場合を考えてみます。金利が上昇すると分母の i が大きくなり、配当の割引現在価値は小さくなるので、株価は下落します。一方で金利が下落すると、逆に株価は上昇します。金融政策により金利が変化すると、株価に影響を与える仕組みがこれで理解できます。

　ただし、実際の株価の動きはもっと複雑な要因で定まります。将来にわたり金利は一定とはなりません。また、配当、すなわち将来の企業業績は明らかではなく、投資家がさまざまな情報から予測しなければいけません。多くの投資家が配当ではなく株式の売買による利益(**キャピタル・ゲイン**、損失の場合は**キャピタル・ロス**)を求めていますが、それは将来の株価予測を必要とします。ただし、投資家はあらゆる情報を織り込んで取引するため、内

12　無限等比級数の計算です。公式もありますが、次のように式を変形して青字部分を先に計算すると求められますので試してみてください。

$$\frac{1}{1-\frac{1}{1+i}} \times \left(1 - \frac{1}{1+i}\right) \times \left(\frac{D}{1+i} + \frac{D}{(1+i)^2} + \frac{D}{(1+i)^3} + \cdots\right)$$

部（インサイダー）情報でもなければ確実な利益は得ることはできません（**効率的市場仮説**）。それでも，なんらかの株価上昇予測が市場で形成されれば，バブルをもたらします。

図表 7-4 で株価と売買高のピークがずれています。売買高のピークは 1988 年の後半から 1989 年初頭にかけてなのに対して，株価のピークは約 1 年後です。1989 年は一部の強気な投資家が株価を押し上げたのではないかと予想されます。

❖コラム　割引現在価値

同じ金額でも現在と将来とではその価値は違います。たとえば，現在 10 万円受け取るのと，1 年後に 10 万円受け取るのとでは，通常は現在受け取るほうが望ましいと考えるはずです。これを**時間選好**といいます。逆に 1 年待つ選択をする場合には，10 万円より少し多めに受け取ることが前提になります。**利子率**は 1 年間待つことに対する価格になっています。

それを逆に，1 年後の金額を現時点でみて，割り引いて計算したものを**割引現在価値**（discounted present value）といいます。たとえば 1 年後 10 万円なら，現時点で 9 万 9 千円を受け取るのでもよいと考えたとします。しかし，それ以下なら 1 年待つというちょうどの額とします。このとき 1 年後の 10 万円の割引現在価値は 9 万 9 千円で，**割引率**はおよそ 1% となります。利子率が「待つ」価格

■図表 7-5　割引現在価値

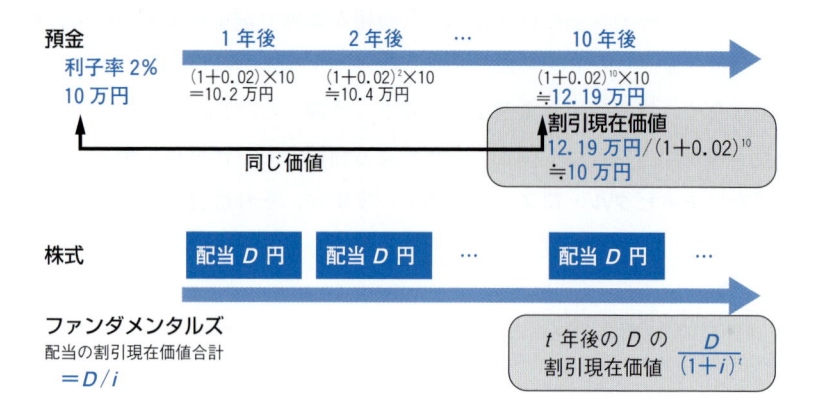

預金
利子率 2%
10 万円

1 年後： $(1+0.02)\times 10 = 10.2$ 万円
2 年後： $(1+0.02)^2 \times 10 ≒ 10.4$ 万円
…
10 年後： $(1+0.02)^{10}\times 10 ≒ 12.19$ 万円

割引現在価値 12.19 万円 $/(1+0.02)^{10} ≒ 10$ 万円

同じ価値

株式　配当 D 円　配当 D 円　…　配当 D 円　…

ファンダメンタルズ
配当の割引現在価値合計
$= D/i$

t 年後の D の割引現在価値　$\dfrac{D}{(1+i)^t}$

になっていますので，割引現在価値は利子率を用いて将来の値を割り引くことで求められます。

図表 7-5 では，まず上段で毎年 2% の利子が付く預金や債券などを考えています。1 年目に $(1+0.02)\times 10=10.2$ 万円，2 年目に $(1+0.02)^2\times 10$ 万円 $=10.404$ 万円，…，10 年目に $(1+0.02)^{10}\times 10≒12.19$ 万円と増えていきます。そして，現在の 10 万円と 10 年後の 12.19 万円が同じ価値ととらえて，10 年後の 12.19 万円の割引現在価値は 10 万円と計算します。

配当額の合計も同様に計算します。ただし，ここでは配当は将来の無限期間にわたり受け取ると仮定しています。そのため貯蓄の場合の元本にあたるものは考えないので，単純に t 年後の配当額を利子率で割り引いています。遠い将来の割引現在価値はゼロに近くなるため，本文のようなシンプルな式が導出されます。

▶ バブルのメカニズム

バブル発生のきっかけは円高対策のための低金利政策でした。けれども，低金利ならいつでもバブルが発生するとは限りません。ここではバブルのメカニズムを学び，1980 年代後半の日本経済における**資産価格バブル**を考えます。

株価におけるバブルは，企業収益と株価に対する強気の予想などにより，株価がマーケット・ファンダメンタルズから乖離して上昇してしまった状態です。問題は，マーケット・ファンダメンタルズには将来の値を含むため，それが事後的にしかわからないことです。そのため実際にバブルが生じているのかどうかの判断はその渦中では難しいことがあります[13]。日本のバブルについて，**非合理**なものなのか，あるいは**合理的バブル**（マーケット・ファンダメンタルズから乖離しても，投資家の楽観的な期待収益により取引が成立する）なのか，さまざまな説明が試みられました。

最近（2013 年までの状況）でも，日本の政府債務は膨らみ続けているにもかかわらず，国債の金利は低く抑えられています。国債の金利が低いと，

---

[13] 朝日新聞の記事を「バブル」で検索すると 1986 年から 1989 年に数件の記事しか見つかりませんでした。表記もあぶく相場（バブル）で，バブルという言葉は一般的にそれほど使用されていなかったと考えられます。日本経済新聞では 1989 年 6 月に「消えない株高バブル論」という記事があり，そちらでは「バブル（泡まつ）」と表記されています。ところが 1990 年以降はバブルの記事があふれます。バブルは崩壊してからわかるものなのです。

購入する側にとっては割高です。そのため，**国債バブル**と呼ばれることもあります。多くの人が政府の借金はまずい水準だと感じていますが，実際にいつ，どのように破綻するのか，あるいはしないのかがわかりません。

また，どこでどのようにバブルが発生するのかもはっきりしません。日本では株と土地でしたが，17世紀オランダではチューリップの球根でした。最近では米国で住宅バブルが生じ，原油価格も急騰しました。

ポイントは**群集行動**です。株式への投資において，キャピタル・ゲインを得ようとするとき，重要なのは他の投資家の判断です。他の投資家が企業業績の改善を予測し株を購入すると，株価が上昇するからです。

経済学者ジョン・メイナード・ケインズ（John M. Keynes）は美人投票の例で説明しました（**ケインズの美人投票**）。投票者は美人投票を行いますが，その投票が全体の平均的な好みに近ければ賞品が与えられます。このとき，投票者にとって重要なのは，投票者の基準による判断ではなく，全体の平均的な基準です。

自分にとって誰が本当に美人かにかかわらず，皆が予想する人がもっとも票数を集めることになります。株価についても同様で，自分の予想よりも，他人が上がると思う株を探し出すことがキャピタル・ゲインを得るためには必要です。そして，株価上昇予想が市場の多数を占めれば，実際の株価も上昇することになります。この現象を，**自己実現的期待形成**（self-fulfilling prophecies）といいます。

もう一つ投資家の行動を説明するものとして，**情報カスケード理論**があります。とくに個人投資家は企業の情報を十分に得ておらず，機関投資家の情報量とは**情報の非対称性**があります。そうすると，個人投資家は機関投資家の行動をまねて投資を行うのが得策です。それは連鎖的に他の投資家にも生じるでしょう。読者の皆さんにも，並んでいるお店があると気になって，自分もそのお店で購入するということがあるのではないでしょうか。ミニバブルは案外と身近です。

図表7-6は内閣府調査による企業の期待成長率アンケートで，今後5年間の平均予想成長率を尋ねたものです。1990年度をみると，企業は平均的に3.6%の経済成長が続くだろうと予想していました。実際にはその5年後の

■図表 7-6　企業の先行き見通し

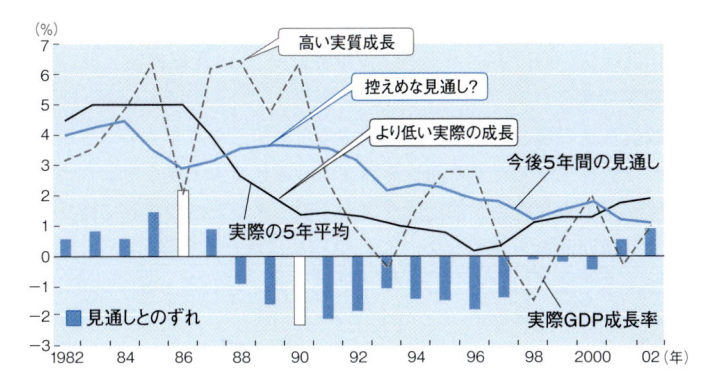

グラフ内ラベル：高い実質成長／控えめな見通し？／より低い実際の成長／今後5年間の見通し／実際の5年平均／見通しとのずれ／実際GDP成長率

(出所)　内閣府（2013）「企業行動に関するアンケート調査」より作成。実質GDP成長率は内閣府『平成25年版経済財政白書』長期統計より作成。
(注)　期待成長率（今後5年間の見通し）は，当初から5年間（年度）の平均予想経済成長率。

平均成長率は 1.32% 程度だったので，大幅に外れたことになります（一方で 1986 年度はよいほうに外れています。1985 年からの円高不況は，企業の予想以上に早く脱却できたことがうかがえます）。

ただし予測の難しさもわかります。1990 年度の実質 GDP 成長率は 6.2% でした。後知恵で企業の予想は強気すぎたといえても，当時としては控えめな見通しだったのです。見通しのずれは 1997 年度，金融危機が起こる年まで続きました。1990 年代はなかなか思うように景気が回復しないという状態が続きました。

❖コラム　繰り返されるバブル

バブルはこれまで世界経済でたびたび発生してきました。1630 年代にオランダで発生した**チューリップ狂事件**では，1 個の球根が「新しい馬車 1 台，葦毛の馬 2 頭，そして馬具 1 式」と交換できるほどの価値を持ったそうです（ガルブレイス（2008），50 ページ）。

バブルという名の起源となったのは，1720 年に英国で発生した**南海バブル事件**です。南海会社の株価は，半年で 100 倍近く値上がりし，そして急落しました。

科学者のニュートンも，このバブルで損失を被りました。最近では，米国で住宅バブルが生じ，サブプライムローン問題から2008年に世界金融危機が発生しました。

とくに興味深いのは英国南海バブル事件と同じ18世紀初頭におけるフランスでの出来事です。スコットランド人のジョン・ロー（John Law）は当時のフランスの政府債務の増大とデフレを解消するために，あるシステムを生み出しました。それは銀行券を発行する銀行を設立することです。現在ではごく当たり前のものですが，金貨や銀貨が基礎的な決済手段であった当時としては，貨幣の不足を解消する画期的な方法でした。この銀行券に対して兌換可能量は50%程度でしたので，多くは信用にもとづく紙幣であったことになります。そして，「金融緩和政策」を行ったのです。

さらにローはミシシッピ会社という特権貿易会社を設立しました。ミシシッピ会社は徴税権も獲得するなど，非常に権限の強い組織でした。そのため，ミシシッピ会社の発行した株価は上昇し，投機熱が高まりバブルが生じました。

仕組みは下にあるような流れです。発行された銀行券は政府支出にあてられましたが，多くが政府借金の返済でした。返済を受けとった人々はそれを資金としてミシシッピ会社の株式を購入しました。その対価としてミシシッピ会社は銀行券を受け取りますが，その銀行券は再度政府へ貸し出されました。株価が上昇すればするほど銀行券が増大する仕組みとなっていたのです。

```
      ミシシッピ会社・銀行券 → 国家財政・支出 → 借り入れ返済
            ↑                                        ↓
      ミシシッピ会社・銀行券回収 ← 株式購入資金 ← 返済受取り
```

しかしここに，収入の裏付けがありません。本来は徴税権による増税やミシシッピ会社による米国ミシシッピ川流域の開発投資があるはずでしたが，実際には政府への貸出しが増加しただけでした。このような自転車操業的な資金循環は**ポンジ・スキーム**と呼ばれ，**ネズミ講**になっています。1720年に人々が銀行券を金に交換しようとしたとき，このスキームが破綻していることが明らかになりました。株価のみならず，紙幣も紙くず同然となり人々の資産が消えました。ルイ15世時代の出来事です。次にフランス王となったルイ16世はフランス革命により死刑になりました。その背景にはこのときの混乱とフランス財政問題がありました。

ここからの教訓は，チューリップや株式のバブルはまだしも，貨幣や国債，日本での土地など，経済基礎システムにバブルを起こしてはならないということではないでしょうか。

参考文献

ジョン・K. ガルブレイス (2008)『[新版] バブルの物語——人々はなぜ「熱狂」を繰り返すのか』ダイヤモンド社 (原著：*A Short History of Financial Euphoria*, 1990)。

ニーアル・ファーガソン (2009)『マネーの進化史』(仙名紀訳) 早川書房 (原著：*The Ascent of Money : The Financial History of the World*, 2008)。

野口悠紀雄 (1992)『バブルの経済学——日本経済に何が起こったのか』日本経済新聞社。

▶株価の指標

株価の指標を紹介します。**平均配当利回り**は株価に対する配当金の割合で株式投資による収益率の指標になっています。**PER**（Price Earnings Ratio；株価収益率，倍）は企業の純利益に対する株価の倍率ですので，株価が高めか低めかの指標になります。**金利修正 PER** は PER に金利をかけて数値を 1 に基準化したものです。

マーケット・ファンダメンタルズ（MF とおく）は

$$\mathrm{MF} = \frac{\text{収益}(=\text{配当 } D)}{\text{利子率 } i}$$

というものでした。もし株価が MF と等しいなら，PER は以下のように書けます。

$$\mathrm{PER} = \frac{\text{株価}\left(=\frac{\text{収益}}{\text{利子率 } i}\right)}{\text{収益}} = \frac{1}{i} \quad if\ \mathrm{MF}$$

そのため，金利修正 PER として

$$\text{金利修正 PER} = \mathrm{PER} \times \text{利子率 } i$$

という指標を作ると，株価がマーケット・ファンダメンタルズのときに 1 となります。1 より大きければ，株価は過大評価で場合によってはバブルの可能性があり，小さければ過小評価の可能性があると考えます。

PBR（Price Book-value Ratio；株価純資産倍率，倍）は純資産に対する株価の倍率です。ベースとなるのは企業の利潤最大化問題から導き出されたモ

デルです。企業の投資収益と投資費用総額の費用の比から導き出したものを経済学者ジェームズ・トービン（James Tobin）の名前から**トービンの q** といいます。

トービンの q は以下の式で表されます。

> トービンの q ＝（株価総額＋負債総額）／資本ストックの再取得価格

ここで、投資による将来収益の割引現在価値を考えます。この投資収益は株式の配当に対応します。また、配当割引モデルと同様に考えると、投資収益は投資費用総額と等しくなるはずです。したがって、株式で計った企業価値は、投資費用総額と等しいかそれ以上であれば適切な利益を生み出しています。

ここで、投資費用総額を現在企業が所有している資本ストックの再取得価格に置き換えます。**トービンの q＝1** が基準になりますので、$q>1$ であれば「投資収益＞資本財価格」で収益がコストを上回り、企業は投資を行うと考えます。PBRであればPBR＞1のとき、企業の保有する資産に対して、株価が割高なことを意味します。

> - 平均配当利回り（％）＝（1株年間配当金／株価）×100
> - PER＝株価／1株あたり純利益（税引き後当期）
>   （ベース：配当割引モデル）
> - PBR＝株価／1株あたり純資産
>   （ベース：トービンの q）

なお、PBRの純資産に含み資産を加えて計算したものを**Qレシオ**といいます。バブル時は地価の上昇によりQレシオが低く計算されました。それは地価もバブルだっただけですが、低いQレシオにより株価は割高ではないという言説もバブル期にはありました。指標の使い方、読み方には十分注意する必要があります。

では、当時はどの程度株価は過大評価されていたのでしょうか。あるいはどの程度のバブルが生じていたのでしょうか。

図表7-7 は金利修正PERの推移を描いたものです。金利の変化の影響が

■ 図表 7-7　金利修正 PER の推移

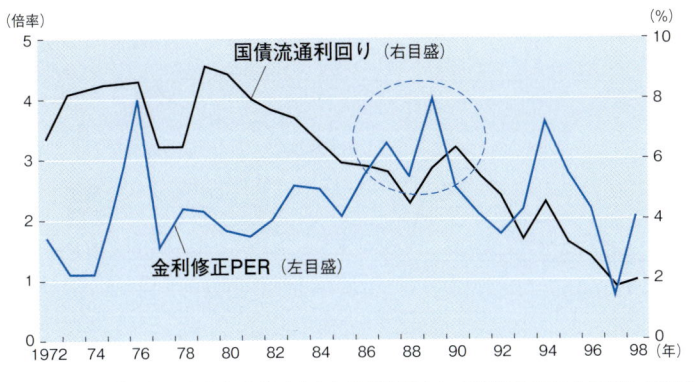

（出所）　内閣府『平成 25 年版経済財政白書』長期統計より金利修正 PER を計算して作成。

大きいために値が動いている可能性もありますので，金利（国債流通利回り）もあわせて示しています。

　金利修正 PER は 1 が基準となりますが，1980 年代は 2 から 4 までと 1 よりもずいぶんと大きな値となっていました。とくに 1989 年に 4.1 と最大になりました。他の年にも，たとえば 1994 年にも上昇していますが，これは金利上昇の影響です。1986 年から 1989 年にかけて金利は低下していく中で，むしろ金利修正 PER が上昇しており，株価は割高であったことがうかがえます。

　図表 7-8 は旧経済企画庁『平成 2 年版経済白書』より抜粋したもので，当時の主要国の株価動向と金利修正 PER を比較しています。1987 年のブラック・マンデー以前は日米両国で株高が進んでいましたが，米国ではそれが調整されました。西ドイツでは株高がほとんどみられません。

　金利修正 PER については，基本的に日本は高めに推移しています。1987 年頃からの大幅な上昇は日本に限られた現象です。これらの指標から，1987 年のブラック・マンデー以降の政策が，日本に特有の現象としてのバブルを生じさせたと推測されます。

■図表 7-8　主要国の株価動向と金利修正 PER

（1）　株価指数の推移

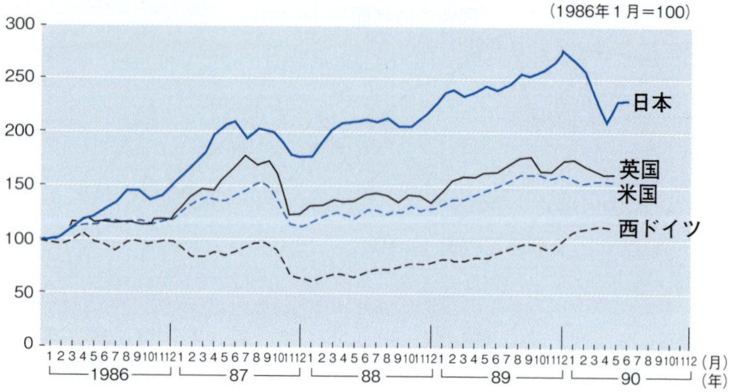
（1986年1月=100）
300
250
200
150
100
50
0
日本
英国
米国
西ドイツ
（月）
1986
87
88
89
90
（年）

（2）　金利修正PER

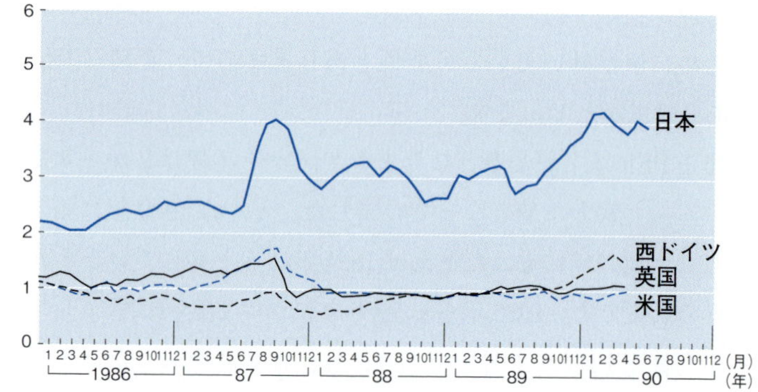
6
5
4
3
2
1
0
日本
西ドイツ
英国
米国
（月）
1986
87
88
89
90
（年）

（出所）　旧経済企画庁（1990）『平成2年版経済白書』第1-4-6図を抜粋。
http://www5.cao.go.jp/keizai3/keizaiwp/wp-je90/wp-je90-00104.html

7.3　バブル崩壊と不良債権問題

地価のバブル

ここまで，株価のバブルを学んできましたが，より日本経済に大きな影響

を及ぼしたのは地価のバブルでした。日本ではそれまで土地の価格がほとんど下落しなかったこともあって担保価値があり，土地本位制ともいえるシステムでした。土地を担保にしていて，地価が下落すると，借金が残る可能性があります。ところが，土地神話ともいわれたように，土地は価格が下落しない安全な資産だと考えられていました。さらに土地転がしという地価上昇を見込んだ売買が加わり，地価上昇と借り入れが膨らんでいきました。

図表 7-9 は 6 大都市[14]の商業地と住宅地，6 大都市以外の市街地・商業地と市街地・住宅地の地価の推移と株価の指標である TOPIX を比較したものです。

特徴の一つは，TOPIX は 1980 年代に 2.5 倍程度の上昇に対して，6 大都市の商業地は 5 倍以上に跳ね上がったことです。地価の上昇はすさまじく，東京の土地総額が米国全土の価値と同じになるほどでした。一方で，少なくとも 1990 年代では，TOPIX がバブル以前の水準にまでには下がらなかったのに対して，地価は 1980 年代初頭の水準にまで下落し続けました。6 大都市以外でも同じ状況でした。

考えてみれば，企業活動はダイナミックなもので，状況に応じて柔軟な対応も可能です。一方で，土地が生み出す利益が増えていく状況は想像しにくいものです。場所を動かすことはできず，周りの環境の変化への対応も容易ではありません。高値で買った土地も，近くに迷惑施設ができてしまえば地価の下落は避けられません。旧経済企画庁（1989）[15]は経済白書で以下のように指摘しています。

> 「こうした地価高騰はなぜ生じたのであろうか。近年，我が国経済の国際化の進展に伴い，東京圏に経済機能等の集中が進んでいる。特に，東京は国際金融センターの一つとして急成長してきており，都心のオフィス需給は逼迫してきていた。これに関連して，東京の土地の生産性（限界価値生産性）やその期待値の上昇があると考えられる。これに対し，

---

14 東京区部，横浜，名古屋，京都，大阪，神戸。
15 旧経済企画庁（1989）『平成元年経済白書』第 4 章。
http://www5.cao.go.jp/keizai3/keizaiwp/wp-je89/wp-je89-00402.html

■図表 7-9　市街地価格指数と TOPIX

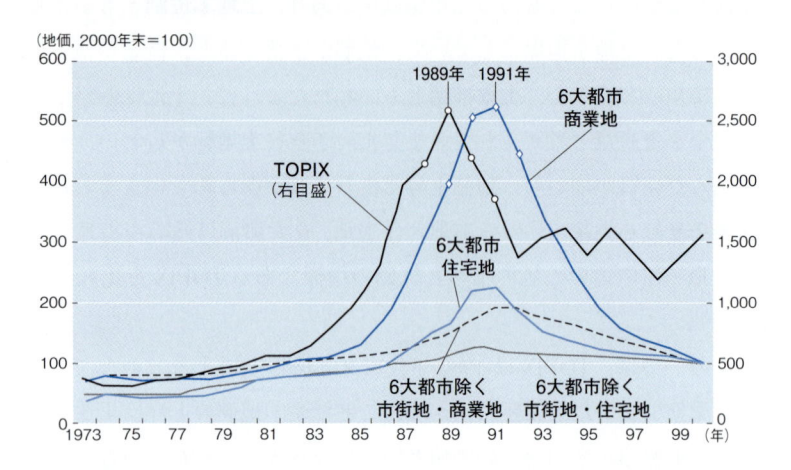

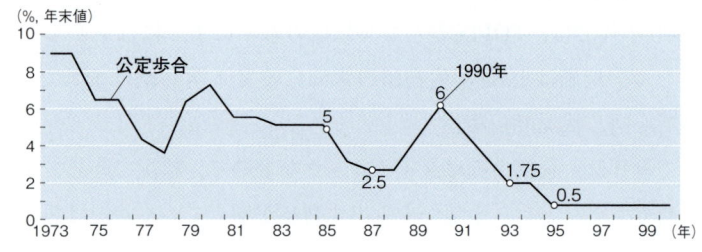

（出所）　総務省統計局「日本統計年鑑」より作成。
（原資料）　一般財団法人日本不動産研究所研究部「市街地価格指数・全国木造建築費指数」
（注）　地価は 2000 年末を 100 とする価格指数。

　　前回は列島改造ブームのあおりで全国的に地域開発熱が高まっていた。これに過剰流動性が重なって，全国ほぼ同時に，かつ同じような規模で地価上昇が生じたものと考えられている。」（旧経済企画庁（1989）『平成元年経済白書』第 4 章。）

　　けれどもその後，地域開発は低迷し，ジャパン・パッシング（海外企業の日本への関心が低下する一方で，他のアジア地域への進出が増大したこと）ともいわれるほどの状況で，海外企業のオフィス需要は減少しました。

土地を担保に過剰な投資がなされ，その投資が利益を生まず，さらに担保価値も失われるという悪循環がバブル崩壊後に生じました。そして，企業のみならず金融機関も**不良債権問題**に直面することになりました。不良債権とは，企業の経営不振等により回収が困難になった銀行の貸出資金のことです。

　もう一つの特徴は，株価と地価には1年から2年程度のずれがあり，地価のほうが遅れて下落したことです。そのため，1990年以降の株価下落に直面しても，銀行や企業はまだ楽観的でした。地価は上昇していたため，株価の下落であればバランスシートの毀損は軽微だと思われました。多くの企業は株の持ち合いであり，株取引は多くありませんでした。株価下落の損失を受けたのは，財テクを大規模に行った企業とバブルに踊った人々に限られていました。1991年以降に地価が下落し初めても，地価ならばやがて下げ止まると見込んでいました。

　地価下落を後押しした原因には，人々の不満もありました。図をみると，6大都市の住宅地は5年で2倍以上上昇しています。都心ではさらに商業地に近い上昇でしょう。すると，一般の人にはマイホーム購入が不可能になります。次の新聞記事はその頃の人々の気持ちを率直に記事にしていると思われます。

> 「地価は昨年（1990）の前半まで上昇する地域が多かったが，後半から一部の地方都市を除く東京，大阪両圏などほとんどの地域で横ばいか下落に転じ始めた。……これは金融機関の不動産関連融資の総量規制と高金利によるところが大きい。……政府の土地問題関係者は胸をなでおろしているようだが，これでほっとされては困る。……高値圏に張りついたままといえる。
> 　これでは，大都市圏で一般サラリーマンがマイホームを持てないことに変わりない。政府は1月，『中堅勤労者が標準的な住宅を確保できる水準』まで地価を引き下げる政策目標を打ち出した。この目標の実現に向け，たがを締め直してほしい。
> 　不動産向け融資の総量規制については，不動産関連企業の大型倒産が相次いでいることなどを理由に，経済界の一部から緩和を求める声が出

7.3 バブル崩壊と不良債権問題

ている。

　しかし，日本経済を長期的に安定成長させるには，投機などで膨らんだバブル（泡）の部分を削り落とす必要がある。多少の痛みを伴うのは仕方あるまい。

　金融当局は，地価が適正な水準まで下がり，再騰の恐れがなくなるまで総量規制を続けるべきだ。」(1991年3月26日，読売新聞「[社説] 土地対策の手をゆるめるな」より抜粋。)

　このような国民の声もあって，政府・大蔵省（現財務省）は，記事にあるように，1990年3月に地価抑制のために金融機関に対して総量規制を通達しました。総量規制は，不動産業向け融資の前年同期比伸び率を総貸出残高の伸び率以下に規制するもので，これにより地価は下落に向かったとされます[16]。

　図表7-10は国民総資産を実物資産，土地，金融資産の内訳で実質額を示したものです。1990年の金融資産（株式を含む）は約4,700兆円で，土地は2,600兆円ほどでした。2007年に金融資産は6,000兆円近くにまで増加しています。一方で土地は1,300兆円弱へと，およそ1990年の半分程度になりました。このように資産価格バブルは株価よりも地価への影響が強かったといえます。地価のバブルとその崩壊が，土地本位制ともいえる日本の金融システム（とくに信用仲介システム）に多大な影響を及ぼすことになりました[17]。

---

[16] その後，総量規制への評価は低く，当時に戻って総量規制の阻止をはかる映画（『バブルへGO!! タイムマシンはドラム式』，2007年）も制作されたほどです。しかし，経済原理にもとづけば総量規制の効果は地価調整を早めたり，急激な変化をもたらしたりしたとしても，それがバブル崩壊の根本要因とは考えられません。総量規制がきっかけとならずとも，別の何かにより地価は下落することになったでしょう。総量規制は1992年1月に廃止されました。

[17] 野口（1989）は地価のファンダメンタルズを推計し，バブルが発生していることを指摘していました。その後，株価が下げ止まったのに対して，地価は下がり続けました。同書の推計ではファンダメンタルズが急騰以前の地価に等しいとしていますので，そこに地価が戻ったのだと考えられます。驚くべきは，同書の出版が1989年2月だということです。地価が下がり始めたのが1991年頃で，1992年頃においても多くの人が地価の下げ止まりを予想していました。その3年以上前の指摘です（野口悠紀雄（1989）『土地の経済学』日本経済新聞社）。

■図表 7-10　国民総資産内訳

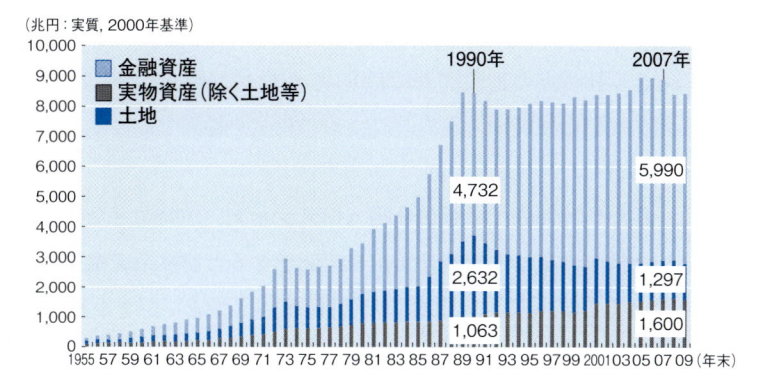

(出所)　内閣府『平成25年版経済財政白書』長期統計より作成。
(注)　実質化には2000年基準の消費者物価指数を用いている。1968年末残高までは「長期遡及推計国民経済計算報告」，1979年末残高までは「平成10年度国民経済計算（平成2年基準・68SNA）」，2000年末残高までは「平成21年度国民経済計算（平成12年基準・93SNA）」，2001年末以降は，「平成23年度国民経済計算（平成17年基準・93SNA）」による。

金融機関の破綻

　住専（住宅金融専門会社）とは預金を預からない**ノンバンク**で，もともとは住宅ローンを中心に取り扱っていました。銀行の出資などで設立されましたが，資金は広く金融機関から調達していました。1980年代に大企業の銀行離れが生じると，銀行は住宅ローンも扱うようになり，住専の経営は圧迫されました。それに押される形で住専の**不動産融資**が増大していきました。とくに1990年3月の総量規制後に拡大しました。

　総量規制は住専などのノンバンクは対象外とし，農林系金融機関への規制は緩やかでした。そのため，不動産融資の資金が農林系金融機関から住専へ流れることになりました。けれども1991年以降，地価は下落し続け，住専の損失は膨らみました。1992年の住専再建策は地価下落が続く中で**先送り**となり，1995年にノンバンクの**住専処理問題**，すなわちどのように破綻を進めるかが課題となりました。日本の金融は（旧）大蔵省による**護送船団方式**とも呼ばれる金融行政を行っており，金融機関は破綻しないことが前提だ

ったため，破綻処理の方法が定まっていなかったのです。

1995年12月に6,850億円の**公的資本注入**を含む住専処理策が閣議決定され，翌年6月に住専法が成立しました。1996年6月19日朝日新聞の天声人語によると，5月時点の世論調査では84％が反対，賛成は8％にすぎないものでした。民間金融機関破綻処理のために税金を投入することに対して，世論は反発しました。

さらに，住専処理問題では**損失負担**（ロスシェア）が問題となりました。融資残高に比例した**貸し手責任**で負担を比例させると農林系金融機関の損失が大きくなってしまいます。**図表7-11**は伊藤他（2002）がまとめた住専の資金調達源と損失負担です。たとえば住専は都市銀行からは1.45兆円の資金調達をしていましたが，都市銀行は1.17兆円もの損失負担を負っています。**母体行責任**として負った銀行の損失負担は総額で3.5兆円でした。一方の農林系金融機関は都市銀行よりも多い5.5兆円の資金拠出に対して，5,300億円の損失負担に止まっています。

こうした経済ルールにもとづかない破綻処理が行われたことや，国民世論

■図表7-11　住専処理時点における住専の資金調達源と損失負担

	住専の資金調達源 兆円	比/全体	損失負担（ロスシェア） 兆円	比/全体	倍率＝負担/資金
都市銀行	1.45	11%	1.17	20%	0.81
長期信用銀行	1.48	11%	1.05	18%	0.71
信託銀行	2.10	16%	1.49	26%	0.71
地方銀行	0.85	7%	0.67	12%	0.79
第2地方銀行	0.26	2%	0.23	4%	0.88
生命保険会社	0.80	6%	0.42	7%	0.53
農業協同組合	5.50	42%	0.53	9%	0.10
その他	0.60	5%	0.17	3%	0.28
合計	13.04		5.73		0.44

（出所）　伊藤隆敏，トーマス・マギル，マイケル・ハッチソン（2002）『金融政策の政治経済学　上』（東洋経済新報社，表6.2，137ページ）より作成。

の反対が強かったことにより，金融機関の不良債権処理は難しくなり，先送りされることになりました。不良債権の増大は，金融機関の**貸し渋り**（または**クレジット・クランチ**；第 11 章参照）を発生させ，企業の借り入れと設備投資の減少をもたらしました。他方で，企業が利払いに滞ると不良債権となり，銀行経営に影響します。銀行が，利払いを継続させるために**追い貸し**をしたことにより，低収益のまま存続する企業もありました。そうでなくとも企業も過剰債務を抱えて，投資を増やす状況にはありませんでした。これらは**バランスシート調整問題**と呼ばれます。

ルールによる破綻処理方法が定まったのは 1997 年に金融危機が生じた後です。不良債権問題が解消したのは 2002 年 9 月からの**金融再生プログラム**（竹中プラン[18]）以降の 2000 年代半ばです。バブル崩壊後は**失われた 15 年**（10 年あるいは 20 年という場合もある）といわれるように，問題解消までに 15 年も費やしたのです。

図表 7-12 は全国銀行の不良債権の推移を示しています。金融再生プログラムが開始された 2002 年度に，開示基準の厳格化により当時の不良債権が 42 兆円であることが明らかになりました。それ以前は毎年度 10 兆円以上の不良債権処理をしているにもかかわらず，不良債権残高は減少していません。すなわち基準が甘かったため，2002 年まで不良債権の総額を政府当局が把握できていなかったのです。

2002 年度以降は処理や経済状況の好転に伴い不良残高は減少し，2007 年度末には 11 兆円にまで減少しました。累積の不良債権処分額は 2012 年度末で約 106 兆円です。100 兆円を超える不良債権というのは，預金量と比較しても相当な規模です。ちなみに，国内銀行・預金合計額（日銀の統計）は 2000 年度末で 473 兆円，2010 年度では 597 兆円です。

問題が先送りされる中でついに 1997 年に**金融危機**が生じました。以下ではその状況を確認しておきます（金融については第 11 章でより詳しく説明します）。

---

[18] 竹中平蔵金融担当大臣の名前から通称・竹中プランと呼ばれました。資産査定を厳格化して不良債権処理を進めるものでした。竹中平蔵（2006）『構造改革の真実——竹中平蔵大臣日誌』（日本経済新聞社）には金融再生プログラムについて，経緯と内容の興味深い説明がなされています。

■図表 7-12　不良債権処分損等の推移（全国銀行）

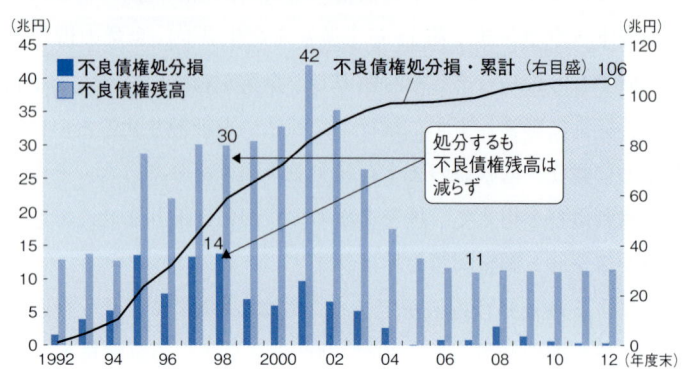

（出所）　金融庁「金融再生法開示債権の状況等について」より作成。

　1997 年 11 月 3 日（月曜日）に三洋証券が会社更生法の申請をしました。そのこと自体は，1994 年の東京 2 信用組合（東京共和と安全），1995 年の兵庫銀行，1996 年の阪和銀行，1997 年の日産生命など，すでに金融機関の破綻は相次いでおり，その一つの動きだったかもしれません。けれどもこのとき，三洋証券は**コール市場**で返済する措置をとらずに破綻しました。コール市場[19]は金融機関同士のみが取引する**インターバンク市場**の一つで，短期資金を運用，調達する市場です。通常はもっとも安全であり，また，金融機関の資金調整のために重要なものです。

　コール市場でのデフォルトは金融市場の混乱を招き，経営が危うい銀行の資金調達を難しくしました。そのため，1997 年 11 月 17 日（月曜日）に，当時，都市銀行と呼ばれた大手銀行 20 行の一つである**北海道拓殖銀行**が，資金繰りができなくなり破綻してしまいました。続く 24 日（月曜日）には大手証券会社の**山一證券**が自主廃業を決定し，日本は金融危機に陥りました。

　ここから金融問題対応の枠組みが整えられました。破綻処理の方法が

19　現在，日本銀行が金利目標を定める場合，コール市場における無担保コール翌日物金利を政策金利としています。ゼロ金利政策のゼロ金利とはこのコール市場の金利（翌日物）のことをいいます。

1998年2月に成立した金融機能安定化2法（改正預金保険法，金融機能安定化緊急措置法）により定まりました。同年3月には金融機関に1兆8,156億円の公的資金が投入されることになりました。6月には金融監督庁（現在の金融庁）が発足し，大蔵省から分離して金融機関の検査・監督を専門に行うことになりました。10月の金融再生法により破綻銀行の公的管理の枠組みが定まり，金融健全化法により公的資金投入の仕組みができました。10月に破綻した**日本長期信用銀行**[20]はこれらの法律により，ルールにもとづいた破綻処理がなされました。そして，1999年には早期健全化法にもとづき，32銀行に7兆4,592億円もの予防的公的資金が投入され，銀行の自己資本が強化され金融危機は収まりました。

キーワード

外国為替市場，購買力平価説（PPP），一物一価の法則，裁定取引，貿易財・非貿易財，金利平価，金利裁定，予想（期待）為替レート，カバーなし金利平価，ブラック・マンデー，国際協調政策，金融自由化，株式会社，有限責任，証券取引所，時価総額，日経平均株価，TOPIX，マーケット・ファンダメンタルズ，割引現在価値，キャピタル・ゲイン，キャピタル・ロス，効率的市場仮説，資産価格バブル，群集行動，ケインズの美人投票，自己実現的期待形成，情報カスケード理論，平均配当利回り，PER，金利修正 PER，PBR，トービンの q，Q レシオ，土地本位制，土地神話，不良債権問題，総量規制，住専（住宅金融専門会社），公的資本注入，貸し手責任，バランスシート調整問題，金融再生プログラム（竹中プラン）

問題

(1) 名目為替レート，実質為替レート，名目実効為替レート，実質実効為替レート，購買力平価（PPP），相対的購買力平価の違いを整理しなさい。
(2) 短期における為替レートが自国と海外金利の差に依存するのはなぜか説明しなさい。また，最近の日米金利差を調べ，それに応じて為替レートが変化していることを確認しなさい。
(3) 1980年代後半になぜ日本で資産バブルが生じたのか論じなさい。
(4) 銀行の不良債権問題がどのように明らかになったのかを調べて，確認しなさい。

---

[20] 日本長期信用銀行は預金を集めず，金融債の発行により資金を調達して企業へ貸し出すという特殊な銀行でした。金融の自由化が進む前は，限られた資金を自前で調達できることから有利な立場にあり，エリート銀行と目されていました。その破綻は時代の変化を象徴するものでした。

(5) 米国で発生したサブプライムローン問題は，米国 FRB の低金利政策などが原因と考えられる。2000 年以降の米国の政策金利（FF レート）と住宅価格（S＆P／ケースシラー住宅価格指数）の動きを図で描いてみなさい。
(6) 中国でバブルが発生しているといわれることがある。実際はどうなのか，考察しなさい。

第Ⅲ部

日本経済の現在

第8章　1990年代以降の日本経済
第9章　構造改革への取り組み
第10章　財政・財政政策
第11章　企業活動と金融・金融政策

第 8 章

1990 年代以降の日本経済

　本章からは，これまでの時系列に沿った読み方から変えて，テーマごとに 1990 年代以降の日本経済を考察していきます。マクロ経済の視点から，なぜ日本経済の成長が止まってしまい，長期不況に陥ったのかをみていきます。論点は需要と供給です。バブル経済の反動により投資を中心に需要が落ち込みましたが，加えて，生産性の低下など供給面も伸び悩みました。インフレ率が低下するディスインフレやさらにマイナスとなるデフレも生じました。

　次に，日本経済が直面した構造変化を労働と貿易からみます。労働では，非正規雇用の増加や賃金低下が生じました。企業のリストラ等による日本的雇用システムの修正が労働市場を変化させました。就業者数でみる産業構造の変化も進んでいます。グローバル化やコモディティ化により日本の輸出企業は海外企業との競争に直面しています。その中で製造業の就業者数は減少を続けており，とくに男性については，その代わりとなる雇用が生み出されていません。また，グローバル化により日本の貿易は三角構造となり，世界経済から複雑な影響を受けるようになっています。

8.1　1990 年代以降の経済成長

▶ 止まった経済成長

　1990 年以降の日本のマクロ経済の動きを概観[1]します。1990 年代に入ると日本の経済成長はぴたりと止まります。図表 8-1 では 1955 年から 2012 年

■図表 8-1　GDP の長期推移：1955～2012 年（暦年）

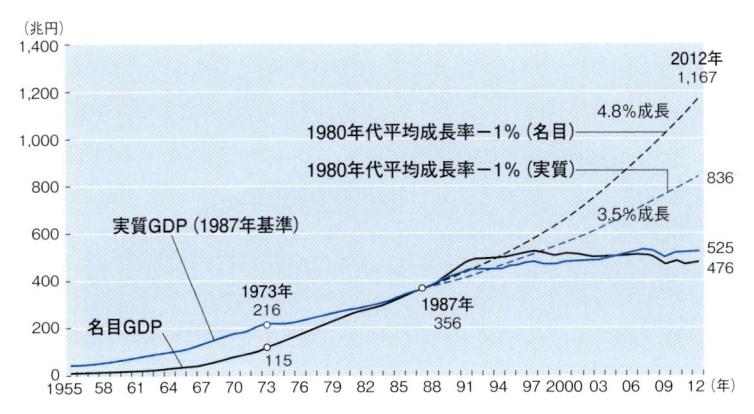

(出所) 内閣府 (2013)『平成 25 年版経済財政白書』長期統計より作成。
(注)　実質 GDP は 1987 年の名目 GDP をベースに実質 GDP 成長率で計算したもの。

までの名目 GDP と実質 GDP の推移を示していますが，とくに名目 GDP が 1990 年代以降にほぼ横ばいで推移してきました。

　もし日本がそれまでと同じような成長を続けていたら，どのような水準に達していたでしょうか。点線は，1987 年を出発点として，それ以降に名目 GDP が平均 4.8％ 成長だった場合と，実質 GDP が平均 3.5％ 成長だった場合をそれぞれ描いたものです。成長率は，少し控えめに見積もって，1980 年代の平均から 1％ 差し引いたものです。

　ジャパン・アズ・ナンバーワンといわれ，それが確信に変わりそうだった 1980 年代後半，おそらく多くの日本人はこのような成長を思い描いていたでしょう。けれども 2012 年の名目 GDP は 476 兆円でその半分にも満たない額です。実質でも 300 兆円程度の差があります。失われた 10 年といわれていたのが，15 年となり，20 年となりました。

　なぜこのような状況に陥ったのでしょうか。1990 年代以降の日本経済は複雑です。バブル崩壊により，企業も銀行もそのバランスシートが悪化しま

1　本章ではできるだけ内閣府 (2013)『平成 25 年版経済財政白書』の長期統計のデータを用いて記述しました。皆さんも最新の経済財政白書を用いて経済分析してみてください。

■図表 8-2　人口の年齢構成別推移

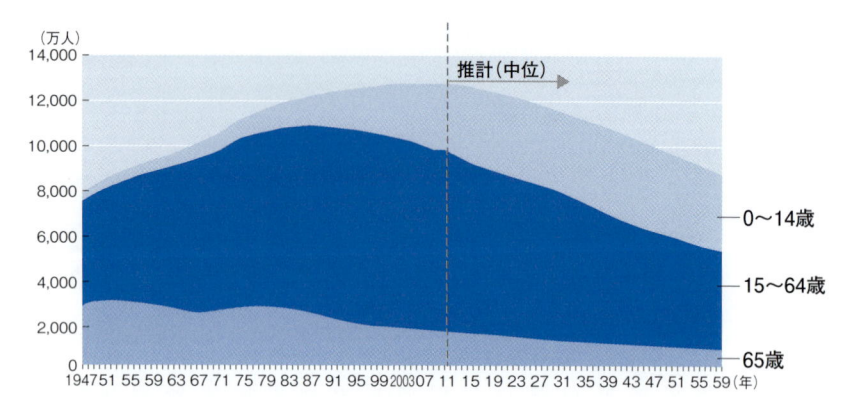

（万人）

推計（中位）

0〜14歳
15〜64歳
65歳

1947 51 55 59 63 67 71 75 79 83 87 91 95 99 2003 07 11 15 19 23 27 31 35 39 43 47 51 55 59（年）

（出所）　国立社会保障・人口問題研究所（2012）「日本の将来推計人口（平成 24 年 1 月推計）」
　　　　　より作成。
（注）　2011 年から出生（中位）・死亡（中位）による推計値。

した。バランスシート調整のため，長い期間，投資が伸び悩みました。前章でみたように，住専の不良債権問題が明らかとなったのが 1995 年ですが，問題は先送りされ 1997 年に金融危機になりました。そして，ちょうど同じ年に**アジア通貨危機**が発生し，輸出が減速するなどの影響を受けました。

また，図表 8-2 にあるように，**少子高齢化**が進んでいます。1990 年代半ばから**生産年齢人口**（15〜64 歳）は減少し始めました。2013 年には 8,000 万人を割り，ピークから 17 年間で 700 万人以上減少しました。**女性の労働参加**拡大により，労働市場に参入している**労働力人口**は同期間に 200 万人程度の減少で収まっているものの，少子高齢化は今後も進む見込みです。

インフレ率が低下する**ディスインフレ**となり，さらに 2000 年代には物価が下落するデフレが本格化しました。そのため，GDP も名目と実質とで動きに違いがあり，図でもその水準が逆転しています。デフレが賃金の下落をもたらし，さらに経済が縮小する**デフレ・スパイラル**が生じた可能性があります。

GDP は総額のため，人数が多いほど大きい値になります。そこで，**図表 8-3** では，実質 GDP を就業者数で割った**就業者 1 人あたり実質 GDP** と，人

■図表 8-3　1人あたり実質 GDP（1987 年基準）

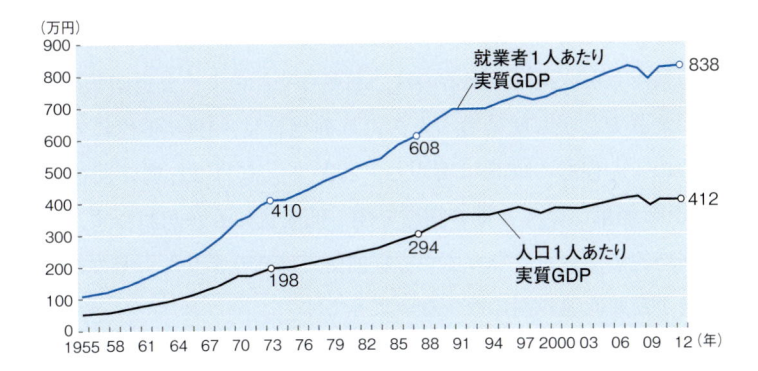

（出所）　内閣府（2013）『平成 25 年版経済財政白書』長期統計より作成。
（注）　実質 GDP は，1987 年の名目 GDP をベースに実質 GDP 成長率で計算したもの。成長率は，過去 5 年間の平均成長率を計算したもの。

口で割った**人口1人あたり実質 GDP** の推移を示しました。

　就業者1人あたりでは，それでもある程度の増加傾向が維持されています。一方で，人口1人あたりの値との差は広がってきています。すなわち少子高齢化のスピードが就業者1人あたり成長を上回ってしまっているのです。働く人たちの生産力は成長し続けているものの，総額の GDP では現状水準を維持できている程度だということになります。

　図表 8-3 下段では，名目 GDP 成長率と，就業者1人あたり実質 GDP 成長率という端的に異なる指標を重ねて示しています。ここでは大まかな動向

を知るために過去5年間の平均成長率をとっています。

名目GDP成長率は1990年代に大きく落ち込み，2000年代に入って一度は下げ止まったものの，2008年の米国リーマンショック後に再び落ち込みました。私たちが認識しているのは，おそらくこのような長期低迷です。

一方，実質でしかも就業者1人あたりの場合は，1990年代に入り落ち込んだものの1％程度の成長は実現し，2000年代には2％弱に回復しました。実質GDPは簡単にいうと量の指標です。低成長にもかかわらず，日本人の生活は平均的には貧しくなっている雰囲気ではありません。そのため，生活への不満が長期低迷の割には少ないようです。

内閣府（2013）『国民生活に関する世論調査　平成25年6月調査』のアンケート調査によると，2013年において生活に「満足している」あるいは「まあ満足している」と答えた国民の割合は71％にのぼりました。とくに20～29歳の若者ではその比率が高く，78.4％でした。2003年に58.2％と最低になったところから，徐々に持ち直してきています。バブル期の1989年では63.1％ですので，それよりも最近のほうが高い値です。

▶ 長期不況はなぜ生じたのか：需要面と供給面

1990年代以降の日本経済における論点は，成長率の低下が需要によるものか，供給によるものかです。もちろん，両方の要因が重なっていると考えられますが，どちらがより大きな要因かによって経済政策のあり方が変わってきます。もし，供給要因であれば，**構造改革**や**成長戦略**により潜在成長率を高める政策が求められます。もし短期的な需要要因であれば，**金融緩和**や**財政出動**によりその穴埋めが求められます。ただし，少子高齢化は，人口減少に伴う需要減をもたらす面と，労働力減少による供給能力減少をもたらす面の両方を持ち合わせています。

図表8-4は1980年から2006年までの日米の成長会計分析をグラフ化したものです[2]。高度成長期では，日本は米国と比べて労働時間の増加，資本の増加，規模の経済効果，生産性の上昇などが大きかったことを学びました。ところが，1980年代後半からは生産性の指標であるTFP寄与度が小さくなり始め，1992年からはマイナスとなりました。

■図表 8-4　成長率の寄与度（成長会計分析）の日米比較

(1) 日　本

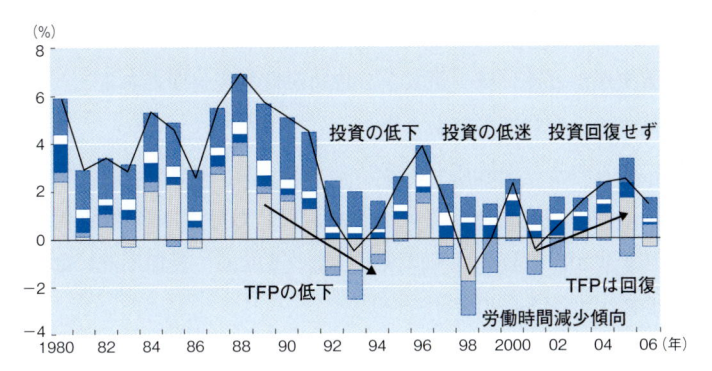

（グラフ：1980年〜2006年の日本の成長率寄与度。「投資の低下」「投資の低迷」「投資回復せず」「TFPの低下」「TFPは回復」「労働時間減少傾向」の注記あり）

(2) 米　国

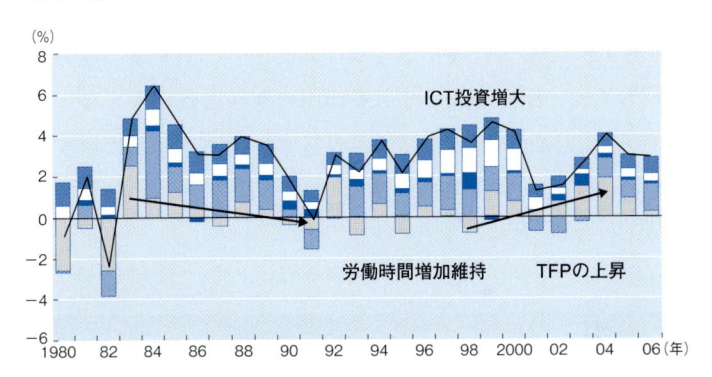

（グラフ：1980年〜2006年の米国の成長率寄与度。「ICT投資増大」「労働時間増加維持」「TFPの上昇」の注記あり）

凡例：■非ICT投資　□ICT投資　■労働の質　■労働時間　■TFP　──付加価値成長率

（出所）　EU KLEMS database, November 2009 より作成。
（注）　ICT は Information and Communication Technology の略で，日本語訳は情報通信技術。
　　　　非ICT投資は ICT 投資以外の投資寄与度を示す。

8.1　1990年代以降の経済成長

2　ここでは国際比較を行うため，EU KLEMS database の結果を用いています。日本には JIP データベース（日本生産性データベース，経済産業研究所）があり，産業別の成長会計を行うなど詳細な推計となっています。生産性に関する議論をまとめたものとして，たとえば，宮川努（2008）「資本蓄積と日本の生産性」『日本経済グローバル競争力の再生――ヒト・モノ・カネの歪みの実証分析』（日本経済新聞出版社，37-78 ページ）が参考になります。

1990年代の成長率減速には，生産性の低下の他に景気循環要因もありました。労働時間の寄与度をみると，1992年から1994年にかけてマイナスとなっています。労働時間の縮小は1998年，1999年および2002年にも大きくマイナスとなっています。この動きは，労働時間の短縮（**時短**）の影響[3]もありますが，とくに減少が大きな時期が景気後退期であることから考えると，景気への企業対応の結果です。

さらに投資の寄与度低迷も顕著になりました。1990年代後半から2000年代初頭にかけて投資が伸びていません。TFP寄与度は2000年代に回復傾向もみられますが，投資のほうは回復していません。長期不況には投資低迷という需要要因も大きいのです。

米国と比較すると日本の特徴が浮き彫りになります。米国は1990年代半ばから**ICT**（**情報通信技術**；Information and Communication Technology）投資の寄与度が増大しました。ICT投資の拡大は日本では大きくありませんでした。また，1990年代後半からは日本より早くTFP寄与度の上昇がみられます。さらに，期間を通じて労働時間の寄与度が大きくなっています。1980年代後半以降は，第4章で学んだ日本の勤勉革命とは様変わりし，日本の労働時間が減少する一方で，米国では増加するという状況になっています。

8.2　長期不況下における日本経済の構造変化

▶働く環境の変化

経済が拡大しない状況で，日本経済は構造変化を余儀なくされます。とくに労働について顕著でした。**図表 8-5** は1955年から2012年の**完全失業率**，

---

[3] 1987年の労働基準法改正により法定労働時間は週48時間から40時間へと段階的に短縮されることになりました。1992年以降は，生活大国5か年計画にもとづく政策により，学校を含めた週休2日制が定着していきました。1997年に週40時間は完全実施となりましたが，これは所定内労働時間に対応するもので残業は可能です。そこで，1998年をみると（厚生労働省『毎月勤労統計調査』），正規職員については残業などの所定外労働時間（残業や休日出勤等）が大幅に減少しているのに対して，パートタイム労働者は所定内労働時間が減っています。このことからも景気変動による労働時間縮小が確認できます。

■図表 8-5　完全失業率と有効求人倍率

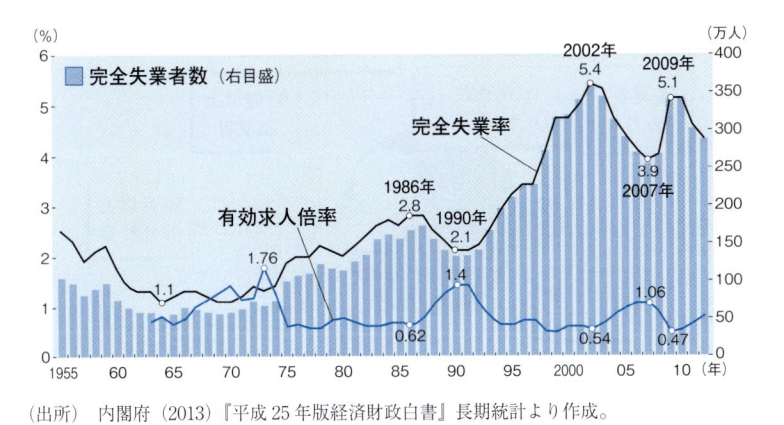

(出所)　内閣府 (2013)『平成 25 年版経済財政白書』長期統計より作成。

有効求人倍率，完全失業者数の推移を示しています。

　労働力人口に対する完全失業者数の比率が完全失業率です。完全失業者の統計上の定義は，「月末の１週間中に収入を伴う仕事を１時間以上せず，かつ就業を希望して求職活動をした者」というものです。求職活動をしている場合は労働力人口に数えられます。一方で，就職をあきらめた非求職就業希望者は完全失業者には含まれず，非労働力人口となります。

　図表 8-6 は働く人と働いていない人がどれくらいの割合および人数なのかを大まかに描いたものです。おおむね全人口の６割が働いています。残りの４割は，未成年者（図では 14 歳までですが，この４割は 19 歳までの人口を含めて考えています）と 65 歳以上の非就業者で占められます。未成年者数より 65 歳以上の非就業者のほうが１割程度多くなっています（もう少し具体的には，2013 年 7 月時点での労働力人口が 6,566 万人でそのうち 255 万人が完全失業者です。非労働力人口は 4,517 万人です。15 歳～64 歳のうち労働力人口に数えられていないのは 1,995 万人です）。

　有効求人倍率とは，求職者数に対する求人数（＝月間有効求人数/月間有効求職者数）の比率のことです。新規求人倍率という指標もあり，これは，先月からの繰越しの求人を含まない新規求職者数に対する新規求人数の倍率

■図表 8-6　労働力人口と非労働力人口

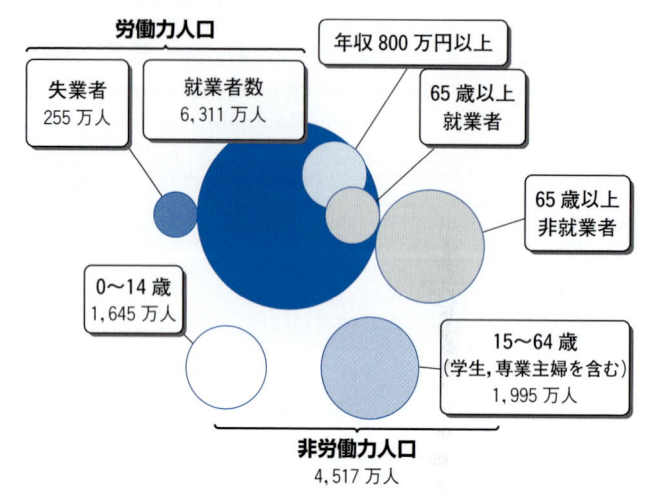

- 労働力人口
  - 失業者 255万人
  - 就業者数 6,311万人
  - 年収800万円以上
  - 65歳以上就業者
- 非労働力人口 4,517万人
  - 65歳以上非就業者
  - 0～14歳 1,645万人
  - 15～64歳（学生，専業主婦を含む）1,995万人

（出所）　総務省「労働力調査（基本集計）平成 25（2013）年 7 月分」より作成。
（注）　2013 年 7 月時点。円の大きさは，おおむね人数に対応しているが正確ではない。

です。

　日本の失業率[4]は，10％ を超えることがあるようなヨーロッパの国々と比較すると低い状況です。けれども，1990 年代以降は，1990 年の 2.1％ から 2002 年の 5.4％ へと大幅に上昇し続けました。2002 年の失業者数は約 360 万人にものぼりました。

　このような失業率の変化の背景には，景気悪化のみならず，**終身雇用，年功賃金，企業別労働組合**という **日本的雇用システム** の影響が強くあります。日本的雇用システムのもとでは，企業間や産業間の労働移動があまりありません。企業が **社内失業** と呼ばれるような状態で社員の雇用をぎりぎりまで維

---

[4] ただし，日本の低い失業率は専業主婦など，女性の労働参加率が低いことにもよります。そのため，失業率の改善が，雇用環境の改善とはいえない場合もあります。たとえば 2013 年 6 月の女性の完全失業率は −0.4％ ポイント下落して 3.5％ となりました（季節調整値）。確かに女性の完全失業者数は 12 万人減少しましたが，就業者数が増えたわけではありません。むしろ 1 万人減少しています。合計の 13 万人は非労働力人口の増加になっただけでした。夫の給与が増えて，妻が働きにでる必要がなくなったのなら良いのですが，実際はどうなのかはよく観察して見極める必要があります。

持すると，そのしわ寄せが若者などこれから職を探そうという人にいってしまいます。

日本的雇用システムでは，低成長になると雇用調整がうまく働きません。日本経済全体が成長する中では，大企業であれば，利潤が落ち込む部門がある一方で増加する部門もあり，会社内部での異動人事が可能です。あるいは同じ産業内で新たな職が見つかる場合があり，失業なき労働移動[5]も可能です。ところが，成長が止まってしまうと，企業は規模縮小も行わなければなりません。また，たとえば，製造業全体の雇用が縮小したときに，そこで働く人々が，社会福祉などの別部門に移動するのは容易ではありません。

労働移動の制約により，景気が後退すると労働分配率が高まる傾向があります。GDPの所得面は主に雇用者報酬と企業の営業余剰からなりますが，労働分配率とはこの雇用者報酬の国民所得に対する比率です。労働分配率が高ければ，それだけ雇用者に有利だというわけではなく，過剰雇用が企業に発生していることを意味します。売上げが低下したときに，企業が従業員の雇用と賃金を維持すれば，売上げに対して賃金の割合が高まります。生産性に見合わない労働コスト負担による経営悪化は，新規雇用の抑制や一部の労働者の解雇につながります。

図表8-7では雇用者報酬と労働分配率を示しています。労働分配率は1988年の66％から1995年の73％まで上昇し，さらに2001年まで高止まりとなりました。そして，ちょうどこの期間に失業率が大幅に上昇しました。

失業率が上昇する仕組みは英国の経済学者ケインズが提示した名目賃金の下方硬直性により説明できます[6]。雇用慣行，労働組合の存在，労働者の労働意欲の維持などのため，賃金が低下しにくいという現象はよくみられます。日本でも1997年頃まではそうでした[7]。けれども景気低迷が続く中で，残業手当やボーナスでの調整というような方法を使い果たし，1998年以降は平

---

[5] 2013年6月に安倍晋三内閣は成長戦略として「日本再興戦略―JAPAN is BACK―」を閣議決定しました。その中で雇用維持型から労働移動支援型への政策転換が示され，失業なき労働移動の実現が掲げられました。
[6] 雇用と賃金の関係については，第6章で学んだフィリップス曲線が参考になります。
[7] 黒田祥子・山本勲（2006）『デフレ下の賃金変動――名目賃金の下方硬直性と金融政策』（東京大学出版会）で詳細な分析がなされており，その結果にもとづいて記述しています。

■図表8-7　労働分配率

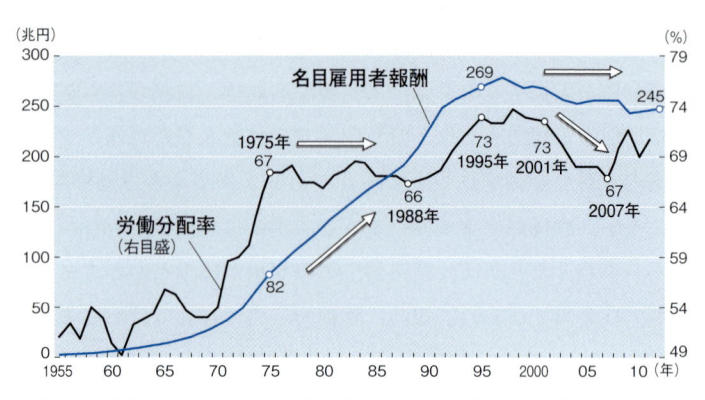

（出所）　内閣府（2013）『平成25年版経済財政白書』長期統計より作成。
（注）　労働分配率＝名目雇用者報酬/名目国民所得

均的な賃金が低下するという状況になりました。

　名目賃金の下方硬直性がある場合でも，インフレであれば**実質賃金**は下落します。そのため，1990年代以降の金融緩和政策が不十分であったという主張もあります[8]。

　日本の企業は**3つの過剰**と呼ばれる雇用，設備，債務の過剰を抱えていましたが，1997年の金融危機，さらに2000年頃のITバブルの崩壊を契機として，企業の**リストラ**（再構築，リストラクチャリング）が進みました[9]。労働調整，企業の経営の再構築が行われ，2000年代に入り労働分配率が低下し始めると，2002年をピークにして失業率が低下しました。

[8] アベノミクスの議論により最近ではさまざまな文献がありますが，それ以前ではたとえば岩田規久男（2009）『日本銀行は信用できるか』（講談社現代新書）で解説されています。なお，岩田規久男氏は2013年に日本銀行副総裁に就任しました。

[9] 内閣府（1999）『平成11年版経済白書』では，企業において雇用，設備，債務についての3つの過剰があることを指摘しています。そしてリストラに関して「本来リストラとはリストラクチャリング（再構築）の略で，企業が，資本，労働，技術など各種の生産要素の組合せや業務内容を見直して，再編成することを意味している。……必ずしも業務規模の縮小や撤退，あるいは雇用削減を意味するものではない。最近，多くの企業でいわゆるリストラが検討されるようになった背景には，深刻な不況だけでなく……日本的経営の行き詰まりがあると考えられる」と解説しています。

一方で，先に紹介した内閣府の生活アンケートで，2003年に満足していると答えた国民の割合はこれまでで最低の58.2%です。これは偶然の一致ではなく，国民の間に**雇用不安**が生じたためでしょう。大卒の就職業況は**超氷河期**と呼ばれるようなもので，パート，アルバイト，派遣などの**非正規雇用**も増え続けて，全体の3割を超しました。非正規職員の割合[10]は1990年に20.2%，1995年に20.9%であったものが，2000年に26.0%，2005年に32.3%へと上昇しました（最近の非正規雇用の割合は，2013年（1～3月平均）の男女計で36.3%，男性のみでは21.0%で女性は55.5%です。若者ほど高く，たとえば15～24歳（在学中を除く）では，男性28.1%，女性38.9%となっています）。

　平均的な賃金の低下は，正規雇用の賃金低下だけではなく，賃金が低めに設定される非正規雇用の割合が増加したことにもよります。失業率が改善し始める一方で，働く人の雇用の安定や平均的な賃金の下落が生じました。

　ところで，1970年代以降の失業率をみると，中期的な傾向として失業率が低下したのは3回しかありません。一つはバブル期で，残りが今みた2000年代とリーマンショック後の回復局面です。かつては硬直的であった構造が最近は変化し，企業の雇用調整が容易になったようにみえます。このことは，低成長下で効率的な経済発展を実現するには有効です。ただし，一時的に失業者が増大しやすくなっているため，労働市場や労働移動の自由化により，職を見つけやすい制度を整備していくことが必要です[11]。

❖コラム　就業構造の変化

　本文でみた就業構造の変化は産業別で確認するとより明らかになります。**図表8-8**は主な産業別就業者数の推移を示しています。たとえば，製造業では，高度

---

[10] 総務省統計局「労働力調査」。
[11] 2013年に施行された改正労働契約法では，有期労働契約が通算で5年を超えると，労働者の申し込みより無期労働契約に転換できることになりました。このような法律は，一見，非正規雇用者に優しいルールにみえますが，経済原理を無視しています。1990年代に失業率が上昇したのは，このような労働保護の慣行が労働移動を不自由にしたためです。かといって経営者が自由に労働者を解雇できるような状態は不安です。法学と経済学の労働問題のとらえ方の違いについては，大内伸哉・川口大司（2012）『法と経済で読みとく雇用の世界——働くことの不安と楽しみ』（有斐閣）が参考になります。

■図表 8-8 主な産業別就業者数（全国，男女計）

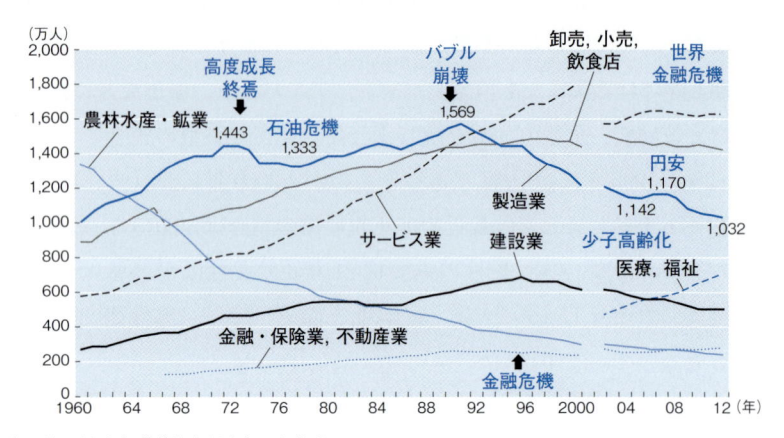

(出所）総務省「労働力調査」より作成。
(注）2002 年の産業分類変更のため，変更前後の 2 種類のデータが示されている。2002 年以降はそれ以前と比べて，おおむねサービス業から医療，福祉を分離した数値になっている。

成長，石油危機，1980 年代の輸出拡大，バブル経済の時期を境に就業者数が変化しており，経済の動きに連動しています。

バブル崩壊後は製造業が長期にわたり減少し続け，20 年でおよそ 500 万人減少しました。2000 年代に円安や海外経済の好調を受けて製造業は回復していますが，長期的な視点ではグラフ上のほんのコブ程度で，世界金融危機が生じると再び元の減少傾向へと戻ってしまいました。

建設業は 1997 年の金融危機まで増加し続けました。これは経済対策，とくに公共投資が支えてきたと思われます。金融危機以後は建設業においても，就業者数が減少しましたが，公共投資の減少と同じ動きになっています。また，少子高齢化の影響により，卸売業，小売業，飲食店，サービス業などの就業者数増加が止まりました。

問題は，製造業や建設業での雇用喪失に対して，他の産業がそれを吸収できたかどうかです。これは図表 8-9 にあるように男女で違いがあります。

男性と女性の図を見比べると，製造業において男性よりも女性の雇用減少幅が大きくなっています。けれども，女性の製造業での減少とほぼ同じ程度に医療・福祉の就業者数が増加しています。男性についても，製造業，および建設業での減少傾向が確認できます。けれども，男性では，今のところそれに代わる産業がないのが実情です。この間，消費高齢化により 15 歳から 64 歳までの生産年齢人

■図表 8-9　男女別の主な産業別就業者数（全国）

(1) 男　性

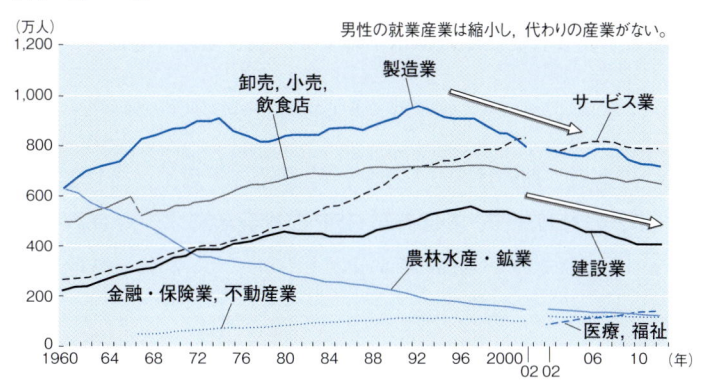

男性の就業産業は縮小し，代わりの産業がない。

（グラフ：製造業，卸売・小売・飲食店，サービス業，農林水産・鉱業，建設業，金融・保険業・不動産業，医療・福祉の推移、1960～2010年）

(2) 女　性

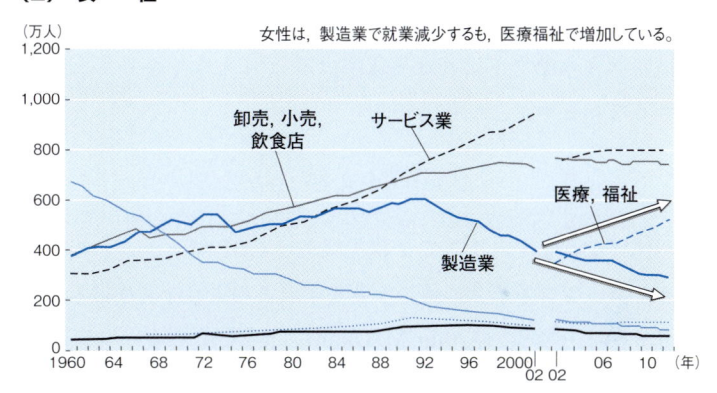

女性は，製造業で就業減少するも，医療福祉で増加している。

（グラフ：サービス業，卸売・小売・飲食店，製造業，医療・福祉などの推移、1960～2010年）

（出所）　総務省「労働力調査」より作成。

口は減少してきていますが，女性の労働参加により労働人口はそれほど減少していません（本文にあるように200万人程度の減少）。

　人口減少にもかかわらず雇用は過剰であり，それが賃金低下圧力になっています。数百万人規模の雇用創出には，やはり製造業が中心かもしれません。けれども，製造業では新興国でも生産可能な代替財が多く，賃金がそれらの国に合わせて低くなってしまいます（**要素価格の均等化**）。そのため，豊かさを実現できるとは限りません。この問題を根本的に解決する方法はなかなか思いつきません。

潜在成長とオークンの法則

経済をとらえる上でもっとも重要な概念は**潜在GDP**です。雇用と潜在GDPから最近の日本経済の状況をとらえてみましょう。第6章で**フィリップス曲線**を学びました。それは以下のように表すものでした。

$$\pi_t = \pi_t^e + \bar{v}\,(y_t - \bar{y}) + \bar{o}$$

ここで π_t はある t 期のインフレ率で，π_t^e はその予想インフレ率です。y_t は実際の GDP の対数値で，$\bar{y}$ は潜在 GDP の対数値です。対数値をとっているので $y_t - \bar{y}$ は率を示し **GDP ギャップ** となります。$\bar{o}$ は一時的な外生ショック要因です。

潜在 GDP 水準のときの失業率は**自然失業率（NAIRU）**と呼ばれ，このとき，インフレ率は上昇しません。この自然失業率を $\bar{u}$ とおき，実際の失業率を u とします。経済が潜在水準のときに達成されるのが自然失業率 $\bar{u}$ です。経済が潜在水準を下回れば失業率は $\bar{u}$ より大きくなり，上回れば失業率は小さくなります。これを式で表すと，

$$u_t - \bar{u} = \alpha\,(y_t - \bar{y})$$

という関係になります。ここで α は失業率と GDP ギャップの相関関係を示すパラメーターでマイナスの値になります。このような関係は米国の経済学者アーサー・オークン（Arthur M. Okun）にちなんで**オークンの法則**と呼ばれています。

図表8-10は著者が推計した 1975 年から 2007 年の年次データによる両者の関係を示すグラフです。横軸が GDP ギャップで，縦軸が自然失業率と実際の失業率の差です。相関係数の値がやや小さいものの，日本でもオークンの法則が確認できます。ここでも 2002 年と 2003 年がこの法則からやや離れたところにあり，とくにこの時期に失業率が高まったことがわかります[12]。けれども，この一時的な乖離は，企業のリストラと景気回復に伴い解消したと考えられます。

重要な論点は，オークンの法則が成立するということは，日本は長く景気後退にあるのではなく，潜在成長率そのものが低下した可能性が高いという

■ 図表 8-10　日本のオークンの法則：1975～2007 年

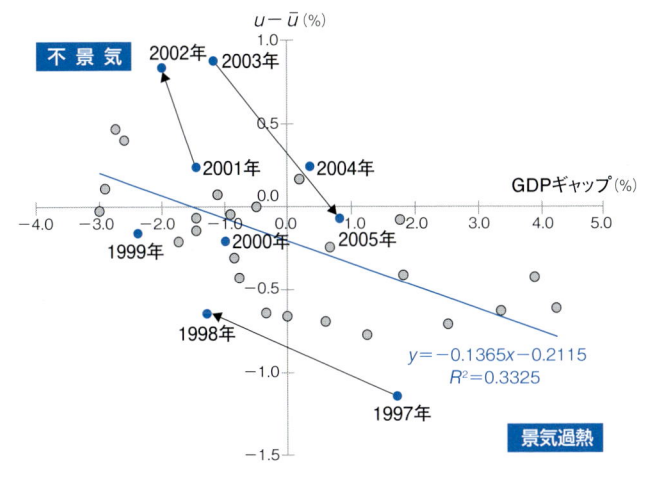

$u - \bar{u}$ (%)

不景気／景気過熱

$y = -0.1365x - 0.2115$
$R^2 = 0.3325$

（注）潜在 GDP は実質 GDP を用いて HP フィルターにより推計，自然失業率は前年と 5 年後までの失業率の平均値。

ことです。ここで，景気後退とは経済が潜在 GDP を下回ることを意味しています。日本経済は 1990 年代の一時的な景気後退後に，少子高齢化等の構造問題により潜在成長率が低下したと考えられます。1998 年頃から企業の賃金調整が，そして，2000 年頃から雇用調整が本格化しました。そのため，現在では，これまでと比べて低い潜在成長率でも少し景気が過熱すれば，失業率は改善しやすくなっています。

　成長率が低いといっても雇用が維持されやすくなっていれば，それほど悲観する必要はないかもしれません。けれども，現状のとらえ方にはさまざま

---

[12] 日本のオークン法則について，米国の経済学者ポール・クルーグマンが 1981 年から 1991 年までのデータを用いて安定的であることを指摘しました（Paul R. Krugman (1998) "It's Baaack : Japan's Slump and the Return of the Liquidity Trap," *Brookings Papers on Economic Activity*, 2, 137-205）。クルーグマンの分析は失業率の変化を用いていますが，ここでは理論分析にもとづいて自然失業率との差にしています。クルーグマンは 1997 年，1998 年当時の状況を GDP ギャップの大幅なマイナスだと指摘しています。けれども，現時点で 2000 年代初頭の状況も含めて考えると，労働市場での調整過程（賃金下落や非正規雇用の増加）の特殊な時期であったと思われます。

な議論があります。

▶ グローバリゼーションと日本経済

就業構造の変化で目立つのは製造業での就業者数の減少です。製造業でのそのような減少は**経済のグローバル化**（グローバリゼーション）によりもたらされました。

経済のグローバル化とは単に輸出を通じてモノが世界各国を移動することのみではなく，労働，資本，サービスの移動も活発になることを意味します。インターネットの普及によりさまざまなサービスが国境を越えるようになりました。たとえば，インターネットを利用した海外からの通信販売での購入や，ネット回線を使った外国人との英会話教室などのサービスが展開されています。企業活動にとってはこのグローバル化をどのように生かすかが，経営効率化のカギとなっています。

とはいえ，日本は日本語の壁もあるので，サービスよりは財貿易におけるグローバル化が注目されます。日本がこれまで製造を得意としてきた電気機器，とくにデジタル製品は**コモディティ化**と呼ばれる製品の規格化によって，同様の製品が新興国で生産可能となっています。日本企業は**製品の差別化**が難しくなり，価格競争を強いられ，利益を確保しにくい状況になりました。また，日本企業が海外で生産するケースも多くみられ，それを**産業の空洞化**といいます。

世界経済の環境変化の中で，新興国，とくに中国が安い労働賃金等により輸出を急激に伸ばしてきました（第5章 p.121 のコラム参照）。そして，米国などの先進国に主に**最終財**（消費財や資本財）を輸出していた日本の輸出構造に変化をもたらしました。日本から中国や ASEAN，NIEs への**中間財**（加工品や部品）の輸出が増え，それらの地域ではその中間財により最終財を生産し，米国や EU などへ輸出する**三角貿易**が増加しました。

図表8-11は三角貿易構造のイメージ図です。1995年と2010年を比較すると，日本から米国や EU への輸出額が減少しているわけではないのですが，アジアの新興国への中間財輸出とアジア地域から米国や EU への最終財輸出が著しく増加しました。

■図表 8-11　三角貿易の概要

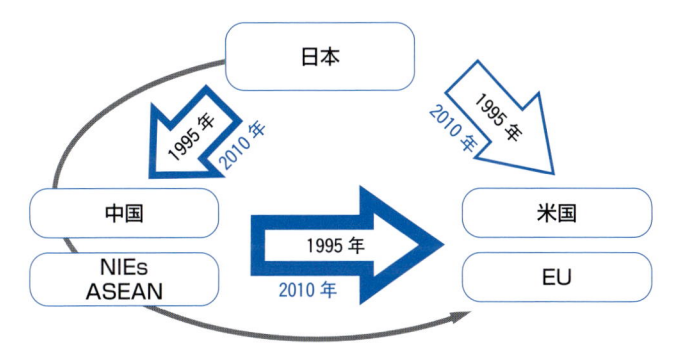

（注）　輸出額を大まかに矢印の大きさで表現したもの。ここでは，最終財と中間財の区別はしていない。

■図表 8-12　対中国主要輸出商品の対中国輸出総額に占める比率

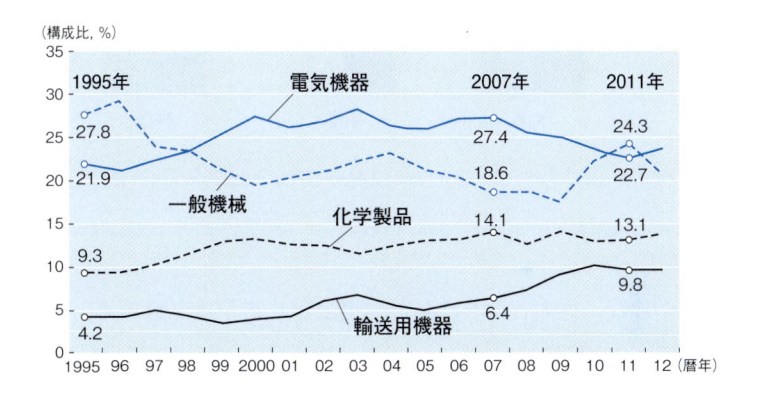

（構成比，%）

1995年　電気機器　2007年　2011年
27.8　　　　　　　27.4　　24.3
21.9　　　　　　　18.6　　22.7
一般機械　化学製品　14.1　　13.1
9.3　　　　　　　　　　　　9.8
　　　　　　輸送用機器　6.4
4.2

（出所）　財務省ウェブページ「輸出入額の推移（地域（国）別・主要商品別）」より作成。

　また，日本の貿易相手国では，中国が輸入・輸出ともに最大となりました。中国からの輸入額（円建て）は2002年に米国を上回り最大の輸入相手国となりました。対中国輸出額（円建て）は2009年に対米国を上回りました。

　図表 8-12 は対中国輸出の主要輸出品の構成比率の推移です。自動車などの輸送用機器の割合が全体的に伸びているものの，構成比率がより高いのは，電気機器と一般機械です。とくに，2009年から2011年にかけて一般機械の

8.2　長期不況下における日本経済の構造変化

223

■図表 8-13　対米国，中国，韓国の経常収支：付加価値ベースとの比較

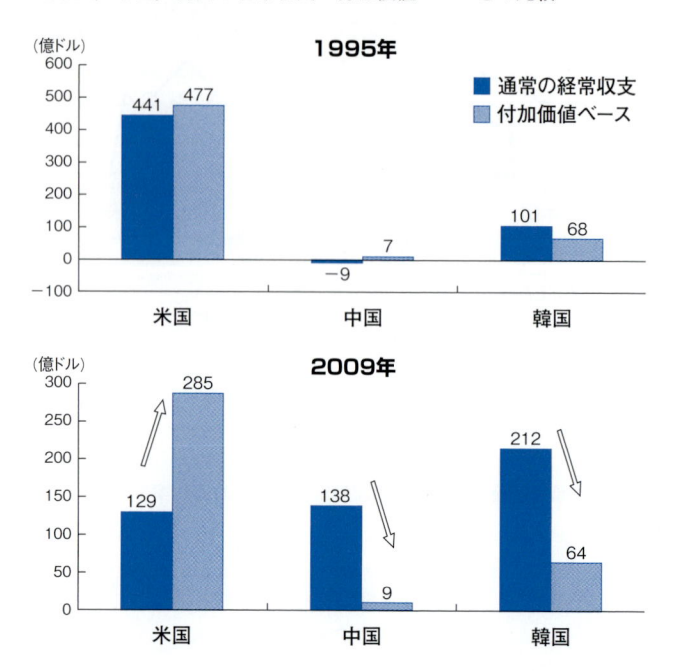

1995年

	米国	中国	韓国
通常の経常収支（億ドル）	441	-9	101
付加価値ベース（億ドル）	477	7	68

2009年

	米国	中国	韓国
通常の経常収支（億ドル）	129	138	212
付加価値ベース（億ドル）	285	9	64

（出所）　OECD-WTO Trade in Value Added（TiVA）-May 2013 より作成。

輸出比率が伸び，最大となりました。2012年に再び電気機器を下回っていますが，これはEU債務危機に伴う中国の輸出不振が要因の一つです。日本は，中国を通じて世界経済の景気動向から影響を受けています。

三角貿易構造においては，日本製の中間財が，最終的にどの国への最終財輸出へとつながっているのかが重要です。中国に輸出しているつもりでも，その後にEUへの輸出につながっているのであれば，日本は中国よりもEUの経済状況から影響を受けるからです。

図表 8-13 はそのような関係を示す付加価値ベースの経常収支と通常の経常収支を，米国，中国，韓国について比較したものです。さらに図の上段と下段で1995年と2009年の値を比較できます。図表 8-14 は輸出について，同じく付加価値ベースの輸出と通常の輸出を比較したものです。

■図表 8-14　国別輸出額：通常の輸出額と付加価値ベースの輸出額の変化

(単位：億ドル)

年	米国 通常	米国 VA	米国 差額	中国 通常	中国 VA	中国 差額	韓国 通常	韓国 VA	韓国 差額
1995	1,307	1,302	−5	241	228	−13	367	275	−91
2000	1,543	1,568	25	410	332	−78	355	216	−140
2005	1,449	1,536	87	1,003	587	−416	476	273	−204
2009	1,025	1,099	75	1,255	722	−534	455	231	−224

年	ASEAN 通常	ASEAN VA	ASEAN 差額	EU15 通常	EU15 VA	EU15 差額
1995	679	507	−172	791	678	−113
2000	574	566	−7	856	695	−161
2005	724	685	−39	933	850	−83
2009	736	726	−10	818	850	32

(出所)　OECD-WTO Trade in Value Added (TiVA) -May 2013 より作成。
(注)　通常は通常の輸出額，VA は付加価値ベースの輸出額のことを意味する。差額は「付加価値ベースの輸出額−通常の輸出額」。EU15 はオーストリア，ベルギー，デンマーク，フィンランド，フランス，ドイツ，ギリシャ，アイルランド，イタリア，ルクセンブルク，オランダ，ポルトガル，スペイン，スウェーデン，英国への輸出合計額。

　付加価値ベースの経常収支あるいは輸出は，OECD と WTO が共同で作成している付加価値貿易（OECD-WTO Trade in Value Added（TiVA））によるもので，グローバル・プロダクション・チェーンという，ここで説明した三角貿易にあたる関係を考慮した貿易額です。

　1995 年の経常収支は付加価値ベースと通常の経常収支とで，それほど大きな違いはありません。また，対中国の経常収支はごく小さいものでした。ところが，2009 年をみると両者に大きな違いがあります。対中国の通常の経常収支は 138 億ドルですが，付加価値ベースでは 9 億ドルにすぎません。また，韓国についても通常の 212 億ドルに対して，付加価値ベースは 64 億ドルです。この差額は，中国や韓国を経由して米国などへと向かっています。対米国の付加価値ベースの経常収支は通常よりも 2 倍以上の規模になっています。

　図表 8-14 では輸出について，その推移が確認できます。対中国の通常の

輸出額は 2000 年から 2005 年で大きく増加しました。VA と書かれた付加価値ベースでも増加しているものの，通常の貿易ほどではありません。中国や韓国に対する通常と付加価値の貿易額の差額がマイナスで大きく，米国ではその差額がプラスになっています。

経済のグローバル化の中で経済取引が複雑化しました。思わぬところから影響を受けることもあり，世界経済の変動にどのように対応するのかが日本経済の課題になっています。

キーワード

少子高齢化，生産年齢人口，就業者 1 人あたり GDP，人口 1 人あたり GDP，ICT（情報通信技術），完全失業率，有効求人倍率，新規求人倍率，労働力人口，非労働力人口，3 つの過剰（雇用，設備，債務），リストラ（再構築，リストラクチャリング），要素価格の均等化，自然失業率，オークンの法則，潜在 GDP，グローバル化（グローバリゼーション），コモディティ化，最終財，中間財，三角貿易，付加価値ベースの貿易

問題

(1) 就業者 1 人あたりの GDP と人口 1 人あたりの GDP とで差が出たのはなぜか説明しなさい。

(2) 供給面から分析すると，1990 年代以降の経済成長の低迷はどのように説明できるか。また，需要面からはどのように説明できるか。

(3) 失業なき労働移動とはどのようなものか。現在，どのような政策が行われているか調べて，確認しなさい。

(4) 1990 年代において，日本的雇用システムのもとで景気が悪化すると失業率が上昇しやすくなったのはなぜか。また，2000 年代以降にどのような変化がみられたか説明しなさい。

(5) 経済のグローバル化が日本の雇用にどのような影響を与えてきたのか考え，また，今後どうなるのかを予想してみなさい。

第 9 章

構造改革への取り組み

　日本経済が発展して，その規模が拡大すると政府の役割は徐々に小さくなっていきます。1980年代には日本の経済構造問題が国内だけではなく，海外からも注目されるようになりました。そうして，3公社の民営化，金融や貿易の自由化が進みました。日本経済の抱える問題として，高コスト構造，潜在的な成長力の低下，少子高齢化，政府債務の増大があり，これらは通常の景気対策で解消できるものではありません。

　1990年代以降における代表的な改革には，橋本内閣の6つの改革と小泉構造改革があげられます。橋本内閣の6つの改革は，財政構造改革についてはタイミングが悪かったものの，金融における日本版ビックバンなどの改革が行われ，成果を残しました。2001年からの小泉構造改革では，「改革なくして成長なし」「官営から民営へ」「地方分権」が政策の柱に掲げられ，郵政民営化などが行われました。その後も，構造改革は政策課題となり続けています。2009年の民主党による政権交代は国民の改革への期待の結果でした。2012年12月に発足した第2次安倍内閣でも，成長戦略が第三の矢として掲げられました。

9.1　行財政改革のはじまりとその意義

▶ 1980年代の行財政改革

　1980年代以降に日本経済が低成長期に入ると，**日本経済の構造問題**が注

目され始めました。構造問題では**生産性の低下**や**生産コスト高**といった供給・生産面の改善の解決を目指します。その中で，民間だけではなく政府の役割も見直され，行財政改革，規制緩和，金融自由化，貿易自由化，日本経済の構造改革，持ち株会社の解禁，雇用制度の改革，地方分権化，税と社会保障の一体改革，成長戦略などさまざまな改革が行われてきました。

これだけ多様な見直しがなぜ行われるようになったのかの理由を，簡潔に言い表すのは困難ですが，1980年代半ばに当時の国鉄（日本国有鉄道）など**3公社の民営化**を断行した中曽根康弘氏は，自著の中で以下のように述べています。

> 「大きな時代の流れからみれば，2度にわたる石油危機の中で，民間はリストラを行いながら血の滲む努力をしてきていましたから，今度は国家の番だ，というわけです。当然と言えば当然，……そして，86年3月に鉄道事業法案と国鉄改革法案を国会に提出して，7月の衆参ダブル選挙に打って出たのです。……304議席で圧勝したのですから，国労（国鉄労働組合）は足腰が立たなくなってしまい，鉄労（鉄道労働組合）が勢力を得て逆転したのです。」（中曽根康弘（2004）『自省録——歴史法廷の被告として』新潮社，176-177ページ。）

行財政改革，構造改革の背景にはここにあるような労働争議の問題，あるいは政治的，財政的な理由などがあったにしろ，やはり経済状況の変化に対する国民の要求（場合によっては不満）が大きかったのではないでしょうか。最近では小泉内閣の郵政民営化などの構造改革，民主党による政権交代とマニフェスト，第2次安倍内閣のアベノミクスなどの改革が，少なくとも当初において，国民の圧倒的な支持を集めました。

上記の中曽根内閣時の選挙でも国民の支持を集めて，行財政改革が行われました。当時の日本電信電話公社と日本専売公社は1985年に，国鉄（日本国有鉄道）は1987年に民営化されました。また，日本航空（JAL）は上の3つの公社とは異なり，政府と民間が半分ずつ出資した半官半民でしたが，1987年に完全民営化となりました。

日本電信電話公社は日本電信電話株式会社（NTT）[1]となり，電信電話事

業参入の規制も緩和されました。たばこや塩を専売していた日本専売公社は日本たばこ産業株式会社（JT）となりました。現在，塩の製造販売は自由化されています。国鉄は6つの旅客鉄道会社（JR北海道，JR東日本，JR東海，JR西日本，JR四国，JR九州）と日本貨物鉄道（JR貨物）へと分割されました。

外圧，主として米国からの要求により行われた改革も多数あります。米国は，自動車，半導体，牛肉とオレンジなどの貿易関連だけではなく，外国企業が日本国内市場に参入する際の規制に対する自由化を要求しました。たとえば，日米円・ドル委員会では預金金利の自由化を要求しました。預金金利は1953年の臨時金利調整法により規制されていましたが，1984年に自由化されました。1989年から1990年の日米構造協議では，大店法（大規模小売店舗法）の規制緩和，大企業の中小企業への支配従属の関係や企業系列の改善などを要求しました。

ただし，これらは「政治的には，アメリカが利己的な要求を日本に押しつけて，日本が痛みを持ちながらも譲歩して妥協を重ねてきたようにみえるが，経済的には，日本の消費者利益は確実に向上するものが多かったのである」（伊藤（1992）[2]，255-256ページ）と指摘される通りです。

たとえば，オレンジをみてみましょう。1988年に牛肉とオレンジの輸入自由化を3年後の1991年から行うことが決まりました。それまで，オレンジは数量割当てによる輸入規制がありましたが，1988年の合意により1991年（果汁は1992年）に撤廃されました。ゼロではありませんが，関税化されて，段階的に税率が引き下げられました。

図表9-1は果実の国内生産量と輸入量を比較したものです。加えて，国内生産のうち，みかんがどれくらいかも示しています。1985年前後が果実輸入増加の転換点です。上記の通りオレンジは1991年に自由化されましたが，その前から段階的に輸入は増えていました。

この統計から想像すると，1970年代は果物といえばみかんかりんごとい

---

1 さらに1999年に再編が行われ，NTT東日本，NTT西日本，NTTコミュニケーションズが誕生し，NTTはこれらの持ち株会社となりました。その他にも，NTTドコモやNTTデータなどさまざまグループ企業が存在しています。
2 伊藤隆敏（1992）『消費者重視の経済学――規制緩和はなぜ必要か』日本経済新聞社。

■図表9-1　果実の国内生産量と輸入量

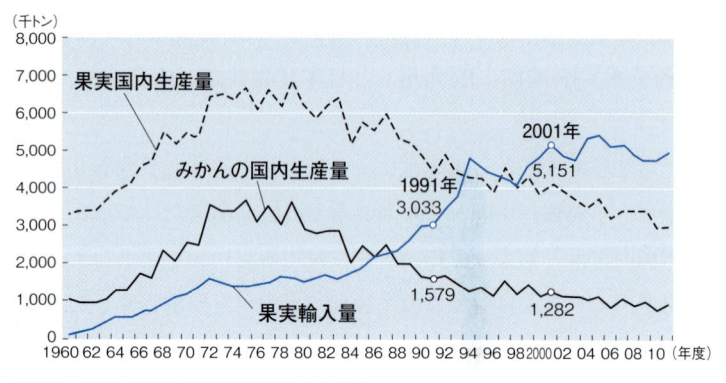

（出所）農林水産省「食料需給表」より作成。

う状況だったようです。1980年代に，果実の国内生産が減少傾向となりましたが，その減少分はほとんどみかんの生産量減少で説明できます。それに代わったのが輸入果実です。

　果実の輸入増加はオレンジだけではなく，しかも米国だけではなくさまざまな国からもたらされました。そのため，オレンジ輸入自由化の影響だけを分けてみることはできません。けれども，この頃から，日本の消費者はより安い価格で豊富な種類の果物を食べられるようになったのです。

　もう一つ興味深い例として携帯電話サービスをみてみましょう。携帯電話サービスは1979年に開始されましたが，当時，携帯電話端末は貸与制，すなわちレンタルでという規制がありました。とはいえ，開始当時は自動車電話のみで，比較的持ち運びが可能な携帯電話端末の登場は1980年代後半でした。その頃，モトローラ社からの要請により，米国は日本に**売切り制**へ移行するよう要求しました。レンタルだと高額な端末価格がそのまま上乗せされてしまうため，自由参入の余地が狭まるからです。現在でも携帯電話端末の本体価格は，料金設定の工夫により安く提供されていますので，その理由は想像しやすいと思います。

　自動車電話・携帯電話契約は，1994年末時点では日本が2.76％（対人

■図表 9-2　携帯電話・PHS 普及率

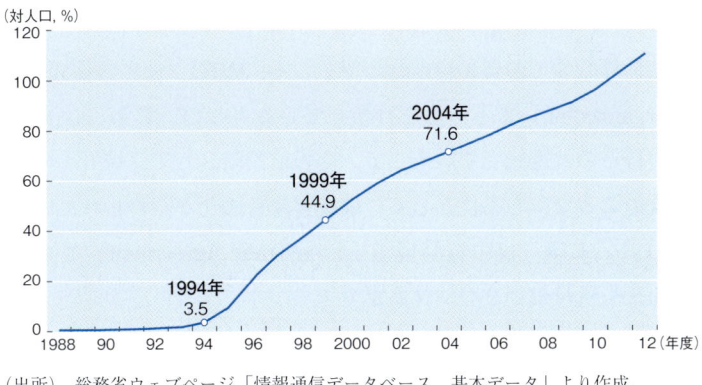

（対人口, %）
- 1994年 3.5
- 1999年 44.9
- 2004年 71.6

（出所）総務省ウェブページ「情報通信データベース，基本データ」より作成。

口）だったのに対して，米国ではすでに 9.25% でした[3]。世界と比較して日本の携帯電話普及は出遅れていたのです。図表 9-2 は日本の人口に対する携帯電話・PHS の契約者数の比率（％）です。これを普及率と考えます。

　1993 年に 10 万円の保証金制度が廃止され，1994 年に携帯機器の売切り制が始まると爆発的に普及率が高まりました。1994 年に 3.5% だった普及率はわずか 5 年でおよそ対人口半分の 44.9% となり，10 年後には 71.6% にまで達しました。米国と比較すると，1997 年末普及率は日本が 14.5%，米国が 16.5% となり，翌 1998 年末には逆転してそれぞれ 30.9%，25.6% となりました。1994 年以降は，米国よりも日本の普及のほうが早かったのです。

　このように，規制緩和によって自由参入が促されて競争が始まり，それが技術革新をもたらすことがあります。いわゆる**成長戦略**としての規制緩和の発想で，**競争原理**を利用した経済の効率化です。

▶ 特論：自由貿易と TPP

　1980 年代頃から，世界では自由貿易や地域経済統合の動きが多くみられ

---

[3] World Telecommunication/ICT Indicators database 2013 にもとづく。

るようになりました。たとえばヨーロッパのEUや東南アジアのASEAN（Association of South-East Asian Nations），北アメリカのNAFTA（North American Free Trade Agreement）などです。

本来は世界全体での貿易自由化が望ましく，**WTO**（世界貿易機関；World Trade Organization）でもそれを目指しているものの，実際にはすべての国の合意を得るのは困難です。そこで，その前段階として，域外への保護貿易を強めないことなどを条件として，**地域貿易自由化**が認められています。そこで結ばれる**FTA**（自由貿易協定；Free Trade Agreement）とは，貿易にかかる関税や数量規制をなくす協定です。

自由貿易の基礎理論は経済学者ディヴィッド・リカード（David Ricardo）の名前からとられた**リカード・モデル**です。リカード・モデルは，機会費用に応じて，それぞれの国が**比較優位**を持つ財の生産に特化（自国はその財の生産のみを行い，他の財は貿易により外国から輸入）することで，それぞれの国と世界全体の経済厚生が高まることを示しました。

WTOの前身の役割を果たした**GATT**（関税及び貿易に関する一般協定；General Agreement on Tariffs and Trade）のもとで，戦後，自由貿易の協議が行われてきました。自由貿易においてもっとも交渉が困難なのは農業分野ですが，1986年から1995年の**ウルグアイ・ラウンド**（自由化交渉）では，それまで対象外だった農業も交渉されました。日本についても米（コメ）の輸入枠（ミニマムアクセス）が設定されることになり，米輸入が開始されました（1999年からは関税化）。

日本のように資源に乏しい国は戦前の例をみるまでもなく，自由貿易が経済の基盤です。そのため，日本は自由貿易を積極的に推し進めたいところですが，世界の地域貿易自由化の波には乗り遅れました。けれども2002年のシンガポールとの**EPA**（経済連携協定；Economic Partnership Agreement）を皮切りに，徐々にEPA交渉を積み重ねてきています。EPAとは対象国と貿易以外にも幅広く経済関係を強化するもので，人材や投資，知的財産のルールなどが含まれます。たとえば，インドネシア人看護師・介護福祉士候補者の受入れはインドネシアとのEPAにもとづき行われているものです。

最近では，2013年7月に日本は**TPP**（環太平洋戦略的経済連携協定；

Trans-Pacific Strategic Economic Partnership Agreement）の交渉会合に加わることになりました。TPPはその時点で米国を含むアジア・太平洋地域12カ国による地域貿易自由化の枠組みです。TPPはEPAと同じく，貿易の他に知的財産や金融市場などさまざまな分野でのルール作りも行っています。

　一方で，生産の特化が進むということは，比較優位を持たない財の生産が減少する可能性を意味します。この点で日本の農業は圧倒的に不利です。たとえば農家1戸あたりの農地面積をみると，日本は約2 ha（ヘクタール）であるのに対して，米国は198 ha，オーストラリアは3,024 haです（農林水産省（2010）『平成22年版食料・農業・農村白書』）。米国とは100倍，オーストラリアとは1,500倍もの差があります。日本は水資源が豊かとはいえ，土地の生産性の違いは大きすぎます。また，2012年度の日本の食料自給率は金額でみた生産額ベースでこそ68％と比較的高いものの，カロリーベースでは39％と低く，世界で社会的混乱が生じた場合に備える**食料安全保障**も考えなければいけません。

　けれども，日本の農業は2012年ですでに基幹的農業従事者の76％が60歳以上で占められており，後継者が見つからない状況です（農林水産省（2012）『平成24年版食料・農業・農村白書』）。さらに中国地方のようにそれが90％という地域もあります。また，国内生産に頼っていると自然災害などに対して対応できない状況もあり得ます。

　英国では19世紀前半に，**穀物法**により穀物の輸入を規制していました。フランスでナポレオンが活躍した時期で，食料安全保障の問題もありました。リカードは晩年この穀物法の廃止を主張していたのです。1823年にリカードが没し，しばらくたった1846年にこの法律が廃止されると，むしろ英国の農業生産性は上昇しました。**自由貿易による競争**が，英国内の高度集約農業（ハイ・ファーミング）をもたらしました。現在，日本農業は高齢化して**耕作放棄地**も増加しており，立ちいかなくなることは明白です。そのため，いずれにしても，かつて英国で実現したような，貿易自由化による生産性向上の可能性にかけるしかないと著者は考えます。

▶ 行財政改革・構造改革の考え方

　そもそも，なぜ規制があったり，公的部門がサービスを提供したりする場合があるのでしょうか。経済学では，**市場の失敗**を政府が補うと説明します。それに対して，最近では**政府の失敗**が発生していると考えます。

　財政には3つの機能（資源配分機能，所得再分配機能，経済安定化機能）があり，これらは政府の役割と考えることもできます（第10章で学びます）。このうち資源配分機能が，主に市場機能がうまく働かない市場の失敗に対する役割です。市場の失敗は**情報の非対称性**，**公共財**，公害などの**外部性**，**費用逓減産業**がその要因です。とくにここでは費用逓減産業を考えます。

　たとえば，郵便事業や電話事業などは，全国でサービスを提供するために莫大な**初期投資**が必要です。このような初期投資が大きい産業は，財・サービスの供給量が多くなるほど**平均費用**が小さくなるため，費用逓減産業といいます。この場合，新規参入が難しく**自然独占**となることが知られています。市場が独占されると価格は高めに設定され，**社会的損失**[4]が生じます。そのため，公的部門が財・サービスを提供し，価格は**許認可制**などにしてこの問題を解消します。

　ところが，暗黙でも政府の保証があると，経営が非効率的になりがちです。これを**ソフトな予算制約問題**といいます。問題は，政府が救済しないことを，**事前**に公的企業の経営者に信じさせることができないことです。実際に公的企業の破綻が起こってしまえば，**事後**的には，救済するほうが政府にとって得策になるからです。金融危機において，金融機関が政府によって救済される場合がありますが，そうしないと金融システム不安が生じてしまうからです。

　たとえば，国鉄は，民営化直前の1985年に6,000億円もの補助金を国から得ていました。それを加えても経常赤字は1兆円を超えるものでした。経営だけではなく，自動車の普及（モータリゼーション）や飛行機利用の拡大という環境変化もあり，債務はおよそ37兆円におよんでいました[5]。国鉄民

---

[4] 独占の問題はミクロ経済学の教科書を参考にしてください。余剰分析によって独占による社会的損失が示されます。
[5] 国土交通省ウェブページ「国鉄改革について」（pdf）を参照しました。

営化は，**市場メカニズム**を利用して経営効率を高めるとともに，財政負担も減少させることが目的でした。

このような民営化は市場の失敗について十分考える必要があります。国鉄の場合は自動車や飛行機といった代替サービスが登場していたため可能でした。郵便事業も民間の宅配業者が多く存在しています。内閣府（2005）『平成17年版経済白書』では，なぜ各種改革が可能になったのかをまとめているので，下に引用します。

> 「第一に，技術進歩等もあり，これまで自然独占と考えられてきた分野でも，新規参入によって競争が可能となっている。電気通信や電力など大規模な設備が必要とされる分野でも，そうしたボトルネックとなる設備へのアクセスを自由化すること等により，新規参入を可能に……第二に，外部経済性についての判断やユニバーサル・サービスを行うことの是非については，時代の変化とともに社会的な必要性が変化している……また，仮にユニバーサル・サービスを維持するとしても，官が直接供給するのではなく，それにかかる費用分だけを官が資金的に補助する……第三に，市場での料金徴収が不可能な純粋公共財や引き続き官の関与が必要と判断された公的サービスでも，民との競争を導入し，その経験やノウハウを活用することによって効率性や住民の満足度を上げることが可能である。」

しかし一方で，民間企業は利潤がマイナスのサービスを提供せず高収益を求める（**クリームスキミング**）ため，鉄道のローカル線，郵便の過疎地域での事業が維持できなくなるかもしれません。引用文にもあるように郵政民営化では全国で均一のサービスを提供する**ユニバーサル・サービス**が議論されました。

行財政改革，構造改革はいつも議論が分かれます。統制か自由かだけではなく，**大きな政府**（福祉国家）か**小さな政府**（市場主義，夜警国家）かの議論もあります。ある意味哲学の問題かもしれません[6]。確かに公害など，明らかな市場の失敗のケースもあるので，単純にすべてを自由にするのがよいとも限りません。市場原理主義や競争主義という言葉が殺伐としたイメージ

を抱かせるのかもしれません。けれども日本では統制経済によって資源が戦争に振り分けられた時代がありました。統制経済は自由な経済活動を抑制し，多くの場合，経済は停滞します。貧しさを恐れて自由を投げ出し，結局はさらに貧しい状況になってしまっては意味がありません。

9.2　1990年代以降の行財政改革・構造改革

▶ 橋本内閣の6つの改革

　1996年，自由民主党の橋本龍太郎内閣は「行政改革」「財政構造改革」「社会保障構造改革」「経済構造改革」「金融システム改革」「教育改革」の**6つの改革**（6大改革）を示しました。首相を会長に大臣，民間の専門家13名からなる行政改革会議が設置され，**中央省庁の再編**等が議論されました。その後の小泉構造改革の陰に隠れてしまった感もありますが，多面的な変革が行われました。

　以下は首相官邸ウェブページにあるパンフレットから引用した6つの改革の意義についてですが，すでにこの頃に2014年現在と同じ問題意識が政府にあったことがわかります。

> 「世界が一体化し，人，物，資金，情報が自由に移動する中で，企業が国を選ぶという大競争の時代が到来しその中で，日本は，**高コスト構造**など構造的な要因を背景にして，**産業や雇用の空洞化**が進むのではないかとの懸念が生じています。
>
> 　更に深刻なのは，世界の歴史の中でも類を見ない急速な速さで進展している**少子高齢化**，その結果として21世紀初頭に予想される日本経済の**潜在的な成長力の低下**です。

---

[6] より深く考えたい場合には，八代尚宏（2011）『新自由主義の復権──日本はなぜ停滞しているのか』（中公新書），根井雅弘（2009）『市場主義のたそがれ──新自由主義の光と影』（中公新書）などを参照してください。また，フリードリッヒ・ハイエク（Friedrich A. von Hayek）の著書，たとえば，『隷属への道［新装版］』（西山千明訳，春秋社，2008年）を読むことをおすすめします。池田信夫（2011）『ハイエク──知識社会の自由主義』（PHP新書）ではハイエク思想の全体像をつかむことができます。

また，現在先進国の中でも最悪の状況となっている財政，高齢化に伴う社会保障給付の増大を，このまま放置するならば，これに起因する**財政赤字・国民負担**は急増し，経済や社会の活力も失われてしまう危機的な状況に直面しています。……
　この6つの改革は，21世紀の日本を，国民一人一人が自らの将来に自由な夢や目標を抱いて，個人個人の創造性とチャレンジ精神を発揮できる社会，世界の人々と分かちあえる価値を創り出すことのできる社会とすることを目指すものです。」（首相官邸ウェブページ，活力ある21世紀のために6つの改革［パンフレット］より。）

　たとえば金融システム改革では金融自由化と国際化が目指されました。これらの改革は，今では，私たちの生活に根ざしたサービスとなったインターネットバンク，電子マネーの普及，外国為替取引FX，コンビニATMなどの基盤となりました。規制緩和[7]では，地ビールの生産，航空運賃の多様化と弾力化，衛星デジタル多チャンネル放送の導入，自動車車検期間の延長などが実現しました。
　また，内閣府に**経済財政諮問会議**（首相が議長，経済財政担当閣僚5名，日銀総裁，民間議員4名からなる）が設置されることになりました。経済財政諮問会議はやがて構造改革の中心的役割を果たすことになります。
　けれども改革のタイミングには恵まれていませんでした。橋本内閣は，前内閣で決定した消費税率の引き上げを1997年4月に実施しました。また，同年11月に**財政構造改革法**を成立させ，**財政再建**の開始を目指しました。けれども，金融危機やアジア通貨危機が発生してしまいました。この改革は意義にあるように重要なものでしたが，景気後退に直面した日本経済には耐えられないものであったため，翌1998年には4兆円減税を実施するとともに財政構造改革法は凍結されました。

---

[7] 中村宗悦・永江雅和・鈴木久美（2011）「第4部第6章　構造改革の展開」『日本経済の記録　金融危機，デフレと回復過程（1997年〜2006年）』（内閣府経済社会総合研究所，112ページ）の記述にもとづく。

■ **6つの改革の概要**

[行政改革]
　2001年1月　中央省庁改革，1府22省庁→1府12省庁へ，内閣の機能強化，独立行政法人の設置

[財政構造改革]
　1997年11月　財政構造改革法，2003年度を目標に赤字国債発行ゼロなど
　財政構造改革5原則（3年の集中改革期間，国民負担率50％未満など）
　大蔵省資金運用部の廃止，財政投融資制度の見直し

[社会保障構造改革]
　確定拠出型年金の導入（日本版401(k)）
　2000年　公的介護保険の導入

[経済構造改革]
　新規産業創出環境整備プログラム
　規制緩和，労働者派遣事業の見直し，持ち株会社の解禁

[金融システム改革]
　日本版ビッグバン，金融自由化と国際化を2001年までに実現（3つの原則：フリー（Free），フェアー（Fair），グローバル（Global））
　改正外国為替法，金融システム改革法

[教育改革]
　教育改革プログラム
　ゆとり教育，公立の中高一貫教育の導入

▶小泉構造改革

　2001年4月からの小泉純一郎内閣は，「**改革なくして成長なし**」「**官営から民営へ**」「**地方分権**」を政策の柱に掲げ，2006年9月までの在任期間中，いわゆる小泉構造改革を進めました。

　また，2002年度予算で国債発行の30兆円枠を設けたり，2006年には2011年度までの国と地方のプライマリー・バランス黒字化方針を打ち出したりするなど，財政赤字の抑制に努めました（とはいえ，景気の悪化に伴う税収減により2003年度予算の国債発行額は36兆円を超えるものとなりました。また，2008年のリーマンショック後の景気悪化により，プライマリー・バランス黒字化も達成されませんでした）。

　不良債権処理については第7章で学んだ通り，2002年9月からの金融再

生プログラム（竹中プラン）により，金融庁による銀行資産査定の厳格化や公的資金の注入などが進められました。2003年4月に日経平均株価がバブル後最安値の7,603円となるなど経済状況は良くなく，このプログラムへの批判も強くありましたが，不良債権はこの頃をピークに減少しました。

金融再生のみならず，企業の不良債権問題に対する政策も行われました。**産業再生機構**が2003年5月から5年時限（ただし1年前倒しで解散となる）で設立され，負債は抱えるが本業では収益を出せる見込みの企業を支援しました。その後，2009年10月に**企業再生支援機構**が発足しました。これは政府と金融機関がそれぞれ100億円の資本金出資によるものです。JALはこの機構による支援を受けました。企業再生支援機構は2013年に**地域経済活性化支援機構**へと改組されました。

官営から民営へという公的部門の構造改革では，特殊法人の廃止，統合，民営化，独立行政法人化が行われました。たとえば，2005年に日本道路公団が分割民営化（東日本高速道路株式会社，中日本高速道路株式会社，西日本高速道路株式会社など）されました。また，首都高速道路公団，阪神高速道路公団，本州四国連絡公団の各高速道路公団も株式会社となり民営化されました。

政策金融改革では，**政策金融**と呼ばれる公的な金融機関の整理統合，民営化が行われました。政策金融の予算は**政策関係機関予算**として国会での審議と承認を必要とするものです。2007年では国民生活金融公庫や住宅金融公庫など6公庫と，日本政策投資銀行と国際協力銀行の2銀行がありました。2008年10月に整理統合の結果，公庫の多くは政府が株式保有する株式会社日本政策金融公庫へ統合され，政策投資銀行や商工組合中央金庫は段階的に民営化を行うことになりました（なお，このとき政策金融公庫に統合された国際協力銀行の国際金融業務は，2012年に再分離されました）。

民営化しないまでも，政府から独立して事業を提供する手法として，1999年に設定された独立行政法人通則法などにもとづく**独立行政法人化**があります。独立行政法人に変更となった場合は，職員は**非公務員**となります。ただし，公務員と同様に守秘義務などが必要な場合は**みなし公務員**と規定される場合があります。国立大学法人や公立大学法人などもこの独立行政法人の一

種です。たとえば，政策金融の一つであった住宅金融公庫は2007年に独立行政法人住宅金融支援機構となりました。その後も特殊法人の独立行政法人化は進み，2013年4月時点での独立行政法人は101を数えるに至っています（統合や廃止など再編の議論があり，今後数は減少する可能性があります）。

地方分権では，地方行財政における効率化も求められました。2004年度からの三位一体改革は，地方分権化における一般会計と地方政府との財政移転に関する改革です。地方への国庫支出金は減額される一方で税源移譲により地方税が増大しました。市町村合併も進み，地方財政の改善が期待されました。さらに，都道府県の枠組みを再編する道州制導入の議論もこの頃から活発化しました。

▶郵政民営化と財政投融資改革

小泉構造改革でもっとも話題となったのが郵政3事業（郵便，郵便貯金，簡易生命保険）の民営化です。郵政省は2001年の中央省庁再編で総務省の一部となり，2003年には公社化されていましたが，小泉構造改革により2007年に民営化されました。

民営化後は日本郵政株式会社が持ち株会社となり，郵便，ゆうちょ銀行，かんぽ生命保険，郵便局（窓口）の業務ごとの株式会社に分かれました。ゆうちょ銀行は，政府が全株式を保有する国有の日本郵政株式会社がはじめに全株式を保有しますが，2007年から2017年の間に株式をすべて処分する予定となりました。政府も，日本郵政株式会社の株式売却を順次行う予定でした。

けれども2009年の民主党への政権交代後，2012年に郵政民営化法改正案が成立し，上記の株式売却期限が廃されてしまいました。また，このうち郵便事業が郵便局に合併され，日本郵便株式会社となり4社体制へと再編されました。コストの増加が見込まれるユニバーサル・サービスが義務づけられるなど，是非はともかく，当初の民営化の理念はこの改正により後退したといえるでしょう。

郵政3事業は郵政省が行う国の事業でした。その創業は明治，大正期です。

■図表 9-3　郵便貯金残高と国内銀行預金に対する割合

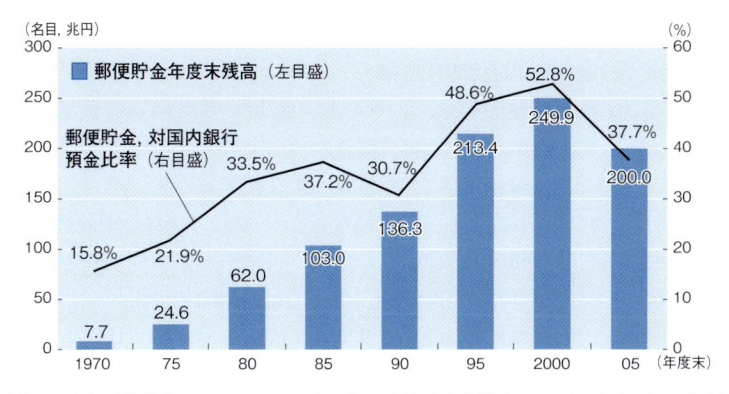

年度末	郵便貯金年度末残高（兆円）	郵便貯金，対国内銀行預金比率
1970	7.7	15.8%
75	24.6	21.9%
80	62.0	33.5%
85	103.0	37.2%
90	136.3	30.7%
95	213.4	48.6%
2000	249.9	52.8%
05	200.0	37.7%

（出所）　日本郵政株式会社ウェブページ「(旧) 日本郵政公社統計データ」，および日本銀行「国内銀行預金者別預金」より作成。
（注）　国内銀行預金は，一般法人預金，個人預金の他に公金預金・政府関係預り金，金融機関預金を含む額。

貯金事業と生命保険事業は，民間金融機関が整備されていなかった時代に，とくに中低所得者向けに必要とされたのですが，政府の資金調達先ともなりました。戦後も同様の制度が1955年に**財政投融資制度**として構築され，旧大蔵省の資金運用部（ただし，行政組織ではなく経理上の扱い）により社会資本整備等の資金源とされました。

郵政民営化の論点は，民営化による事業効率化の他に，郵便貯金と簡易保険の資金運用にもありました。郵便貯金や簡易保険資金が「入口」となり資金が集められ，その資金は旧大蔵省に預託されて**財政投融資**（財投）として特殊法人や政府という「出口」に市場を介せずに流れ出ていました。

図表 9-3は郵便貯金の残高の推移です。国内銀行の全預金と比較して2000年度では52.8％にも達し，巨大な金融機関であることがわかります。その預金額は年々増え続け，とくにバブル崩壊後に経済や民間金融が不安定になると，その比率が高まりました。簡易保険事業もあわせて，民間金融機関を圧迫するとともに，市場を介しない特殊法人への貸出しが非効率であることが問題となりました。

■ 郵政事業の推移

1871（明治4）年	郵便創業
1875年	郵便貯金創業
1916（大正5）年	簡易生命保険創業
1949（昭和24）年	郵政省発足
1996（平成8）年	橋本内閣　行財政改革
2001年4月	中央省庁再編　総務省・郵政事業庁
2003年4月	郵政公社（～2007年9月まで）（独立採算で国の負担なし，職員は国家公務員）
2004年9月	「郵政民営化の基本方針」（小泉内閣）
2005年10月	郵政民営化関連法可決・成立
2007年9月	民営化　5社体制
2012年4月	郵政民営化法改正案可決・成立　4社体制

　郵政民営化に先立ち，1999年に旧大蔵省が財政投融資制度の抜本的改革案を示し，2001年4月から新たな制度が始まりました[8]。**図表9-4**で公共事業関係費と財政投融資の推移を比較してわかるように，財政投融資は**第2の国家予算**と呼ばれるほど大きなものでした。たとえば，ピークの1997年度財政投融資は約51兆円（当初計画ベース）で，同年度の国の一般会計のうち国債費を除く歳出の約61兆円（当初予算）の8割を超える規模です。また一般会計の公共事業関係費だけの場合は約9.7兆円ですから，それと比べると遙かに大きな金額です。

　財政投融資は，長期ローンの提供や住宅整備，農業や中小企業への貸出しとその基盤整備，道路や運輸・通信施設などの社会資本の整備，国際協力のための外国への貸出しなど，民間では行われにくい長期事業に使用されるものでした。

　図表9-5は財政投融資の使途内訳（構成比，％）です。図での変化として，住宅の構成比が徐々に増加しています。この住宅とは，旧住宅金融公庫が長期固定金利を住宅金融公庫融資として，市中よりも低い金利で国民に融資していたものです。住宅金融公庫は2007年4月に住宅金融支援機構として独

---

[8] 財政投融資制度改革については，高橋洋一（2007）『財投改革の経済学』（東洋経済新報社）が参考になります。

■図表 9-4　公共事業関係費と財政投融資の推移

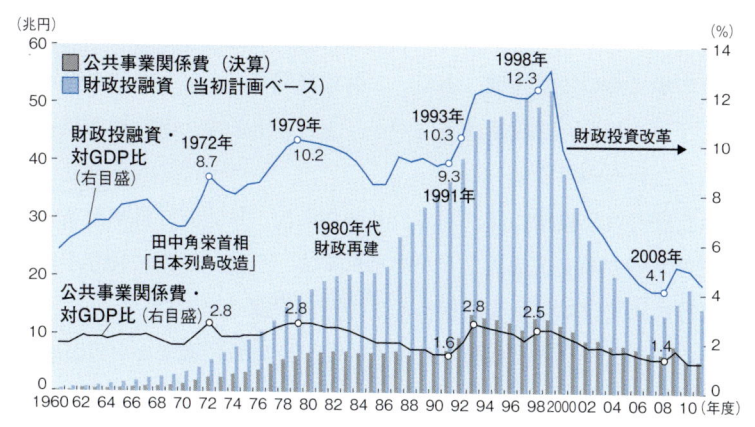

（出所）　財務省「一般会計・決算」，財務総合政策研究所「財政金融統計月報（財政投融資特集）」より作成。

■図表 9-5　財政投融資使途内訳

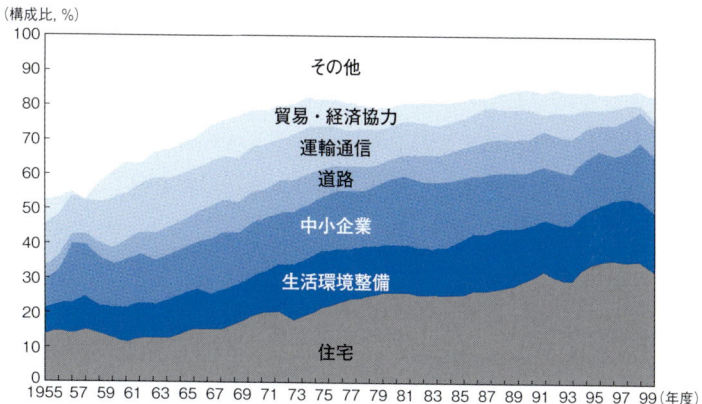

（出所）　総務省統計局「新版日本長期統計総覧（新版）」より作成，原データは財務総合政策研究所「財政金融統計月報（財政投融資特集）」。
（注）　一般財政投融資・当初計画ベース。財政投資の合計金額から資金運用分は除いている。

立行政法人化され，直接融資は行わないことになりました。

　税を財源とする財政歳出とは異なり，財政投融資は利払いもある有償資金のため日本の成長率が高い場合にはその収益も確保されます。けれども，低

成長下では非効率になりがちな官による運営では行き詰まります。

財政投融資制度の改正によって，郵便貯金や簡易保険の資金は市場を通じて運用されることになりました。これまで融資を受けていた財政投融資対象機関は市場において**財投債**，あるいは**財投機関債**を発行して資金を調達することになりました。財投債は政府が保証を行うもので，財投機関債はその保証がつかないものです。

財政投融資対象機関には，地方公共団体の他，株式会社日本政策金融公庫や上記の住宅金融支援機構などが含まれます。生徒・学生に貸与を行っている独立行政法人日本学生支援機構もこの対象機関です。

以上のようなゆうちょ銀行などの「入口」と財政投融資という「出口」の間に市場がはさまれて，現在ではそれぞれの機関の判断にもとづき資金が運用されています。とはいえ，たとえば，2012年度末のゆうちょ銀行の貸借対照表をみると，貯金が約176兆円なのに対して，国債（含む財投債）保有額は約138兆円となっており，資金の流れに変化は生じていません。

けれども，郵政民営化の失敗かどうかは不明です。金融市場における**国債バブル**とも呼ばれる状況のため，ゆうちょ銀行に限らず，その他の金融機関も国債の保有を増やしてきました。民営化しても貸出し先がないのであれば，郵政民営化の効果は計れません。さらに，政府債務の増大や異次元緩和による国債買い入れの増加により，国債市場は複雑な様相を呈しています。

キーワード

日本経済の構造問題，生産性の低下，生産コスト高，3公社の民営化，日米構造協議，牛肉とオレンジの輸入自由化，競争原理，自由貿易，WTO（世界貿易機関），地域貿易自由化，FTA（自由貿易協定），リカード・モデル，比較優位，EPA（経済連携協定），TPP（環太平洋戦略的経済連携協定），市場の失敗，費用逓減産業，政府の失敗，ソフトな予算制約問題，ユニバーサル・サービス，大きな政府，小さな政府，6つの改革（6大改革），中央省庁の再編，経済財政諮問会議，財政構造改革法，小泉構造改革，政策金融，三位一体改革，郵政3事業の民営化，財政投融資制度，第2の国家予算，「入口」と「出口」，財投債，財投機関債

問　題

(1) 1980年代から90年代にかけて，米国からどのような構造改革の要求があったのか，事例を調べて，それが日本にとってどのような効果をもたらしたのかを説明しなさい。
(2) TPP交渉において，どのような分野で日本がとくに交渉しているのか（してきたのか）を調べ，なぜその分野の交渉を行っているのか説明しなさい。
(3) 橋本内閣の6つの改革のうち1つについて，具体的な内容を調べなさい。
(4) 2004年度からの三位一体改革とはどのようなものであったのか，それは地方行政にどのような影響を与えたのかを調べなさい。
(5) 現在時点での郵政民営化の効果を，国債をキーワードに調べなさい。

第10章

財政・財政政策

　マクロ経済での景気変動に対する経済政策としては、主に財政政策と金融政策があります。どちらも需要不足対策が中心です。ただし、公共投資は社会資本として生産の基盤になり、金融の安定化も経済システムを支えるものですので、供給面への効果もあります。

　ここでは、1990年代以降の財政・財政政策を学びます。バブル崩壊後の景気後退を、当初政府は通常の景気循環ととらえ、遅れはしたものの一般的なケインズ政策を行いました。これは、経済を下支えしましたが、もっとも重要な不良債権問題の解消は先送りされました。1997年には金融危機が発生し、さらにその直前にアジア通貨危機も生じました。政府の借金が膨らむ中で、地方の公共投資は減少し、中央政府の大規模な経済対策にもかかわらず、実質的には財政政策が行われないに等しい状態になりました。

　1990年代以降、政府の借金が膨らみました。当初は経済対策や公共投資増大が財政赤字の要因でしたが、最近では社会保障関係費の増大が主因です。

10.1　財政・財政政策の仕組み

▶日本の財政

　はじめに、財政と財政政策の仕組みを確認します。**財政**とは政府の経済活動を資金面からとらえたものです。政府には中央政府の他にも地方政府、社会保障基金、公的企業が含まれます。財政にはさまざまな役割がありますが、

財政学者のリチャード・マスグレイブ（Richard A. Musgrave）は**財政の3機能**として，①**資源配分機能**，②**所得再分配機能**，③**経済安定化機能**をあげました。

資源配分機能は主にミクロ経済学の分析対象です。たとえば，市場機能がうまく働かない**市場の失敗**に対する政策です。ただし，前章でみたように近年では**政府の失敗**と呼ばれる公的部門の非効率性も注目されます。所得再分配機能は，所得格差の是正のほか，年金や医療などの社会保障や地方間の所得移転などにおける財政の役割です。そして経済安定化機能が景気回復のための経済対策です。

経済安定化機能では累進的な所得税や法人税の制度に，景気変動に対する**自動安定化装置（ビルト・イン・スタビライザー）**という機能が備わっています。すなわち，景気後退により所得が低下すると，家計の税負担は累進的な分だけ低下します。**累進課税**の場合，所得が低いほど税率が小さいためです。一方で，景気が過熱して家計の名目所得が増加すると，税負担が増すことになります。

より直接的な手段は，**減税政策**による家計可処分所得の増大や，公共投資等の政府支出増大による**財政政策**です。景気後退局面では，何らかの理由により需要が低下しています。このときにその需要不足を政府が穴埋めすることで，それが企業や家計の収入につながり，景気回復をより強める**乗数効果**が期待されます。英国の経済学者ケインズが提示したことから，**ケインズ政策**とも呼ばれます。

民主主義のもとでの財政は，議会の承認を得た**予算**でその額が定められます。たとえば，日本では前年度8月下旬頃に各省庁が財務省に対して**概算要求**として，関連分野への予算を要求します。その後，各省庁と財務省との間で**予算折衝**が行われ，その結果により**財務省原案**が編成されます。それをベースにして**政府案**が閣議決定され，国会に提出されます。

日本の**財政年度**は4月から翌年の3月までです。国会に政府案が提出されるのはその年の1月頃で，はじめに衆議院，次に参議院において議論されます。予算には**衆議院の優越**があり，衆議院可決後30日以内に参議院で議決されない場合は，衆議院可決の予算が成立します。ただし，予算関連法案[1]

はその限りではなく，予算の実施に衆議院の優越が完全であるわけではありません。

このように長い期間をかけて1年分の予算が作成されます。ところが，予算執行中に予期しない経済変動が生じる場合があります。その場合は**補正予算**という，年度内における追加の予算を作成して対応します。

予算編成過程からわかるように予算にもとづく財政政策では，景気変動にすばやく対応できるわけではありません。まず，経済状況の変化を政府が確認するまで時間がかかり（**認知ラグ**），政策が実行されるまでにも時間を要します（**実行ラグ**）。その効果が出るのはその後です（**効果ラグ**）。このような時間的差（ラグ）が存在するため，財政政策を適切な時期に発動するのは難しいのです。

▶特論：景気の認識

内閣府の景気循環日付によると，バブル崩壊後，景気が後退し始めたのが1991年2月以降で，景気の谷となったのが1993年10月です。そこから1997年5月までかけて回復していきました。したがって，経済対策を行うとしたら1991年2月からの時期がタイミングとしては望ましかったことになります。けれどもこれは後知恵で，その渦中で認識するのは難しいものです。

1992年3月の緊急経済対策に続き，8月に当時の宮澤喜一内閣は10.7兆円という戦後最大規模の**総合経済対策**を発表しました。そのうち8.6兆円が公共投資という内容でした。景気循環から考えると1992年8月というのは，景気の山からすでに1年半程度がすぎてしまっています。さらに，その支出を決定する補正予算の可決は遅れ，成立したのは12月でした。効果が出るのはさらに遅くなります。それから1年弱の期間，景気後退は継続しました。

けれども，たとえば1991年10月の旧経済企画庁の月例経済報告[2]をみると，以下のような政府見解となっていました。

---

1 予算執行のために必要な法律です。たとえば，予算で財政赤字が生じる場合は，その財源を国債発行によってまかなう必要があります。日本では原則として赤字国債（特例国債）発行は禁止されているため，特例公債法により国債発行を認める必要があります。

「我が国経済については，住宅建設が減少傾向にあるが，設備投資は鈍化しつつも基調は強く，個人消費は堅調である。また，企業収益は，総じて減少しているものの，依然として高い水準にあり，労働力需給は引き締まり基調で推移している。このように我が国経済は緩やかに減速しながらも，**引き続き拡大している**。

政府は，内需を中心とした経済の持続的拡大を図るため，内外の経済動向を注視し，引き続き適切かつ機動的な経済運営に努めることとする。」

経済の現状を認識するのは非常に難しいということがわかります。このときには，資産価格の下落についての記述が見当たりません。さらに1992年8月の月例経済報告でも「在庫調整の動きから，鉱工業生産は停滞傾向で推移している」と指摘しており，短期的な景気循環としてとらえていたことがわかります。

ただし，1992年7月発表の旧経済企画庁の経済白書では，資産価格下落の影響について記述されています。**貸し渋り**や**不良債権問題**にも触れられています。また，翌1993年に発表された経済白書では**資産デフレ**と**企業のバランスシート悪化**を分析しています。それでも，たとえば1992年の経済白書では「不良債権の回収・整理には，今後数年間を要すると考えられ，その間，収益の圧迫要因になるものとみられるが，銀行の体力からみて処理可能な範囲と考えられる」とあり，今読むと楽観的です。

そう考えると，1992年半ばから1993年前半が景気対策の必要性が認識可能な時期であり，その中では1992年8月の総合経済対策はむしろ早いほうであったといえます。リーマンショックのような明らかなショックへの対応はすばやくできますが，徐々に明らかになることについては対応が遅れがちなのは，認知ラグのためです。

総合経済対策の10.7兆円という額はどうでしょうか。当時のGDPが480

---

2 内閣府経済社会総合研究所ウェブページ，シリーズ「バブル／デフレ期の日本経済と経済対策」について，「月例経済報告，経済対策，経済財政諮問会議等の文書一覧（1980年以降）」，月例経済報告1991年10月より抜粋。

兆円程度であることを考えると，数％の成長減速を埋めるには十分な規模です。ところが，当時は不明でしたが，現在までの累積で不良債権は100兆円を超える規模（ただしバブル崩壊によるものだけとは限らない）でした。そのため，企業のバランスシートが悪化して不況が長期化しようとする中で，10兆円は十分ではありませんでした。

また，その後の状況を考えると問題は不良債権でした。需要喚起として公共投資を中心とした経済対策はそれほど効果を持ち得ません。実は，宮沢首相は1992年8月の自民党軽井沢セミナー後の記者会見で，公的資金注入の可能性を示唆しました。けれどもこれは，実現しませんでした。もし，実現していれば，その後の日本経済はもう少しましな状況だったように思います。

けれども，まだバブルの余韻が残る1992年に，バブルに踊った銀行や企業への公的資金注入が国民の理解を得られたでしょうか。また，地価の下落ははじまったばかりであり，地価が下げ止まれば対応できると考えていた銀行や大蔵省を説得できたでしょうか。バブルは崩壊後ではなく，発生前に抑制するべきだというのが教訓でしょう。

▶ 財政政策の考え方：45度線分析

マクロ経済学で学ぶ財政政策の効果の理論でもっともシンプルなものは，図表10-1にある**45度線分析**によるものです。需要・支出項目である消費に注目します。消費は所得に対応した**ケインズ型消費関数**で表される関係とされ，

$$C = b + c(Y - T)$$

のように書きます。ここで C は消費，Y は国民所得，T は租税です。$Y - T$ は課税後の国民所得で，可処分所得と呼ばれるものです。b は**自律的消費**（あるいは基礎的消費）で，所得にかかわらず生きていく上で最低限必要な消費額です。c は**限界消費性向**（marginal propensity to consume）で，所得に対して消費がどれくらいかを示します。

マクロ経済での需要と供給はそれぞれ**総需要**，**総供給**です。総需要は民間消費 C，民間投資 I，政府支出 G，輸出 EX，輸入 IM から構成されます。

■図表 10-1　45 度分析と乗数効果

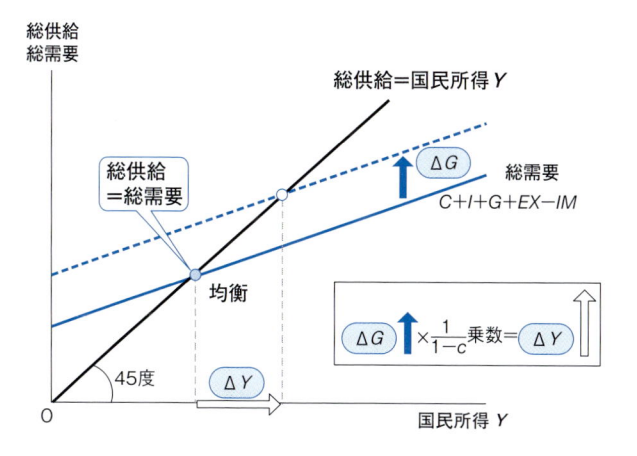

図中ラベル：総供給／総需要、総供給＝国民所得 Y、総供給＝総需要、総需要 C+I+G+EX−IM、ΔG、均衡、45度、ΔY、国民所得 Y、$ΔG × \dfrac{1}{1-c}$ 乗数 ＝ ΔY

総供給は**有効需要の原理**に従い，総需要と等しくなります。

　有効需要の原理とは，需要に応じて財・サービスが供給されるという考え方です。一方で，状況あるいは国によっては供給能力の制約が強いかもしれません。たとえば，日本でも東日本大震災後に自動車の生産が減少しましたが，需要ではなく**サプライチェーンの寸断**という供給が要因でした。そのような供給制約が経済全般でみられる場合には，**セイの法則**という供給が需要を決める状況になります。

　さて，マクロ経済の**均衡**では，総需要と総供給，および国民所得が等しくなります。したがってこれらをすべて国民所得 Y で表すことにします。すると，均衡式「総需要＝総供給」から以下のような関係が導かれます。

$$Y = C + I + G + EX - IM$$

この式にケインズ型消費関数を代入して書き直すと

$$Y = \frac{1}{1-c}(b - cT + I + G + EX - IM)$$

となります。この式で $1/(1-c)$ が**乗数**です。

たとえば，限界消費性向が 0.6 のとき，政府支出 G を 10 兆円増やすとします。乗数は 2.5 と計算できますので，国民所得は 2.5×10 兆円＝25 兆円増加することになります。10 兆円の政府支出増加に対してそれ以上の国民所得増加が実現するため，政府支出の**乗数効果**と呼ばれます。

減税（−）の場合は $c/(1-c)$ が乗数となります。同じく限界消費性向を 0.6 とすると乗数は 1.5 と計算されることからわかるように，政府支出増加よりも減税のほうが乗数効果は小さくなります。

▶ 基礎分析から応用へ

このシンプルな 45 度線分析は，財政政策の効果を考える基礎モデルとして便利です。1990 年代以降の財政政策に関しては，なぜ効果がなかった（ようにみえる）のかをこの式に出てこない要素やそれぞれの項目から考えられます。

1 つめはここにない**利子率**の影響です。利子率は民間投資に影響を与えます。たとえば企業が借り入れにより投資を行う場合，その借り入れに対して利払いが生じます。投資に対する利潤の比率を**利潤率**といいますが，利潤率が利子率を下回るときには，この投資から正の純利潤が生まれません。利潤は投資が多くなればなるほど逓減（**資本の限界生産力逓減**）すると考えられるので，最適な投資量は利子率と利潤率が等しいところで定まります。

もちろん実際には，資本の減耗やキャピタル・ゲイン，キャピタル・ロス，資本への課税などを含めたコスト（**ユーザーコスト**という）を総合的にとらえる必要があります。けれども基本的には，利潤率を一定とすると利子率が上昇すれば投資は減少し，下落すれば投資が増えることになります。

$$\text{利子率 } i \updownarrow \rightarrow \text{ 投資 } I \updownarrow$$

一方，公共投資などの政府支出の増加は，金融市場での政府資金需要を増加させます。そのため，金融市場での価格にあたる利子率が上昇します。利子率が上昇すると民間投資が減少することになり，これを**クラウディング・アウト**といいます。クラウディング・アウトが発生すると，財政政策の効果は 45 度線分析における乗数効果よりも小さくなります。

その度合いは，投資が利子率にどれくらい反応するかという**投資の利子弾力性**の大きさに依存します。通常，不景気時には利子率にかかわらず投資が減少しています。そのため，クラウディング・アウトはそれほど大きくならず，財政政策は有効になります。

2つめは為替との関係です。利子率の変化は投資だけではなく，第7章の短期の為替理論で学んだように，為替レートにも影響を与えます。日本の利子率が相対的に高まれば円高となり，逆の場合には円安となります。基本的には，円高の場合は，輸出が減少して輸入が増加します。円安になれば，輸出が増加して輸入は減少します。

$$利子率\ i \uparrow\downarrow \quad \rightarrow \quad 円高, 円安 \quad \rightarrow \quad 純輸出\ EX-IM \downarrow\uparrow$$

財政政策は利子率を上げる要因となるため，純輸出を減少させてしまい，乗数効果は小さくなります。この仕組みを説明するのが**マンデル=フレミング・モデル**です。ただし，クラウディング・アウトの場合と同じく，必ずしも利子率が上昇するとは限らない点と，不景気の場合に輸入増加は規模が限られる点を考慮して，財政政策の効果を見定める必要があります。

ここで注意が必要なのはインフレ率です。フィッシャー方程式「実質利子率＝名目利子率－インフレ率」より，デフレになれば，名目利子率が低い場合でも**実質利子率**が上昇します。第5章ではフィッシャー方程式に現在のインフレ率ではなく，**予想インフレ率**が入ることを学びました。企業は投資時点から将来に渡る**期待利潤率**と，やはり将来に渡る実質利子率を比較するからです。利子率に対して投資が反応してない場合に財政政策の有効性を考えるには，これらの値がどうなっているのかも考慮することが必要です。

3つめは消費です。ケインズ型消費関数では消費は今期の所得に応じて決まります。けれどもたとえば，皆さんは今月の給与が5万円増えて，来月は5万円減るという場合に，今月の消費を増やして来月は減らすでしょうか。そういう人もいるかもしれませんが，一般的には5万円を貯蓄しておいて来月の生活費に回すはずです。このような関係は，合理的な消費者であれば，期間を今年と来年，今年と5年後，10年後と長期に置き換えても成立するはずです（ただし，第7章で学んだように将来の値は割引現在価値に計算し

直して考える必要があります)。

　所得の変化に対して時間を通じた消費を考えると，その変化は緩やかになります。その理論には，経済学者ミルトン・フリードマンによって分析された恒常所得仮説があります。恒常所得仮説では，所得を恒常所得と変動所得に分けます。恒常所得は長期間にわたる平均的な所得あるいは生涯所得を意味します。消費は一時的な変化である変動所得ではなく，恒常所得の変化に反応すると考えます。

　また，同じく時間を通じた消費を分析するものとしてフランコ・モディリアーニ (Franco Modigliani) によるライフサイクル・モデルがあります。このモデルでは個人の生涯を若年期と老年期などの期間に分けて，この個人の生涯の予算制約を考えます。働き盛りで所得が多いときには貯蓄をし，退職後の生活に備えるというモデルです。やはり時間を通じた消費は平準化[3]します。

　図表 10-2 は国民総所得と家計最終消費支出の関係をみたものです。2008年のリーマンショック後に国民総所得は，1998年の金融危機や 2000年代初頭の IT バブル崩壊よりも大きく下落しましたが，家計最終消費支出はそれほど減少していません。一つはそれが外需という海外経済からのショックであり，国内の内需からのものではなかったことです。ただ，上の消費理論から考えると，国民全般ではそれが一時的なショックであるという認識で，消費水準はそれほど下げる必要がなかったという理由も大きいと考えられます。

　これらの消費理論をもとに考えると，財政政策の乗数効果は 45 度線分析よりも小さくなります。政府支出の増加による国民所得の増加は，一時的なものにすぎないからです。また，政府支出の増加のために発行された政府の借金である国債は，将来増税により償還する必要があります。もし人々が大規模な経済対策を将来の増税ととらえたなら，生涯所得は増加しません。公債と増税が生涯所得に対して同じ効果を持つことを，経済学者の名前，デイヴィッド・リカード (David Ricardo) とロバート・バロー (Robert J. Barro)

---

[3] ただし，完全に消費が平準化されるとは限りません。たとえば多くの人は，何らかの利得について少し割高でも明日より今日受け取ることを好みます。行動経済学と呼ばれる研究分野では，人々の行動を合理性のみならず，心理学的な手法によって分析しています。

■図表 10-2　国民総所得と家計最終消費支出の関係

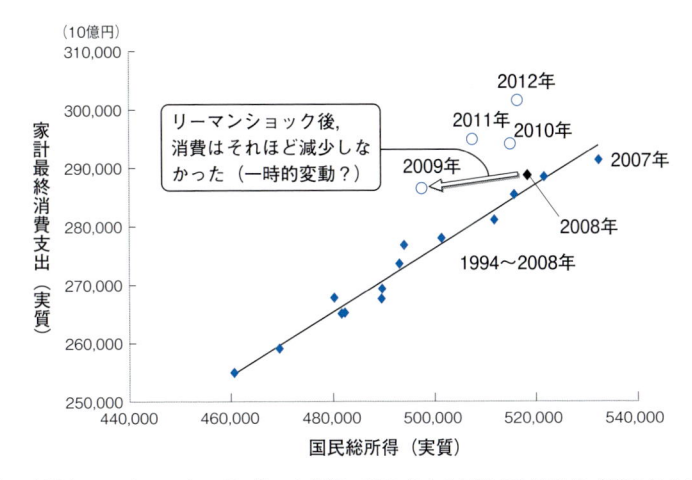

（出所）　内閣府ウェブページ，1994 年 1-3 月期～2013 年 4-6 月期 2 次速報値〈2013 年 9 月 9 日公表〉より作成。
（注）　国民経済計算，暦年実質データ（2005 年基準，連鎖価格）。

から，**リカード=バローの中立命題**といいます。政府支出にも**ノー・フリー・ランチの原則**があり，支出と負担は時間を通じて釣り合わなければいけません。

▶ 家計の異時点間資源配分と経済政策：事例

恒常所得仮説やライフサイクル・モデルという家計の異時点間資源配分の分析は，経済政策の効果を考える上で非常に重要です。本書ではモデル分析を紹介していませんので，ぜひ，マクロ経済学や，経済政策との関係では財政学等の教科書[4]で一度確認してください。

1990 年代以降でもさまざまな例がありますが，最近では**家電エコポイント**，エコカー補助金，住宅エコポイントという政策があります。2008 年のリーマンショック後，日本経済は輸出が大幅に減少するという状況になりま

---

[4] たとえばモデル分析（2 期間モデル）をもとにして経済政策の効果を丁寧に解説しているものとして，本ライブラリの西村幸浩（2013）『財政学入門』（新世社）があります。

した。とくに自動車や家電製品業界は円高の影響もあり，業績が悪化し，製造業における失業者がとくに増加しました。

　そこで政府は，省エネ基準を満たすエアコン，冷蔵庫，地上デジタル放送対応テレビを対象に基準に応じて購入者に家電エコポイントを付与しました。購入者はポイントを商品または商品券や電子マネー等に交換できるというものでした。2009年5月に導入され，2010年3月に12月まで延長された後，12月にはさらに条件を変更（半分のポイント付与）して翌年3月まで延長されました。

　論点は，家電エコポイントが消費需要を喚起できたかです。政府の分析[5]によると予算額の7倍に相当する約5兆円の経済効果があったとされます。しかしこの効果は政策実施期間の2011年3月までの分析です。本文でみたように家計は異時点間の資源配分を行っています。もし，もともと1年後に購入する予定だった家計が，エコポイントのため，今購入したほうが得だと判断しただけなら，たとえば2年という期間で考えたときの消費支出の追加的増加はなかったことになります。この場合，政策によって**需要の先食い**が生じただけなので，企業はその後に売上げ減少を覚悟しなければいけません。とくに長年使用できる耐久消費財については，このような**異時点間の代替効果**が顕著に表れます。

　図表10-3は対象となった3品目の販売金額前年比（％）の推移を示しています。家電エコポイントが導入されて以降，販売金額はおおむねプラスに推移しています。注目したいのは，1回目の終了時点である2010年3月と次の終了時点の12月に**駆込み需要**が生じていることです。そして2011年の後半以降にその反動のため，販売金額はマイナスとなっています。2011年7月にテレビがアナログから完全にデジタル化されたことから，テレビはより大きな反動に直面しました。

　このように，エコポイントのような補助金政策は短期的な効果は期待できるものの，中期的にはその効果は相殺されます。むしろ，このような状況は経済変動がもたらされており，財政の経済安定化機能に反しています。

---

[5] 環境省・経済産業省・総務省「家電エコポイント制度の政策効果等について」2013年6月。

■図表10-3　家電販売金額

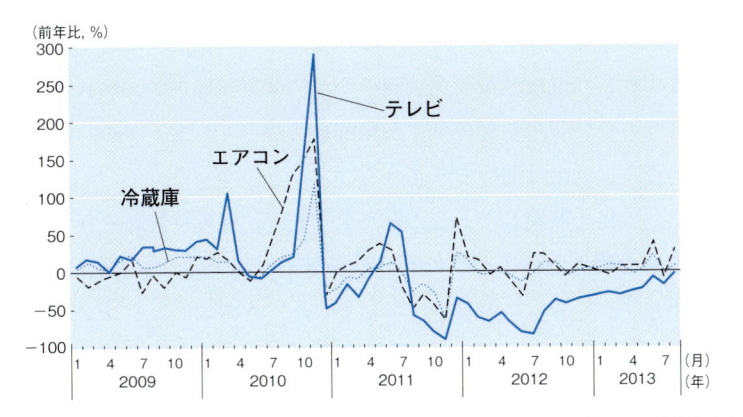

(前年比, %)

(出所)　内閣府（2013）「月例経済報告主要経済指標（平成25年9月13日），個人消費」より抜粋。
(注)　GfKジャパン（全国の有力家電販売店販売実績を調査・集計）により作成されている。

　そのほかの事例もあります。1990年代以降，公共投資への批判が高まる中で政府はさまざまな政策を採用しましたが，多くはこの異時点間の消費問題に直面します。1999年には子どもと高齢者を対象に，1人に2万円の地域振興券を発行しました。使用期限を6カ月としたり，地域内のみ使用したり，あるいは釣り銭を出さないなどの工夫がなされました。

　けれどもやはり中期的には効果はほとんどなかったようです。清水谷（2005）[6]は分析結果より，以下のように指摘しています。

> 「地域振興券は配布された直後の若干の消費刺激効果を持った。限界消費性向は0.1から0.2程度だ。子供がいる世帯では衣料品などの半耐久財の支出が増加した。しかし，その効果は時間とともに低下して，全体としてはほぼゼロに近かった。……予期されていた支出に振り向けられ，ほとんどは貯蓄に回ってしまった。」（清水谷（2005），121ページ。）

[6]　なお同書は1990年代以降の日本の状況と経済政策の効果について実証分析にもとづいて広くまとめていて参考になります（清水谷諭（2005）『期待と不確実性の経済学——デフレ経済とミクロ実証分析』日本経済新聞社）。

けれども，2009 年には再び**定額給付金**という政策が行われ，1 人に 1 万 2000 円，子どもと高齢者には 2 万円が給付されました。2008 年度の第 2 次補正予算に約 2 兆円もの予算が計上されました。減税か，政府支出か，給付かというように，財政政策の選択肢の一つにはなり得ます。けれども，このような縛りのない現金給付は多くが預貯金に回ってしまうため，地域振興券以上に消費喚起効果は期待できません[7]。

さらに，課税の問題も考えることができます。減税政策もそうですが，逆に**消費税率の引き上げ**についても同様の効果が生じます。1997 年 4 月に消費税率が 3% から 5% に引き上げられました。この年にはアジア通貨危機や金融危機が発生し景気が悪化しました。問題は消費税率の引き上げが景気悪化要因となったかどうかです。

エコポイントの場合と同じく，異時点間の代替効果により 3 月に駆込み需要が生じ，その後に反動が出ました。とくに耐久消費財ですが，その他に住宅にも大きな変動が生じました。ただし，消費税の場合は，税率引き上げ前後のすべての財の価格が変化することになります。物価上昇の場合と同じく実質所得が低下するので，それが**所得効果**をもたらし長期でも消費を減少させる可能性はあります。

図表 10-4 は旧経済企画庁『平成 10 年版経済白書』による分析結果です。「〔19〕89 年の消費税導入時と比べて所得増加期待が小さくなったなかで消費者の反応は大きく，駆け込み需要とその反動減は予想以上に大きく，消費支出や住宅投資の動きに大幅な振れをもたらした」と指摘しています。注目したいのは，1997 年の第 2 四半期（4 月から 6 月）の消費減少は消費税増税の影響ですが，第 4 四半期（10 月から 12 月）の減少では，金融危機など，その他の要因がほとんどです。所得効果も 0.5 兆円で GDP の 0.1% 程度にすぎませんでした。

---

[7] ただし，効果がまったくないというわけではありません。内閣府政策統括官（経済財政分析担当）（2012）「定額給付金は家計消費にどのような影響を及ぼしたか―「家計調査」の個票データを用いた分析―」では，累積（2 カ月後まで）で受給額の 25% に相当する効果がみられたと分析しています。したがって，予算や事務処理の費用，政府債務の累積状況に対して，十分な効果が得られたのかどうかで判断すべきでしょう。

■図表 10-4　消費の揺れの原因：1997 年の消費税率引き上げ

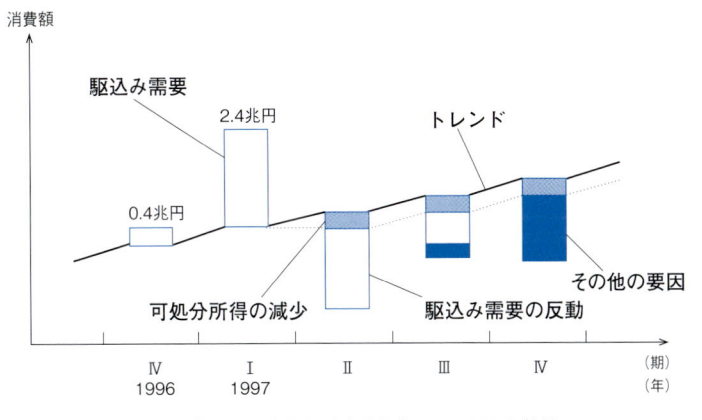

（出所）　旧経済企画庁『平成 10 年版経済白書』第 1-2-1 図より抜粋。
（注）　可処分所得の減少には特別減税の終了に伴う影響も含まれている。

10.2　財政政策には効果があったのか

　図表 10-5 は 1990 年代の経済対策規模と名目 GDP 成長率の関係です。経済政策の効果は内生性，すなわち政府支出が変化したため景気が変化したのか，景気が変化したため政府支出がそれに対応して変化したのかの違いを判別できないという問題があります。そのため，解釈には注意が必要ですが，景気悪化に対してそれに見合った経済対策が行われ，その後に景気が回復しているようにみえます。

　図表 10-6 では，GDP において単純に政府消費支出と公的固定資本形成の実質 GDP 成長率への寄与度がゼロであった場合と実際の成長率とを比較してみました。経済対策とは必ずしも対応しませんが，公共投資は用地費[8]を除いた額が GDP に計上されます。乗数を 1 と仮定した場合にあたり，政策

---

[8]　公共投資では用地買収が必要ですが，その用地費は付加価値ではないため GDP には含まれません。

■図表 10-5　名目 GDP 成長率と経済対策

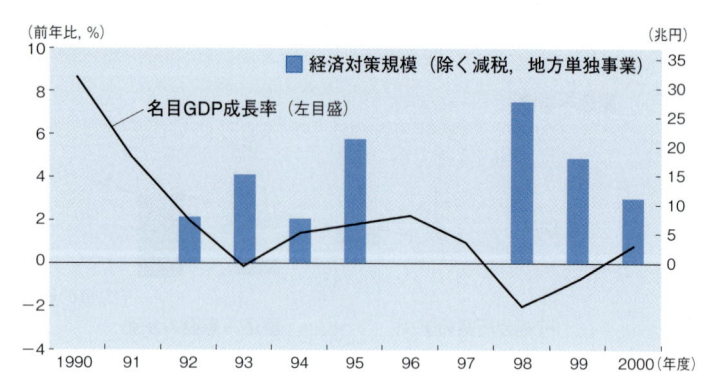

（出所）　名目 GDP 成長率は内閣府（2013）『平成 25 年版経済財政白書』長期統計より作成。経済対策額は発表された経済対策規模を年度ごとにまとめて合計したもの。

■図表 10-6　政府支出の下支え効果

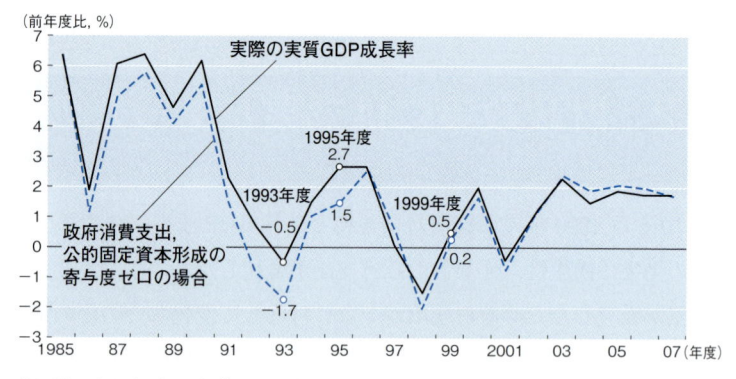

（出所）　内閣府（2013）『平成 25 年版経済財政白書』長期統計より作成。

の波及効果までは確認できません。また，減税効果は考えていません。

　1993 年度をみると，政府部門の寄与度がゼロであった場合の成長率は−1.7％ で実際の −0.5％ と比べて 1.2％ ポイントの違いがあります。1995 年度も同じ差となっており，1992 年度から約 4 年間程度，政府支出が成長率を少なくとも 1％ ポイント程度は支えてきたといえそうです。

それでも，景気回復がそれ以前の成長率にまでは戻っていません。そのため，経済政策の効果，とくに公共投資による経済対策が無駄なものではないかという意見が多くなりました。しかしそう単純でもありません。問題は不良債権であり，経済政策ではいずれにしてもその解消ができないからです。一方で需要不足も生じていたので，財政政策の発動そのものが不適切だったとはいえません。

しかし金融危機後の 1998 年度以降の財政政策については，政策規模の割に，その効果がほとんどありませんでした。1999 年度をみると，実際の成長率と寄与度ゼロとした場合とでその差は 0.3% ポイントにすぎません。

このことは，実は政府支出はほとんど増加していなかったことを意味しています。実際に，1999 年度の国民経済計算[9]における公的固定資本形成は 1998 年度から 8,500 億円程度「減少」しました。なぜこのようなことが起きたかというと，地方政府の公共投資が減少したからです。中央政府の公的固定資本形成は前年から 4,360 億円増加しましたが，地方政府のそれは 1.26 兆円減少しました。2000 年度ではさらに中央政府でも減少し，中央と地方を合わせると 2.4 兆円の減少となりました。政府消費支出は増加しましたが，その増加は社会保障の支出が増えたためです。

1990 年代後半に経済対策については，その効果があったのかという議論の前に，実質的には支出増加という経済対策は行われなかったに等しかったのです。

図表 10-7 で民間最終消費支出，民間企業設備投資，民間住宅，輸出の対前年比（%，実質）の推移をみながら，1990 年代以降の日本経済の状況をまとめます。

1980 年代半ばから後半にかけての内需拡大は 1990 年代に入るとその反動を生みました。はじめに民間住宅の減少が顕著にみられ，さらに，株価や地価の下落に伴い，民間投資も大幅に下落しました。比較的安定的であるはずの民間消費も減少したため，経済は深刻な不景気に見舞われました。

1993 年秋頃に景気は谷に達し，その後 1997 年までは徐々に回復していき

---

[9] 国民経済計算 2009 年度確報（2000 年基準・93 SNA），一般政府の部門別勘定の数字をもとに議論しています。

■図表10-7　実質成長率からみた変動状況と要因

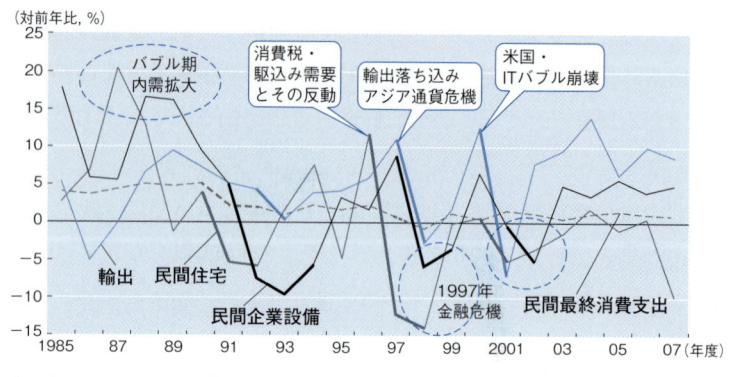

(対前年比, %)

バブル期内需拡大
消費税・駆込み需要とその反動
輸出落ち込みアジア通貨危機
米国・ITバブル崩壊
輸出
民間住宅
民間企業設備
1997年金融危機
民間最終消費支出

(出所)　内閣府（2013）『平成25年版経済財政白書』長期統計より作成。

ました。その間，地価が下落し続けたため，不良債権問題は解消されず，民間投資はそれほど回復しませんでした。この時期，経済対策が景気を下支えしていたと考えられます。

　1997年4月に消費税率が引き上げられたため，その前後で住宅投資を中心に駆込み需要とその反動がみられました。ただし，より深刻だったのはアジア通貨危機という**外需ショック**に対する輸出と民間投資の減少や，金融危機による民間消費および民間投資の落ち込みです。政府も大規模な経済対策を発表したものの，地方政府と合わせた公共投資はむしろ減少し，景気を支えることができませんでした。

　2000年頃には経済は安定化し，また米国のITバブルという外需により輸出が増大しました。けれども2001年にはITバブルがはじけて逆に輸出は減少し，企業の投資も再び落ち込むことになりました。1997年から1998年，2001年から2002年という短い間隔で2度経済ショックが生じたことで，企業はリストラを迫られ，労働市場を中心に日本の経済構造は変化することになりました。

　その後は大幅な回復とはならなかったものの，外需に支えられ，いざなぎ景気を超えるような長い期間の景気回復となりました。2007年終わりに景

気循環の山となりましたが，その後，景気後退と重なる時期の2008年に米国でリーマンショックが発生しました。日本は金融面での直接的な影響はそれほど大きくなかったものの，輸出の落ち込みによりかつてないほどのマイナス成長に陥りました。

10.3 政府の借金

　中央政府の**普通国債残高**は2013年度末（実績見込）で約750兆円，1990年度から約4.5倍，2000年度からでも約2倍に膨れあがっています。さらに地方債200兆円などを加えた国と地方の公債残高合計は895兆円となり，対GDP比で190%近くにもなります[10]。

　歳出と歳入の差を**財政収支**といい，その差額がマイナスで政府が借金をしなければならない状態を**財政赤字**といいます。中央政府の借り入れは**公債金**と呼ばれ，主に**建設国債**と**特例国債**（または**赤字国債**）の発行によります。政府債務残高は毎年度の国債発行が積み重なったものです。

　日本は財政収支の均衡を原則とする**均衡予算主義**（財政法第4条）を採用しているものの，公共事業のための建設国債（4条債）の発行は認められています。財政赤字を埋めるための赤字国債は，毎年度ごとに制定される公債特例法（通称）による特例ですが，1975年度の発行開始以来，ほぼ常態化しているのが実情です。

　収支の指標として，**プライマリー・バランス**（**基礎的財政収支**；primary balance）があります。借金は黒字で返済しなければいけませんが，このときの黒字とはプライマリー・バランスの黒字のことです。プライマリー・バランスは政府債務にかかわるファイナンス（金融取引）部分を切り離したもので，

---

[10] 普通国債は中央政府の建設国債と特例（赤字）国債の残高の合計です。国の借金としてはその他に国庫短期証券という短期のものや政府保証のある財投債（財政投融資特別会計国債）があります。これらを合計した**国債及び借入金残高**は1,107兆円（2013年度末見込）です。

■**図表10-8** 財政収支とプライマリー・バランス（対GDP比）

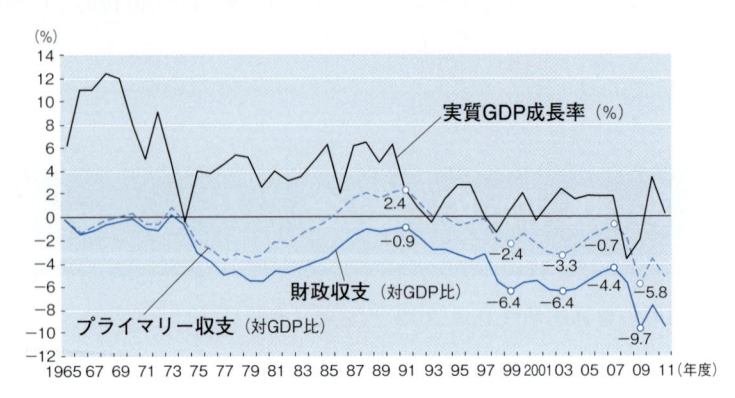

（出所）　中央政府一般会計決算より作成。

$$\text{プライマリー・バランス} = 公債金を除いた歳入 - 国債費を除いた歳出 \\ = 財政収支 + 国債費$$

と定義されます。公債金は上でみた国債発行額です。国債費は歳出項目で，主に政府債務にかかる**利払い費**と**元本償還額**の一部からなります。国債は**60年償還ルール**にもとづき徐々に償還されることになっており，該当額以外は**借換債**の発行によって借り換えられ，その分の残高は残ったままになります。

図表10-8と**図表10-9**は財政収支やプライマリー・バランス，その内訳（歳出と歳入，特例国債と建設国債）の推移です。

中央政府の財政では1965年度から建設国債の発行が開始されたものの，ほぼ均衡財政状態にありました。けれども，石油危機後の1975年度に特例国債の発行が開始されると，1980年度まで財政赤字が拡大し続けました。これは，米日独が世界経済を牽引すべきという，カーター米大統領が提唱した**機関車論**に対応する内需拡大や，田中角栄首相の**日本列島改造論**にもとづく公共投資の増大のためです。

累積する政府債務に対して，1980年度の財政再建元年，1982年度から概

■図表 10-9　財政収支の内訳：歳出と歳入，特例国債と建設国債

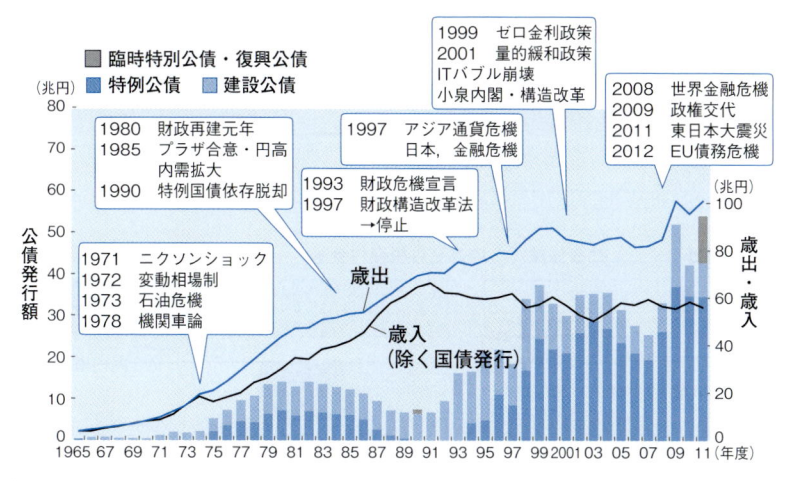

凡例：
- 臨時特別公債・復興公債
- 特例公債
- 建設公債

吹き出し注記：
- 1980　財政再建元年
- 1985　プラザ合意・円高　内需拡大
- 1990　特例国債依存脱却
- 1971　ニクソンショック
- 1972　変動相場制
- 1973　石油危機
- 1978　機関車論
- 1993　財政危機宣言
- 1997　財政構造改革法　→停止
- 1997　アジア通貨危機　日本，金融危機
- 1999　ゼロ金利政策
- 2001　量的緩和政策　ITバブル崩壊　小泉内閣・構造改革
- 2008　世界金融危機
- 2009　政権交代
- 2011　東日本大震災
- 2012　EU債務危機

（出所）中央政府一般会計決算より作成。
（注）1990年度は特例国債依存からの脱却した年だが，中東湾岸地域における平和回復活動を支援する財源を調達するための臨時特別公債が発行された。

算要求での予算増加率をゼロとする**ゼロ・シーリング**，さらに1983年度からの**マイナス・シーリング**と歳出削減を中心に財政再建が進められました。その結果，1990年から1993年度までは特例国債の発行がゼロとなりました。

けれどもその後は赤字の拡大傾向が続きました。とくに1997年の金融危機後の1998年度には財政収支（決算）が対GDP比で−6.4%となりました。2007年度までは一時的に赤字が減少するものの，2009年度には再び−9.7%へとマイナスが拡大しました。

財政赤字の主な要因は税収減と**社会保障関係費**の増大です。**図表10-10**は2011年度予算と1990年度予算を比較したものです。1990年度は特例国債発行から脱却した年です。名目GDPは2011年度が約473兆円に対して，1990年度は約480兆円と1990年度のほうが大きい額になっています。にもかかわらず税収が約17兆円減少したのは，減税が幾度も行われたためです。

たとえば1994年度から1996年度にかけて6兆円規模の所得税減税が行われました。あるいは，1999年度からは恒久的減税として住民税も含めた定

■図表 10-10　2011 年度と 1990 年度の予算内訳を比較

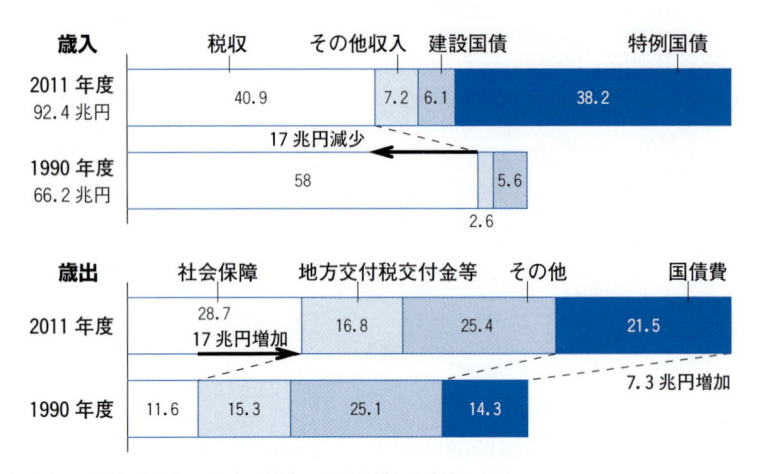

歳入	税収	その他収入	建設国債	特例国債
2011 年度 92.4 兆円	40.9	7.2	6.1	38.2
1990 年度 66.2 兆円	58	2.6	5.6	

17 兆円減少

歳出	社会保障	地方交付税交付金等	その他	国債費
2011 年度	28.7	16.8	25.4	21.5
1990 年度	11.6	15.3	25.1	14.3

17 兆円増加　　7.3 兆円増加

(出所)　財務省『平成 24 年度予算案　参考資料』を参考に作成。
(注)　中央政府一般会計（単位：兆円）。政府の借り入れである国債発行額を含めているので、予算上は歳入総額と歳出総額とが等しくなる。

率減税が実施され，2006 年度まで継続されました。法人税では 1998 年と 1999 年に法人税率が引き下げられ，基本税率が 37.5% から 30% になりました。ただし，2008 年度以降の法人税減収が大きいのは，主に世界金融危機による景気悪化の影響です。

　この間，図で支出のその他に含まれる公共事業関係費は 1990 年代に 2 倍程度増大しましたが，2000 年代に減少したため結局は 2011 年度では 1990 年度よりも 1 兆円程度少ない額です。一方で社会保障関係費はちょうど税収減と同じ規模の約 17 兆円増加となっています。さらに，国債費が約 7.3 兆円増えています。

　公的年金，医療費，介護・福祉費は加入者が保険料を支払っていますが，それとともに税金による**国庫負担**もあります。それが社会保障関係費です。2012 年度（予算ベース）における社会保障給付費総額は 109.5 兆円で，そのうち保険料は 60.6 兆円，国税負担分は 29.4 兆円です。残りは地方税分と社会保障基金の資産収入からになります。年金や介護は当然ですが，医療費

も高齢者が増えると増大します。少子高齢化により，社会保障関係費だけでも，今後も毎年およそ1兆円増加していくことが見込まれています。

このように，税収減の一部が景気悪化要因であるものの，財政赤字のほとんどは税収不足，社会保障，国債費という構造要因で占められています。

❖コラム　社会保障と税の一体改革，公的年金制度

民主党政権下の2012年に消費税率の引き上げを含む「**社会保障と税の一体改革法**」が成立しました。

財政赤字の主な要因は社会保障関係費の増大です。消費税率の引き上げが財源不足の穴埋めに必要だとしても，年金や医療の給付の抑制なしには，財政問題は解決できません。小黒（2013）は社会保障4経費（年金，医療，介護，少子化対策）だけでも，消費税引き上げ後の2015年度で約17兆円の差額が残ると指摘しています。では，そもそもなぜこのような問題が生じてしまったのでしょうか。公的年金から考えてみます。

日本では1959年の国民年金法の成立により1961年から**国民皆年金**となりました。1985年の改正により，日本の公的年金制度は基本的に2階建てとなり，1階部分が20歳以上のすべての国民が加入する国民年金（基礎年金）となりました。

すべての国民が強制加入としなければならないのは，市場の失敗があるためです。年金保険は長生きした場合に備える保険です。もし，年金保険加入を個人の任意とすると，長生きしないと考える人は加入しないのが得策です。そして，長生きしそうな人ばかり加入してしまうことになると，保険が成り立たなくなってしまいます。

保険は，多くの人から資金を集めてプールし，それを必要な人に給付する仕組みです。年金も同じですが，2種類の方法があります。一つは**積立方式**で，積み立てた資金を給付するため**世代内**の保険となります。もう一つが**賦課方式**で，集めた社会保険料を給付するものです。この場合は，現役世代から高齢者への**世代間**の移転となっています。

日本は積立金もあり修正積立方式と呼ばれますが，実質的にはほぼ賦課方式になっています。また，政府の**国庫負担**が2分の1とされ，税金での負担があります。賦課方式で問題となるのは**経済成長率**に加えて，現役と高齢者の人数比です。年金給付が一定の時，高齢者が多くなれば現役世代の負担が増えてしまいます。そして，低成長と**少子高齢化**の両方から，現在，日本の公的年金制度は立ちゆかなくなっています。

積立方式であれば，このような問題は回避できたはずでした。完全な導入まで

時間がかかるという問題の他に，野口（2005）は年金数理計算のミスを指摘しています。1965 年頃，年金制度設計において，所得の伸び率をゼロと仮定する一方で，割引率（すなわち年金の運用利回り）を 5.5% としたのです。これは少ない社会保険料負担でより大きな給付を想定したことになり，積立金不足を招きました。それは世代間格差にもつながっています。高山（2010）はこうした過去の過小負担分を過去拠出対応分として厚生年金のバランスシート分析をし，その債務超過額は 500 兆円と推計しています。これは今後の負担増または給付減で埋め合わされるものです。

社会保障費の削減が必要という認識はおそらく日本国民に広く共有されていると思います。2004 年の年金法改正でも，マクロ経済スライドというインフレによって年金給付が削減される仕組みを定めました。けれども，その後，インフレとはならなかったため，機能しない結果となりました。今後の社会保障改革では，年金財政を維持しつつ，どれだけ世代間格差の問題を解消できるかが課題になります。

参考文献

小黒一正（2013）『アベノミクスでも消費税は 25% を超える』PHP ビジネス新書。
高山憲之（2010）『年金と子ども手当』岩波書店。
野口悠紀雄（2005）『日本経済改造論——いかにして未来を切り開くか』東洋経済新報社。

キーワード

財政，財政の 3 機能，自動安定化装置（ビルト・イン・スタビライザー），累進課税，予算，補正予算，認知ラグ・実行ラグ・効果ラグ，45 度線分析，有効需要の原理，セイの法則，乗数効果，マンデル=フレミング・モデル，時間を通じた消費，恒常所得仮説，ライフサイクル・モデル，リカード=バローの中立命題，ノー・フリー・ランチの原則，家電エコポイント，需要先食い，駆込み需要，異時点間の代替効果，所得効果，消費税率の引き上げ，財政収支，建設国債と特例国債（または赤字国債），均衡予算主義，プライマリー・バランス（基礎的財政収支），60 年償還ルール，借換債，ゼロ・シーリング，マイナス・シーリング，社会保障関係費，国庫負担，社会保障と税の一体改革法，積立方式，賦課方式，世代間格差

問題

(1) 自動安定化装置の仕組みを説明しなさい。45 度線分析では，政府支出を増加させると乗数効果を伴い国民所得を増加させる。けれども，政府支出を増やし続けることで，

経済を成長し続けることはできない。それがなぜか説明しなさい。
(2) 利子率の変化は経済のどのような影響を与えるか，考えられるだけあげなさい（第5章のマクロ経済概念図（**図表 5-1**）も参考にしなさい）。
(3) 2013 年時点では，消費税率は 2014 年に 8%，2015 年に 10% へと引き上げられる予定である。消費税引き上げの効果を考察し，現時点までの状況と比較しなさい。
(4) 現在，国の借金はどの程度か調べなさい。このとき，国と地方，借り入れの長期と短期など，定義の違いによる債務残高の違いも確認しなさい。
(5) 社会保障には，税とは別に社会保障負担がある。どのような社会保障があって，税と比べてどれくらいの違いがあるのかを調べなさい。

第 11 章

企業活動と金融・金融政策

　本章では日本における金融システムと企業の関係を確認した後，1990年代以降にどのような金融政策が採用されてきて，それらが，どのような効果をもたらしたのかを考察します。

　1990年代に企業の民間投資は低迷しました。金融機関と民間企業はバランスシート調整に直面しました。金融機関は，自己資本比率維持のために，貸し渋りを行ったと考えられています。とくに1997年の金融危機では大規模なクレジット・クランチが発生しました。2000年代に入り，金融市場が落ち着いた後でも，民間投資にはそれほどの増加がみられませんでした。日本銀行は，2001年に短期金利ではなく，日銀当座預金の量を目標とする量的緩和政策を採用しました。2006年3月まで継続されたもののデフレ脱却には明らかな効果はみられませんでした。

　金融緩和の規模が小さかったり，日銀のデフレ対応が適切ではなかったりしたのか，あるいは，そもそも民間需要が縮小して金融緩和の効果がなかったのかなど，議論が活発化しました。2013年4月に日本銀行は量的・質的緩和政策を採用し，大胆な金融緩和を行うことになりました。

11.1　1990年代以降の企業と金融政策

▶ 概　要

　1990年代以降にGDP成長率が低くなった要因には，企業活動，とくに民

間投資の低迷があげられます。

　バブル崩壊後，当初，財政政策により景気は下支えされたものの不良債権問題は先送りされ，1997年に金融危機が発生しました。非金融民間企業もバランスシート調整に直面するとともに，同年のアジア通貨危機という外需ショックがあり，企業の投資活動は低迷しました。

　2000年代に入って，ITバブル崩壊により再び企業は外需ショックに直面しました。その後は不良債権処理が進み，景気は持ち直していきましたが，企業は日本的雇用システムからリストラをせざるを得ず，また，経済のグローバル化や中国経済の台頭により，労働者の賃金は低下圧力を受けました。そのため，2000年代半ば以降も円安や海外経済の好調にもかかわらず，国内景気は実感できるほどの好景気とはなりませんでした。

　2008年に世界金融危機になると，それまでの低金利政策で生じていた円キャリートレード（金利の低い円で資金を調達し，海外の高い金利で運用すること）の反動もあって為替は円高に転じ，輸出産業の価格競争力は低下しました。とくに，電気機器などコモディティ化された製品を製造する企業は厳しい経営環境に直面しました。

　図表11-1はGDPの項目のうち民間最終消費支出と民間設備投資の1994年以降の推移を比較したものです。それぞれについて，名目値と2005年を基準とした実質値を示しています。民間企業設備投資は名目では減少傾向にあります。実質でも伸びているとはいいがたく，リーマンショック直前を除けば60兆円前後で推移してきています。この投資が増加するような状況にならないことが，日本経済に景気回復感が出ないことの原因になってきました。

　一方で，民間消費（名目民間最終消費支出）については，緩やかながらも伸び続けています。たとえば，1994年第2四半期に272兆円だったものが，2013年第2四半期には294兆円となっています。実質ではさらに伸びており，同期間において約1.2倍（257兆円から315兆円）増加しました。

　そのため，1990年代以降の経済政策では民間投資需要の喚起が政策課題となりました。投資はその投資の期待利潤に加えて，実質利子率（＝名目利子率＋予想インフレ率）に依存します。日本の金融政策は利子率を引き下げ

■図表11-1　民間設備投資と民間最終消費支出の推移

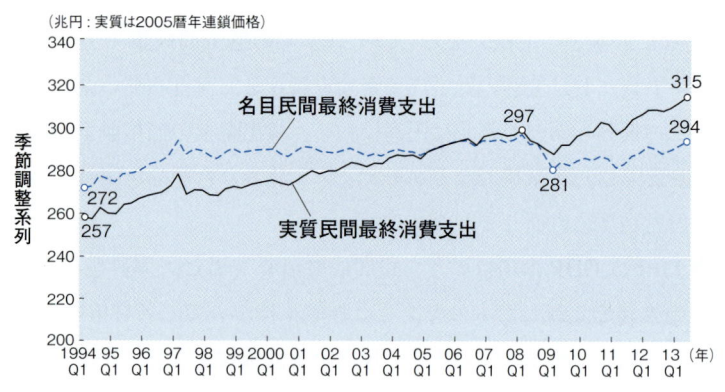

(兆億円：実質は2005暦年連鎖価格)

名目民間企業設備／実質民間企業設備（季節調整系列）

(兆円：実質は2005暦年連鎖価格)

名目民間最終消費支出／実質民間最終消費支出（季節調整系列）

(出所)　内閣府ウェブページ「国民経済計算」より作成。
(注)　季節調整済み四半期データ。Q1は第1四半期を意味する。民間消費と民間投資の規模には4倍程度の違いがある。縦軸の長さはその4倍に合わせているので，同じ額の変化の場合，民間投資の変動のほうが大きく見える点に注意。

ることで，民間投資を回復させることを目的としてきました。

　ただし，この点には議論の余地があります。図表11-1をみると，1997年，2001年，2007年とそれぞれ景気後退の直前まで，大幅な投資の増大がみられます。そのため，このときに金融緩和により過剰投資となり，その反動がより深い景気後退や（供給過剰による）デフレをもたらした可能性もあります。**過剰投資**なのか**過剰消費**なのか（両方の可能性もある），長期的にみて

経済状況はバランスがとれているのかいないのかなどは，政策選択にとって非常に重要ですが，その見極めは困難です。そのため，専門家である経済学者の間でも，極端に異なる政策提言がなされる場合があります。

▶ クレジット・クランチ

日本では，企業の投資活動は**銀行**など**金融仲介機関**を通じて資金が提供される**間接金融**に支えられています。間接金融に対して，資金の移転が金融仲介機関を介さない場合を**直接金融**といいます。企業は株式や社債，あるいは大企業であればコマーシャル・ペーパー（CP）を発行することで，資金を投資家から直接調達します。

日本は金融仲介機関の役割が大きいといいましたが，企業の資金調達は株式や出資金が中心で，海外と比較しても銀行等からの借り入れが特別大きな割合を占めているわけではありません[1]。しかしながら，株式は依然として企業間の株式の持ち合いが多く，直接金融が機能しているというわけでもありません。すなわち，直接金融と同じく金融市場での取引があるものの，貸し手の中心は銀行や，あるいは保険会社や年金基金などの**機関投資家**と呼ばれる金融機関です。

このような資金の仕組みを支えているのが，預金を中心とする家計の金融資産です。**図表 11-2** は内閣府（2008）『平成 20 年版経済財政白書』より抜粋した（リーマンショック前年の）2007 年末時点の各国家計の金融資産内訳を比較したものです。日本は，**現金・預金**の占める割合が約半分で，米国の 13.3％ と比較して大きくなっています。EU 各国は保険・年金準備金が多く，これを一種の預金ととらえると，日本との金融資産構造はそれほど大きな違いはありません。どちらの場合も，**リスク**を金融機関が引き受けているからです。日本のように金融機関を通じた金融仲介システムの場合，リスクが銀行に集中することになります。

図表 11-3 は 2013 年第 1 四半期時点での日本の資金の動きで，日本銀行が

---

[1] 内閣府（2008）『平成 20 年版経済財政白書』第 2 章第 5 節参照。また，このように間接金融型において，金融機関などが金融市場において市場取引を行うことは**市場型間接金融**と呼ばれています（池尾和人（2010）『現代の金融入門 [新版]』（ちくま新書）の第 1 章を参照）。

■図表11-2　家計ポートフォリオの各国比較（2007年末）

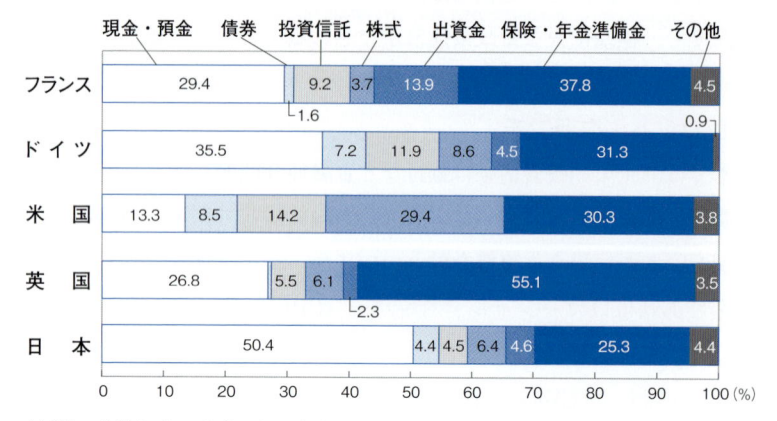

	現金・預金	債券	投資信託	株式	出資金	保険・年金準備金	その他
フランス	29.4	9.2	1.6 / 3.7	13.9		37.8	4.5
ドイツ	35.5	7.2	11.9	8.6	4.5	31.3	0.9
米国	13.3	8.5	14.2	29.4		30.3	3.8
英国	26.8	5.5	2.3 / 6.1			55.1	3.5
日本	50.4	4.4	4.5	6.4	4.6	25.3	4.4

（出所）内閣府（2008）『平成20年版経済財政白書』第2-5-3図を抜粋。
（注）　日本の原データは日本銀行「資金循環統計」。

発表する資金統計循環統計により確認できるものです。日本の家計を現金・預金を中心として，全体では1,571兆円の金融資産を有しており，銀行などの金融仲介機関を通じて，企業への貸出しや株式，社債などの証券の資金となっています。また，家計へは住宅ローンとして銀行等から貸し出されています。日本では一般政府へ多額の資金が流れています。総額では1,121兆円と，企業（民間非金融）の1,135兆円とほぼ同額になっています。

金融機関が不良債権を抱えてしまうと，**自己資本比率**が低下してしまいます。国際決済銀行（BIS；Bank for International Settlements）によるBIS規制により，国際的業務を行うためには以下で定義される自己資本比率を8％以上に保つ必要があります[2]。

$$自己資本比率(\%)＝(自己資本／リスク・アセット)×100$$

ここで，**自己資本**にはTierⅠ（基本的項目）と呼ばれる資本金や余剰金

---

[2] BIS規制と呼ばれることが多いのですが，正しくはバーゼル銀行監督委員会によるバーゼル合意です。2013年時点での合意はバーゼルⅢで，2019年から完全実施の予定です。本文で説明した1990年代後半時点での基準はバーゼルⅠです。バーゼルⅡは日本では2007年3月末から適用となっています。

■図表 11-3　資　金　循　環

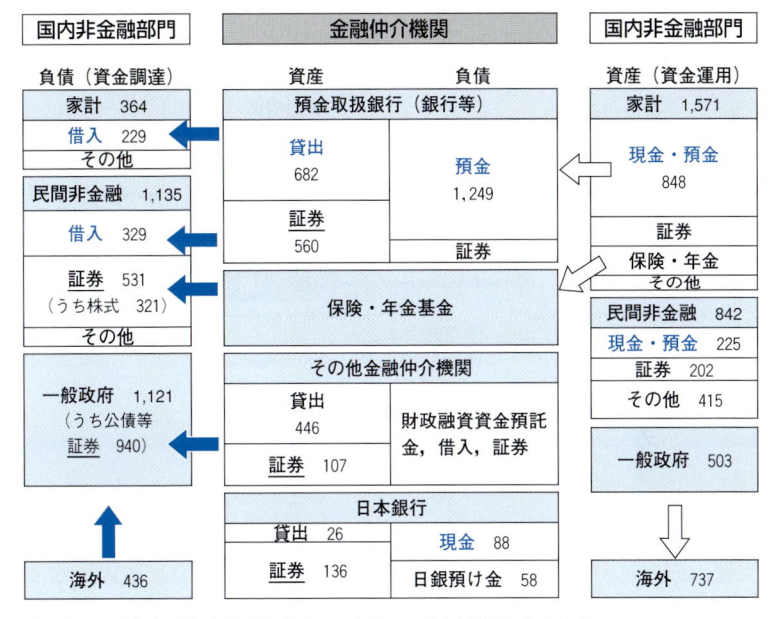

国内非金融部門	金融仲介機関	国内非金融部門
負債（資金調達）	資産 ／ 負債	資産（資金運用）

預金取扱銀行（銀行等）

国内非金融部門　負債（資金調達）
- 家計　364
  - 借入　229
  - その他
- 民間非金融　1,135
  - 借入　329
  - 証券　531
  - （うち株式　321）
  - その他
- 一般政府　1,121
  - （うち公債等）
  - 証券　940）
- 海外　436

金融仲介機関
- 預金取扱銀行（銀行等）
  - 資産：貸出　682／証券　560
  - 負債：預金　1,249／証券
- 保険・年金基金
- その他金融仲介機関
  - 貸出　446／証券　107
  - 財政融資資金預託金，借入，証券
- 日本銀行
  - 貸出　26／証券　136
  - 現金　88／日銀預け金　58

国内非金融部門　資産（資金運用）
- 家計　1,571
  - 現金・預金　848
  - 証券
  - 保険・年金
  - その他
- 民間非金融　842
  - 現金・預金　225
  - 証券　202
  - その他　415
- 一般政府　503
- 海外　737

（出所）　日本銀行「資金循環統計（2013 年第 1 四半期速報）」より作成。
（注）　単位は兆円。

の他に，Tier Ⅱ（補完的項目，劣後ローン，有価証券含み益の 45％，一般貸倒引当金など）も含まれます。

　金融機関の**バランスシート**（貸借対照表）では，大まかには，資産は現金や国債などの安全資産とその他の貸出しなどの**リスク・アセット**からなります。リスク・アセットはそれぞれのリスクの大きさに応じてリスク・ウェイトが乗じられます。安全資産とはそのリスク・ウェイトがゼロの資産のことをいいます[3]。

　金融機関が不良債権を処理する場合，**貸倒引当金**を計上し回収が不可能

---

[3] なお，企業向け融資のリスク・ウェイトが 100％なのに対して，住宅ローンのそれはバーゼル Ⅰ では 50％，バーゼル Ⅱ では 35％です。近年，貸倒れリスクの低い住宅ローンの金融機関間金利競争が生じていますが，自己資本比率の視点からも考察できます。

■図表 11-4　公的資金注入の仕組み

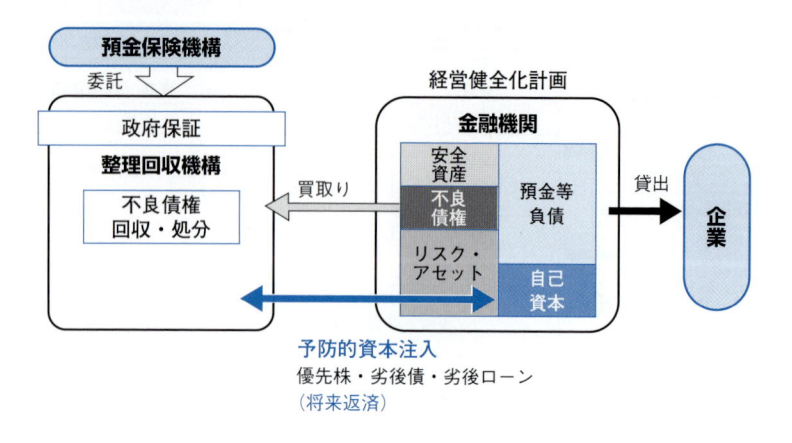

[図：預金保険機構が整理回収機構に委託・政府保証を行い、整理回収機構が金融機関の不良債権を買取り・回収・処分する。金融機関は経営健全化計画のもと、安全資産・不良債権・リスク・アセットと預金等負債・自己資本を持ち、企業に貸出を行う。予防的資本注入として優先株・劣後債・劣後ローン（将来返済）が行われる。]

になった場合に備えるか，最終的には不良債権を償却する（オフ・バランス化）するかします。このとき，**自己資本の毀損**により，自己資本比率は低下します。金融機関が自己資本比率の低下を防止するには，新株発行による自己資本増強という方法がありますが，経済・経営環境から難しいと考えられます。そのため，企業への貸出しを減らして国債を購入するなどの対策をとらざるを得ず，**貸し渋り**や**貸し剥がし**[4]が生じるのです。すでにみたように，日本は実質的には間接金融であるため，貸し渋りはマクロ経済にも大きく影響を与えてしまいます。それが市場全体で生じる場合を**クレジット・クランチ**（信用収縮）といい，1997 年の金融危機時に日本でも生じました。

　政府は，金融機関に公的資金を注入することでその解消を試みました。1999 年 10 月制定の**早期健全化法**などによりその仕組みが整えられました。**図表 11-4** にあるように，**預金保険機構**の委託を受けて**整理回収機構**が金融機関の不良債権を買い取り，処分します。その他に，**予防的資本注入**として，金融機関の優先株や劣後債など[5]を購入することで資本増強を行います。早

4　貸し剥がしとは，金融機関が企業への貸出資金を回収してしまうことをいいます。
5　優先株は配当や残余資産を優先的に受けられるもので，劣後債や劣後ローンは破綻時の返済順位が低い代わりに金利が高いものです。

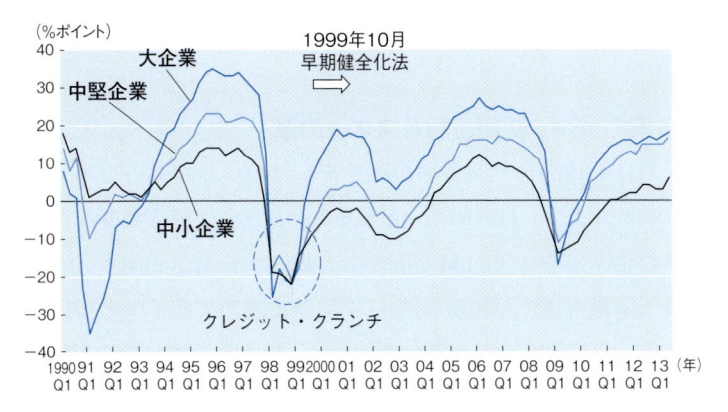

■図表 11-5　貸出態度 DI

(%ポイント)　大企業　1999年10月早期健全化法
中堅企業
中小企業
クレジット・クランチ

(出所)　日本銀行「全国企業短期経済観測調査」より作成。
(注)　金融機関の貸出態度 DI の企業規模別の値。

期健全化法では 32 金融機関に対して，約 8.6 兆円の資本増強が行われました[6]。資本増強により注入された公的資金は，金融機関の経営健全化により返済されるので，最終的にはその多くは国民の税負担とはなりません。

日本銀行による短観（「全国企業短期経済観測調査」の通称）には，「金融機関の貸出態度」についての企業アンケートがあります。これは，企業からみた金融機関の貸出態度について「1. 緩い」「2. さほど厳しくない」「3. 厳しい」を選択してもらうものです。図表 11-5 は，緩いと答えた企業数から厳しいと答えた企業数の差をパーセンテージ（%ポイント）にしたものです。緩いと解答した企業が多いほどプラスで大きくなります。

この図からわかるように，大企業，中小企業を問わず，1997 年の金融危機後，金融機関の貸出態度が全面的に厳しくなりました。景気回復の効果もありますが，1999 年以降に公的資金注入の仕組みができるとともに回復がみられました。

けれども，資金供給面からの問題解消策では，民間投資喚起に対しての効

---

[6] 預金保険機構「平成 24 年度預金保険機構年報」による。同年報では予防的資本注入の返済状況も確認できます。

果は限定的です。**金融システムの安定化**は重要ですが，そもそも，企業の投資需要がなければ投資は増えません。それでも，ゼロ金利政策などの金融緩和政策による投資刺激策が継続的に採用されてきました。

▶金融政策の手段：短期金利とマネーの量

ここからは，1990年代以降の金融政策がどのようなものであったか，その流れをつかみます。はじめに，それぞれの政策の意味を簡単に紹介します。

マクロ経済学で学ぶIS–LM分析では，財・サービス市場の均衡（IS）と貨幣市場（金融市場）の均衡（LM）を同時に満たす利子率と国民所得が求められます。伝統的な金融政策の考え方は，中央銀行が**公開市場操作**（オペレーション）という国債などの売買を通じて，金融市場の利子率に働きかけます。ただし，実際の政策ではマネーの「量」を政策目標にするのではなく，短期金利（日本では**無担保コールレート（オーバーナイト物）**）を**政策金利**とし，これに誘導目標を設定します。

コールレートとは，短期における金融機関間の資金を融通し合うコール市場における利子率です。無担保で資金が貸し出されて，翌日返済されるときの利子率を無担保コールレート（オーバーナイト物）といいます。オーバーナイト物は翌日物ともいいます。なお，かつて政策金利であった**公定歩合**とは，日本銀行が民間金融機関に資金を貸し付けるときの金利で，現在は**基準割引率および基準貸付利率**と呼ばれています。

金融緩和の場合，利子率が低下します。中央銀行が操作するのは短期金利ですが，短期と長期の利子率の間には**利子率の期間構造**（term structure of interest rates）と呼ばれる関係がみられます。基本的には，市場で短期と長期の利子率は同じになる（無裁定条件）取引となりますが，長期の利子率はリスク・プレミアムがそこに上乗せされるため，その分だけ高くなります。

この仕組みから，中央銀行が短期金利に働きかけることで，投資需要に影響する長期金利にも変化をもたらします。1999年2月に日本銀行はゼロ金利政策を導入しました。**図表11-6**はその前後の利子率の期間構造の変化を示したものです。横軸に満期までの残存期間（年）をとっており，右に行くほど長期であることを意味しています。縦軸はそれぞれの期間における利子

■図表 11-6　イールドカーブ

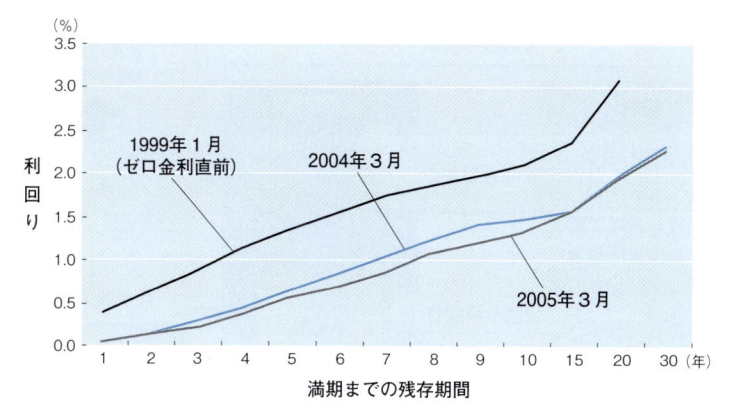

（出所）内閣府（2005）『平成17年版経済財政白書』第1-4-4図を抜粋。

率（利回り）です。この図のように長期ほど金利が高くなるようなグラフを**イールドカーブ**といいます。

ゼロ金利政策採用前の1991年1月と比べて2004年や2005年の利子率は全体的に低下しています。短期の利子率に働きかけることで，長期の利子率も低下しました。このような長・短全体での利子率の低下を**時間軸効果**といいます。

ただし，長期の利子率への働きかけの仕組みは単純ではありません。中央銀行が短期の名目利子率を操作したとき，インフレ率には短期では動きにくいという**粘着性**（sticky prices）があるため，実質利子率も操作できます（実質利子率↓＝名目利子率↓－インフレ率固定（粘着性））。けれども長い期間で考えると実質利子率は**自然利子率**と呼ばれる水準になるはずです。

ところで名目利子率には**ゼロ下限**（非負制約）があり，マイナスにはできません。マイナス預金では利子が取られてしまうため，現金を保有したほうが有利になるからです。そのため，利子率がゼロに近づくと，金融調整は困難になります。そこで，近年，従来の金融政策とは異なる手法がとられており，それらを**非伝統的金融政策**と呼んでいます。日本でも2001年3月に**量**

■図表11-7 量的緩和政策の仕組み

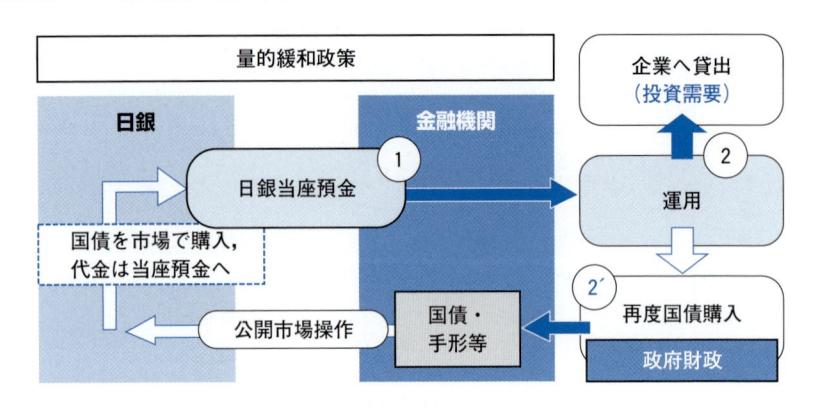

的緩和政策（quantitative easing）が採用されました。この政策で政策目標となったのは「量」です。

量的緩和政策の基礎的な仕組みは、**図表11-7**のようなものです。日本銀行は、公開市場操作により市場から国債などを買い入れます（買いオペ）。その代金は金融機関が日本銀行に持つ**日銀当座預金**に振り込まれます。日銀当座預金は金融機関の間の決済に用いられますが、**準備預金**の預け入れ先にもなっています。金融機関は預金等のうち一定割合を準備預金として日本銀行に預けなければいけません。その割合を**準備率**といいます。現在の日本では行われていませんが、準備率を変更することで金融調整することも可能です。

基本的には日銀当座預金に利子が付きません[7]。そのため、金融機関は日銀当座預金にある超過預金をそのままにしておくと、預金には利子支払いがあるため、損失が生じます。そこで、通常はその資金を運用に回します。このような金融機関における国債保有からリスク性資産への移行を、**ポートフォリオ・リバランス効果**といいます。

---

[7] 2008年以降は、定められた必要準備預金を超えた超過準備には利子が付くようになりました。これを**補完当座預金制度**といいます。コールレートに変動があった場合でも、金融機関は日銀当座預金において一定金利で資金の貸し借りが可能です。補完当座預金制度は時限措置ですが、2009年に当分の間延長することになり現在（2014年）に至っています。

けれども，量的緩和政策に効果が出るためにはいくつかの条件が必要です。1つめは図の①において，日銀当座預金から金融機関が資金を引き出すことです。日銀当座預金に利子が付かない（当時）とはいえ，経済が不安定な状況では当座預金が資産保存先になってしまう可能性があります。また，金融機関が**流動性の不足**（貸出しに必要な短期資金が手元にない）の状態になければ，すでに手元に資金があるためそこから引き出す必要がありません。

2つめは図の②の場所で企業への貸出しが行われるかです。利子率が低くても**投資需要**がそもそもなければ，貸出しは増えません。デフレやバランスシート調整により企業が借り入れに慎重になっている場合もあります。

3つめは運用先が再び国債とならないかです。優良な貸出し先が見つからない中で，政府の財政赤字が継続していれば，金融機関はその資金を**国債の再購入**に回すことになってしまいます。

▶ ゼロ金利政策から量的緩和政策へ

日本銀行は，1991年7月に旧公定歩合を引き下げて以来（6.0%から5.5%），順次引き下げを継続しました。1995年9月に1.0%から0.5%へと引き下げたことで，低金利状態になりました。その後，日本経済は一時的に回復するものの低金利は継続されました。

1998年4月には**新日本銀行法**により金融政策の仕組みが変更となり，総裁，2名の副総裁，および6名の審議委員からなる**金融政策決定会合**での多数決で，金融政策の方針が決定されることになりました。また，日本銀行の（政府からの）**独立性**が強まるとともに，**説明責任**も重視されることになりました。

1997年の金融危機後，日本銀行はコールレートの目標を引き下げてはいましたが，1999年2月にはさらにおおむねゼロ（0.15%）へと引き下げ，**ゼロ金利政策**を導入しました。同年4月には「デフレ懸念が払拭されるまで」金融緩和を継続するという表現で，時間軸効果の強化も目指しました。

景気が回復傾向を見せたため，2000年8月にゼロ金利は一時解除されました[8]が，ITバブル崩壊により景気が悪化すると，2001年2月にはゼロ金利政策へ復帰しました。さらに3月に**量的緩和政策**を導入し，政策目標を金利

■図表 11-8　日銀当座預金と政策金利の推移

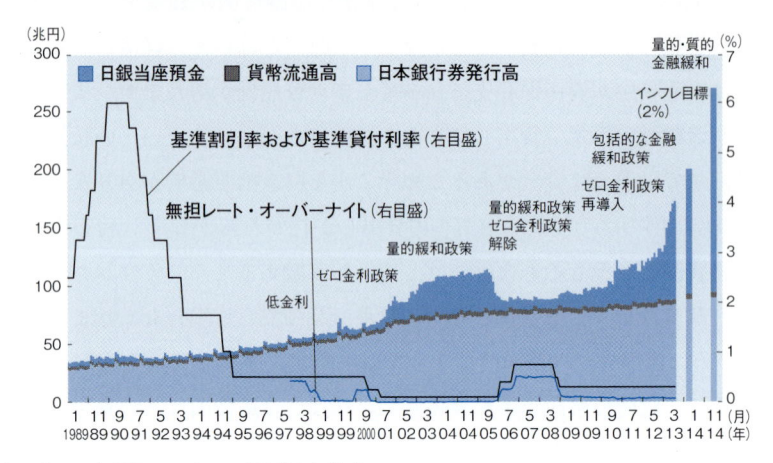

(出所)　日本銀行ウェブページ統計より作成。
(注)　日本銀行券発行高，貨幣流通高，日銀当座預金の合計がマネタリーベースとなる。これらの額は名目値。基準割引率および基準貸付利率はかつて公定歩合と呼ばれていたもの。無担レートは無担保コールレート（オーバーナイト物）。2014年以降は量的・質的金融緩和で示された目標値。

から量へと変更しました。

　日銀当座預金，貨幣流通高，日本銀行券発行高を合わせたものを**マネタリーベース**といいます。**図表 11-8** ではそれぞれの残高と政策金利の推移を示しています。量的緩和政策導入と目標額の引き上げにより，2006年3月の解除まで，日銀当座預金がそれまでと比較して大きくなっています。

　2006年7月にはゼロ金利政策が解除されました。この時期，景気はいざなぎ景気を超える長期の回復期にあったものの，デフレ傾向は解消されておらず，金融政策の変更には批判もありました。

8　このときのゼロ金利政策解除への批判は強く，翁（2013）は，ゼロ金利解除は必ずしも日本銀行内のコンセンサスではなく，当時の速水優総裁の信念に引きずられる形で強行されたと指摘しています（翁邦雄（2013）『日本銀行』ちくま新書，164-167ページ）。

■ 金融政策の年表

1995 年 9 月	金利引き下げ，超低金利状態へ
	(旧公定歩合 1.0%→0.5%)
1998 年 4 月	**新日本銀行法**の施行
	独立性・透明性・説明責任の強化，金融政策決定会合の定例化
1999 年 2 月	**ゼロ金利政策**を導入
	(無担保コールレート（オーバーナイト物）0.25%→0.15%)
2000 年 8 月	ゼロ金利政策（一時）解除
	(無担保コールレート 0%→0.25%)
2001 年 2 月	ゼロ金利政策へ復帰
	(旧公定歩合 0.5%→0.35%→0.25%→0.1%)
	(無担保コールレート 0.25%→0.15%)
2001 年 3 月	**量的緩和政策**
	(調整目標を金利から日銀当座預金残高へ変更)
	(目標残高を順次増額 5 兆円→35 兆円（2004 年 1 月）)
2006 年 3 月	量的緩和政策解除，金利調整へ変更
	(無担保コールレート 0%)
2006 年 7 月	ゼロ金利政策解除
	(無担保コールレート 0%→0.25%→0.5%)
	(基準割引率 0.1%→0.4%→0.75%)
2008 年 10 月	ゼロ金利政策
	(無担保コールレート 0.5%→0.3%→0.1%)
2010 年 10 月	**包括的な金融緩和政策**
	(無担保コールレート 0%〜0.1%)
	(資産買入等の基金（35 兆円程度）の創設→のち順次増額)
2012 年 2 月	「中長期的な物価安定の目途」を示す
	(消費者物価の前年比上昇率 1%)
2013 年 1 月	**物価安定の目標**（インフレ目標）の導入
	(消費者物価の前年比上昇率 2%)
2013 年 4 月	**量的・質的金融緩和**
	(調整目標を金利からマネタリーベースへ変更，年間 60〜70 兆円増加)
	(長期国債買い入れの拡大，資産買入等の基金廃止)

▶ リスクを伴う金融政策

　日本経済は 2007 年後半に景気後退期に入るとともに，2008 年 9 月にリーマンショックが発生に直面しました。世界経済は世界金融危機に陥り，日本でも輸出産業を中心に企業業績が大幅に悪化しました。それに対して日本銀行は再び目標金利を引き下げ，ゼロ金利政策へと戻りました。当初，日銀のバランスシートの拡大は緩やかであったものの，2010 年の**包括的な金融緩和政策**などにより拡大してきました。

　包括的な金融緩和政策では，コマーシャルペーパー（CP），社債，指数連動型上場投資信託（ETF），不動産投資信託（J-REIT）など，これまでよりもリスクのある資産を**資産買入等の基金**により購入することになりました。資産買入等の基金はその後に増額されて 2012 年 12 月には 101 兆円規模にまで設定されました。これらのリスクが顕在化してしまった場合は，その負担は政府が負うことになるため，**準財政政策的**といわれます。さらに，2013 年 1 月には 2％ の**インフレ目標**が設定されました。

　2013 年 4 月に黒田東彦（はるひこ）総裁のもとで，日本銀行は**量的・質的金融緩和政策**を打ち出しました。2％ のインフレ目標を達成するために，マネタリーベースを 2 年で 2 倍にすることとし，長期国債を大量に購入することが決まりました。**図表 11-8** ではこの政策により予想される 2014 年，2015 年 3 月時点のマネタリーベースも示しています。これまでのマネタリーベースと比較するとまさに**異次元緩和**と名付けられる通りの大規模なものです。

　このように，日本では金融緩和が継続的に採用されてきました。けれども，インフレ率は低位またはマイナスで，それに見合うだけの民間投資の増加もみられません。1990 年代以前の日本では金融政策の効果はあり，バブル経済をもたらすほどでした。なぜ金融政策に効果がみられなくなったのかを次節では考えていきます。

❖ **コラム　為替介入**

　第 7 章で学んだように金融緩和の効果には為替レートの減価もあります。けれども直接的な手法は為替介入です。2001 年 3 月の量的緩和政策導入後，当初は円安となったものの，2002 年以降は円高傾向が続きました。とくに 2003 年頃か

ら円高が加速したため，財務省は大規模な為替介入を行いました。この介入は総額で30兆円を超える規模におよびました。

日本で為替介入は政府の**外国為替特別会計**を通じて行われます。円高に対する為替介入は，円売りドル買いですが，このときの**国庫短期証券**（2009年までは政府短期証券）を発行して資金調達されます。この段階では，政府の債務が増加しただけですが，これを日本銀行が買い入れると通常の買いオペと同じく，金融緩和効果を持ちます。これを**非不胎化介入**と呼んでいます。黒田（2005，154ページ）は2003年から2004年の為替介入で半分程度が非不胎化されたと指摘しています。

なお，教科書等では，中央銀行が為替介入をして，その分の資金を市場から吸収することを**不胎化**と呼んでいます。一方，現在日本では，財務省の為替介入に対して，日銀が国庫短期証券を引き受けているわけではないので最初から不胎化になります。それを買い入れることで非不胎化されます。

図表11-9は為替レートと為替介入規模（月額）を示すとともに，日本銀行の国庫短期証券買入額を示しています。2005年以降と比べてそれ以前では国庫短期証券の買入額が大きいことがわかります。

さて，2005年から為替レートは円安傾向へと転じるとともに，円キャリートレードと呼ばれる取引が増大しました。その主要因は内外の金利差と考えられま

■図表11-9　為替介入

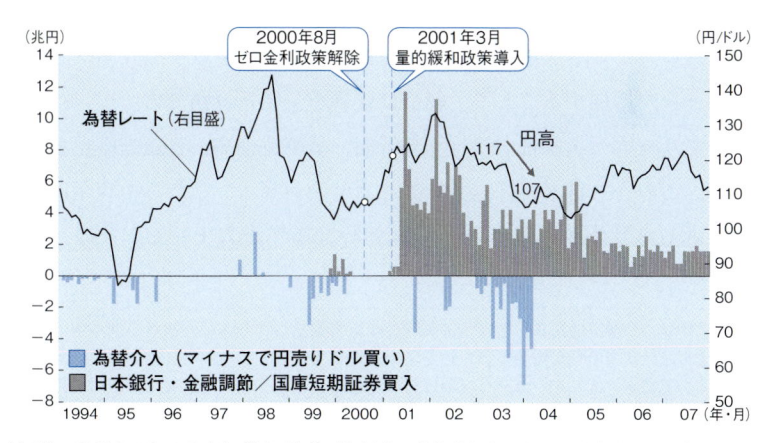

（出所）　為替介入額は財務省「外国為替平衡操作の実施状況」より月中分をまとめて作成。日本銀行の国庫短期証券買入は金融調整より作成。為替レートは月中平均（日本銀行統計データ）より作成。

すが，為替介入が行われたことで，円高の下限が市場で認識されたこともあります。

> **参考文献**

黒田東彦（2005）『財政金融政策の成功と失敗』日本評論社。

11.2　金融政策を考える

▶ 金融政策の効果

金融政策の波及経路の主なものとして，**金利チャンネル**と**信用チャンネル**があります。金利チャンネルとは，前節でみたように債券等の売買を通じて金利を操作することで，民間投資に影響を及ぼす経路です。民間投資が増えるとGDPも増加します。

金利はその他にも為替や株価にも影響を与えます。株価などの資産に影響を与えた場合は，たとえば資産価格が上昇した場合に高額消費が増えるなどの**資産効果**も生じます。

一方の信用チャンネルは，日本銀行が**マネタリーベース**（ハイパワードマネーともいう）を増加させて，その結果，**マネーストック**（マネーサプライともいう）が増加することで，経済に影響を与える経路です。

マネタリーベースは日本銀行券発行高，貨幣流通高，日銀当座預金の合計ですが，このうち日本銀行券発行高と貨幣流通高は，これらの現金通貨への需要に応じて供給されるため[9]，日本銀行は操作できません。そのため，日

---

[9] 現金通貨は，金融機関が日銀当座預金から現金を引き出したときに，初めて世の中に出回ります。金融機関は顧客の現金需要に合わせて現金通貨を用意しますが，それ以上に銀行金庫に保存しておく必要はありません。余分な現金は再び日銀当座預金に預けられます。そのため，日本銀行は，ヘリコプター・マネーと呼ばれるような現金通貨のばらまきを実際にはできません。この点から，統計上，金融機関が保有する現金額は，マネタリーベースの流通現金には含まれていますが，マネーストックには含まれていません。また，政府が現金通貨から得られる収入をシニョリッジ（seigniorage；通貨発行益）といいますが，シニョリッジは現金通貨の増加額の部分です。上記のヘリコプター・マネーと同じように貨幣需要に応じて決まるものなので，シニョリッジを狙って現金通貨の発行を増やすことはほとんどできません。

■ 図表 11-10　マネーストック，マネタリーベースの内訳（2010 年 9 月平均残高）

(単位：兆円)

			2010 年 9 月	2013 年 8 月
広義流動性			1,450	1,511
	金銭の信託，投資信託，金融債など			
	M3		1,079	1,160
		M3/マネタリーベース（倍率）	(11.0)	(6.7)
		準通貨（定期預金など）	555	565
		CD（譲渡性預金）	23	34
	M2	M3 から郵便貯金等を除いたもの	779	850
			491	561
		M1 現金通貨	73	80
		流動性預金（普通預金など）	418	481
マネタリーベース			98	172
	日本銀行券発行高		77	84
	貨幣流通高		5	5
	日銀当座預金		17	84

(出所)　日本銀行「マネーストック」および「マネタリーサーベイ」より作成。
(注)　2010 年 9 月は包括的な金融緩和政策が採用される前の月で，2013 年 8 月は 2013 年 4 月の量的・質的金融緩和採用後。

銀当座預金が操作目標となります。図表 11-10 は，マネーストックとマネタリーベースの内訳です。2010 年 9 月と 2013 年 8 月時点での金額が示されています。

　日本経済を考察するときのマネーは M3 が中心指標になります。マネーには現金だけではなく，流動性（すみやかに交換できること）のある預金・貯金を含みます。まず，M1 とは金融機関が保有する現金を含まない現金通貨と，普通預金などの流動性預金を合計したものです。M3 は M1 に定期預金などの準通貨や譲渡性預金（CD）を加えたものです。従来は M2＋CD という指標が主な指標でした。M2 には郵便貯金が含まれません。郵政民営化に伴い，民間銀行との違いがなくなったため，現在はそれを含む M3 をみます。

　信用チャンネルとは，銀行の信用創造によるマネー増加の経路です。図表 11-11 ではその経路を単純化して説明しています。

　まず，はじめの本源的預金として家計が銀行 A に預金します。銀行 A は

■図表 11-11　信用創造の概要

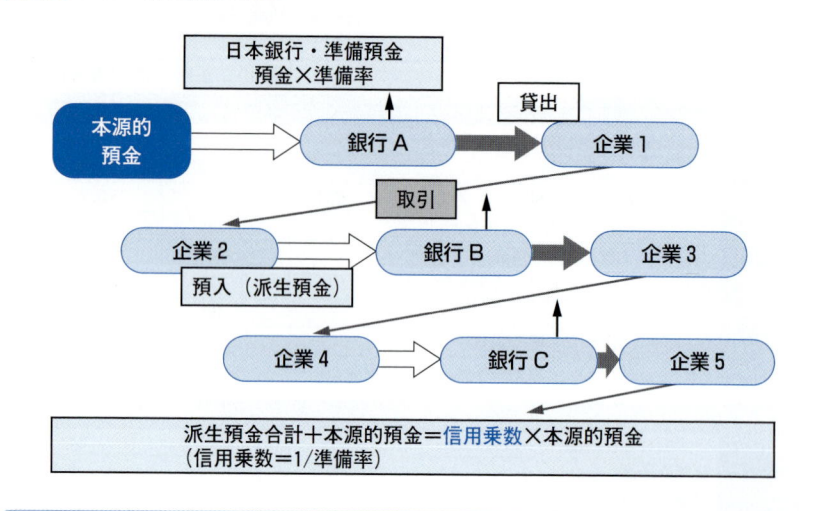

```
                日本銀行・準備預金
                預金×準備率
                                          貸出
   本源的           銀行 A                   企業 1
   預金
                        取引
   企業 2           銀行 B                   企業 3
        預入（派生預金）

           企業 4      銀行 C      企業 5

   派生預金合計＋本源的預金＝信用乗数×本源的預金
   （信用乗数＝1/準備率）
```

　準備預金制度にもとづき，その預金を準備率分だけ日本銀行の当座預金に預けますが，残りを貸出し等で運用します。たとえば企業1に貸し出したとします。

　企業1は企業2と何かしらの経済取引を行いますが，この取引の資金は銀行を通じて行われます。このときの企業2の銀行Bへの預入を**派生預金**といいます。企業でなくても，家計への労働賃金の支払いであったりする場合も同じです。銀行Bはやはり一部は準備預金として日銀当座預金に預けますが，残りの派生預金を運用することが可能になります。

　このプロセスが続いていくと，当初の本源的預金に加えて，派生預金が増えていくことになります。これを銀行による信用創造といいます。預金が増えるということはマネーストックが増えることを意味します。その増加率を**信用乗数**といいます。信用乗数は計算すると「1/準備率」となります。

　ここで，本源的預金を日本銀行のマネタリーベースと置き換えても同じ効果が発生します。日本銀行のマネタリーベースを H とし，マネーストック（通常は M3）を M とします。また，現金通貨を C，預金（流動性預金や準通貨など）を D，準備預金を R とします。このとき，マネタリーベース

H とマネーストック M の比率を図表 11-10 にある内訳を参考に求めると，おおむね，

$$\frac{M}{H} = \frac{C+D}{C+R}$$

となります。さらに準備率を r として書き換えると，

$$M = \left(\frac{C/D+1}{C/D+r}\right) \times H$$

となります。ここで，C/D は現金・預金比率で，$\left(\frac{C/D+1}{C/D+r}\right)$ が信用乗数となります。ここに準備率がかかわっています。

マネタリーベース H を日本銀行が増加させると，マネーストック M が増えるという式になっていますが，その背後に信用チャンネルを通じた経路があります。

図表 11-10 では M3 とマネタリーベースの比率すなわち式の M/H を計算しています。2010 年 9 月に 11 倍であるのに対して，2013 年 8 月では 6.7 倍にすぎません。日銀当座預金が 17 兆円から 84 兆円へ増加しているのにもかかわらず，M3 はそれほど増加していません。銀行の流動性（資金）不足がないとすると，信用創造が働いていないのは，理論上，企業の借入需要，主に投資需要が小さいことが原因だと考えられます。

▶ 量的・質的金融緩和

低金利やさらに量的緩和政策にもかかわらず，投資需要が増えない原因は主に 2 つ考えられます。一つは日本経済の基礎構造（供給面）です。日本経済はすでに高水準にあるため，マクロでの投資収益率が小さくなってしまったことや少子高齢化により必要な投資が少なくなったためです。潜在成長率が低下しているため，金融緩和は望むような効果がないばかりではなく，（必要以上の投資がそれでも行われてしまう）過剰投資を生み出してしまいます。

もう一つはデフレ予想（期待）によるという見方です（需要面）。たとえば，企業が投資により財を生産するとします。名目で考えると，デフレの場合，その財の価格が将来下落してしまうことを意味します。この場合，金利

が十分低くても収益が投資を上回るとは限らず，実質金利が高くなっていることになります。デフレ予想が日本経済に固く形成されてしまっていると抜け出すのは難しく，それを解消するためには大胆な政策が必要となります。2013年4月に量的・質的金融緩和を採用した黒田日銀総裁は，その直後の講演で次のように効果のメカニズムを説明しています。

> 「『量的・質的金融緩和』が，どのようなメカニズムによって2%の目標を達成するのかということをお話しします。日本銀行では，金融緩和の効果は，主に**3つの経路**を通じて経済・物価に波及すると想定しています。
> 　第1に，長期国債やETF，J-REITの買入れは，**長めの金利の低下**を促し，資産価格のプレミアムに働きかける効果を持ちます。これが，資金調達コストの低下を通じて，企業などの資金需要を喚起すると考えられます。第2に，日本銀行が長期国債を大量に買入れる結果として，これまで長期国債の運用を行っていた投資家や金融機関が，株式や外債等のリスク資産へ運用をシフトさせたり，貸出を増やしていくことが期待されます。これは，教科書的には**ポートフォリオ・リバランス効果**と言われるものです。長期国債の買入れの平均残存期間を思い切って延長したのは，この効果を意識したものです。また，第3に，物価安定目標の早期実現を約束し，次元の違う金融緩和を継続することにより，市場や経済主体の期待を抜本的に転換する効果が考えられます。先ほどお話しした**デフレ期待の払拭**です。予想物価上昇率が上昇すれば，現実の物価に影響を与えるだけでなく，実質金利の低下などを通じて民間需要を刺激することも期待できます。」（黒田東彦日本銀行総裁，講演「量的・質的金融緩和―読売国際経済懇話会における講演―」，2013年4月12日より。）

　これら3つの経路のうち，3つめのデフレ期待の払拭が，2013年に大胆な金融緩和が採用された主な理由です。**図表11-12**は1990年以降のインフレ率の推移です。これまでの非伝統的金融政策では，デフレからの脱却に明確な効果はありませんでした。金融政策は効果が出るまでにラグがあるため，

■図表11-12　インフレ率の推移

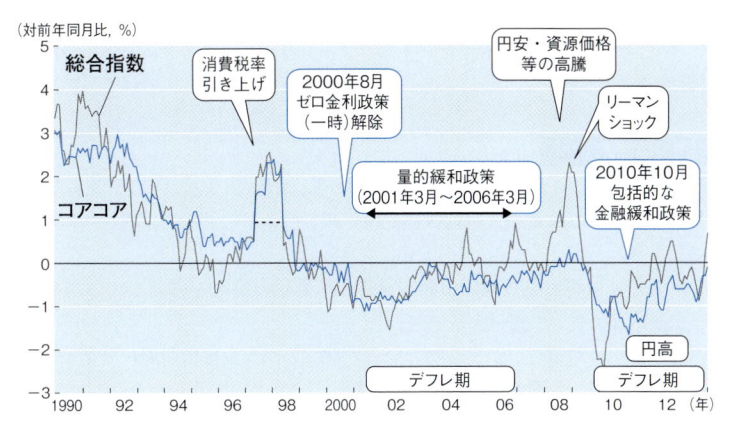

(出所)　総務省統計局「平成22年基準消費者物価指数」より作成（第7章の図表7-3と同じデータ）。
(注)　対前年同月比（％）の値。グレーの線グラフが総合指数のインフレ率，青色の線グラフがコアコア（食料（酒類を除く）およびエネルギーを除く総合）のインフレ率。点線は消費税率の影響を取り除いた場合のインフレ率について大まかに線を引いたもの。

　量的・質的金融緩和の効果はまだわかりません。デフレ脱却をもたらすのかは，人々や企業のデフレ予想が大胆な金融緩和で崩れるのかどうかにかかっています。

　一方で，第1章でみたように，国債買い入れという金融緩和策は財政規律を弱める可能性があります。戦前は軍事費の膨張をもたらしました。現代の日本では社会保障関係費がカギとなるでしょう。戦前と現在とで政府債務は対GDP比でほぼ同じです。大胆な金融緩和，財政破綻とそれに伴うハイパーインフレ等の経済破壊の危険性には十分な注意が必要です。

キーワード

過剰投資，過剰消費，間接金融，直接金融，金融仲介機関，自己資本比率，バランスシート（貸借対照表），リスク・アセット，貸し渋り，貸し剥がし，クレジット・クランチ（信用収縮），予防的資本注入，金融政策決定会合，公開市場操作（オペレーション），政策金利，無担保コールレート（オーバーナイト物），利子率の期間構造，イールドカーブ，

時間軸効果，インフレ率の粘着性，自然利子率，ゼロ金利政策，名目利子率のゼロ下限，非伝統的金融政策，量的緩和政策，日銀当座預金，ポートフォリオ・リバランス効果，包括的な金融緩和政策，準財政政策的，量的・質的金融緩和政策，為替介入，円キャリートレード，金利チャンネル，信用チャンネル，マネタリーベース，マネーストック，信用創造，信用乗数，デフレ予想

問　題

(1) 最新の日本銀行「資金循環統計」を確認して，2013年3月のものと比較しなさい。
(2) 預金保険機構の最新の「預金保険機構年報」により，予防的資本注入の返済状況を確認しなさい。
(3) 日本銀行「全国企業短期経済観測調査」の最新の調査を確認して，現在の日本経済・金融状況について述べなさい。
(4) 中央銀行（日本銀行）が翌日物という短期（しかも金融機関間）の利子率を操作することで，なぜ，企業の投資行動に影響を与えることができるのか説明しなさい。
(5) 2013年4月に採用された量的・質的金融緩和は，現時点でどのような効果をもたらしたのかを分析してみなさい。

おわりに[1]

　本書の執筆時点での日本経済は先行きが不透明な状況です。2011年3月11日に発生した東日本大震災では，地震や津波により多くの尊い命が失われました。さらに，東京電力福島第一原子力発電所の事故をうけて，国内の原子力発電所は相次いで停止となりました。当初，電気料金の値上がりは電力会社の積立金による調整で緩やかであったものの，円安の影響もあって2013年夏頃から本格化しました。鉱物性燃料（原油や天然ガス）の輸入増大により貿易収支が赤字化しました。2014年4月に消費税率が引き上げられることも決まりました。

　そこで，教科書の枠を超えますが，中長期的視点で今後の見通しについて考えてみたいと思います。本書の執筆時点からずいぶんと時がたってから，読んでいる方もいるかもしれません。その場合は実際の状況と比較してみてください。

　量的・質的金融緩和が2013年4月から始まりました。著者は，量的・質的金融緩和直後に，為替レートへの円安効果を確認しました（ただし，米国の出口戦略が市場で意識され始めると，その効果は埋没したように見えます）。そして，円安により輸出企業の業績は回復し，乱高下があったものの株価は上がりました。インフレ率は上昇したものの，それはコスト高を反映したもので，人々の生活が豊かになったわけではありません。さらに，実質賃金の上昇が必要で，それには，アベノミクスの第一の矢（金融政策）だけではなく，第三の矢である成長戦略がカギとなります。背景に実質所得（賃金）の低下圧力があるからです。

　ここで問題になるのはエネルギーコストが誰に転嫁されるか（されたか）

---

[1] この文章は，著者が2013年1月31日にアゴラに投稿した記事「円安でインフレになるか？　問題は実質所得の低下」を2013年10月時点の統計で加筆・修正したものです（「アゴラ　言論プラットフォーム」http://agora-web.jp/archives/1516345.html）。

■図表Ⅰ　ガソリン価格と原油価格

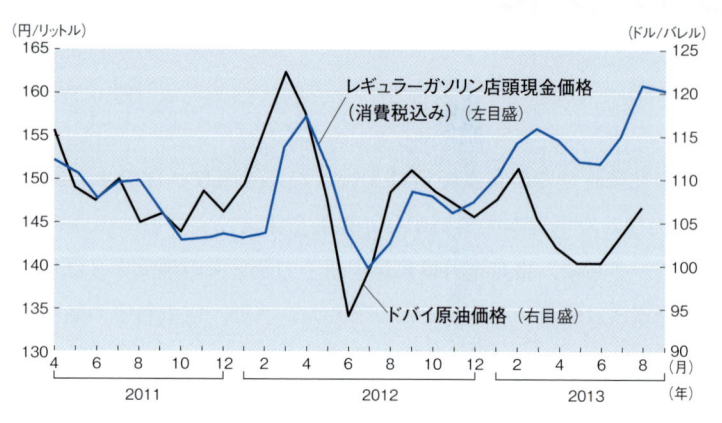

（出所）　レギュラーガソリン価格は資源エネルギー庁「石油製品価格調査」，ドバイ原油価格は IMF, Primary Commodity Prices より作成。

おわりに

です。円安や国際経済の変化によるエネルギーコスト上昇により生じるのは，インフレにならずに賃金が低下するか，インフレになって実質所得が低下するかの動きです。

図表Ⅰにあるように，円安の影響により 2013 年に入ると日本国内のガソリン価格は上昇基調となりました。図ではドバイ原油価格（ドル/バレル）の動きもわかります。ガソリン価格は海外の原油価格や為替レートにすばやく反応するため，原油価格の動きからの乖離分はほとんど円安の影響です。

日本では消費者物価指数のうちコアコアと呼ばれる食料（酒類を除く）およびエネルギーを除く総合指数においてデフレ傾向でした。2013 年 6 月に，総合指数ではインフレ率がプラスとなったものの，それはガソリンや電気料金の値上げが主な要因でした。

日本がこれまでデフレ傾向にあった原因の一つは需要の低下でしょう。デフレ・スパイラルによりその状態から抜け出せなくなった可能性があります。量的・質的金融政策はそこからの脱却を目指しています。

2 つめは企業が賃金引き下げにより料金・価格を据え置いたからだと考えています。たとえば，ガソリン価格が上昇しても，タクシーやバスなどの交

通料金はすぐには上がりません。そのため，ガソリン価格が高止まりすれば，会社の利益は低下したままになります。利益を回復するためには，料金を引き上げるか，コスト（賃金）を引き下げるが必要になります。

ここに第5章で紹介した「合成の誤謬」あるいは複数均衡の仕組みがかかわります。もし自社のみ料金を上げてしまえば，その会社は一人負けになってしまいます。他の会社は少し我慢することで，価格競争に勝つことができるからです。それを避けてすべての会社が価格を据え置いたり，さらに安値競争したりしてきたのがデフレと所得低下の基本構造です。すべての会社が料金を一斉に引き上げればインフレになり，労働者の賃金も下がらないのに，そうはできない状況です。

3つめはグローバル化です。とくに日本が生産を得意としてきた電気製品などは，コモディティ化やモジュール化により，新興国が安価で大量に生産できるようになりました。2007年と比べると，2013年ではたとえば通信機の輸出額は半減し，逆に輸入額は約2.4倍になりました。スマートフォンは音響・映像機器に置き換わっています。

統計をみると，最近の消費者物価指数におけるデフレでは，電気製品の価格下落の寄与度が大きくなっています。ただし，これは世界共通です。日本で特徴的なのは他のサービス価格等が上昇しないことです。賃金の上昇が抑制されて，そこに，グローバル化による価格低下圧力が加わり，総合的にはデフレとなっています。家賃も含みますが，サービス価格がデフレ解明のカギです。

さて，円安になってインフレにもなる（なった）イメージがありますが，問題は名目の動きだけでは見えてきません。エネルギーコスト（価格上昇，円安，数量増加）が価格に転嫁されるならインフレになり，それが十分でなければ給与が下がって，むしろデフレ圧力につながります。いずれにしても実質賃金がどうなるかが問題です。

インフレであればコストは広く消費者が負担することになります。一方で，デフレであれば働く人に負担が偏ります。そのため，著者は企業活動の活性化や公正な配分の視点から，コスト由来の分についてはデフレよりもインフレのほうが望ましいと感じます。合成の誤謬が要因であれば，もしみんなが

■図表Ⅱ　政府債務（国債残高）の対GDP（GNP）比率の推移

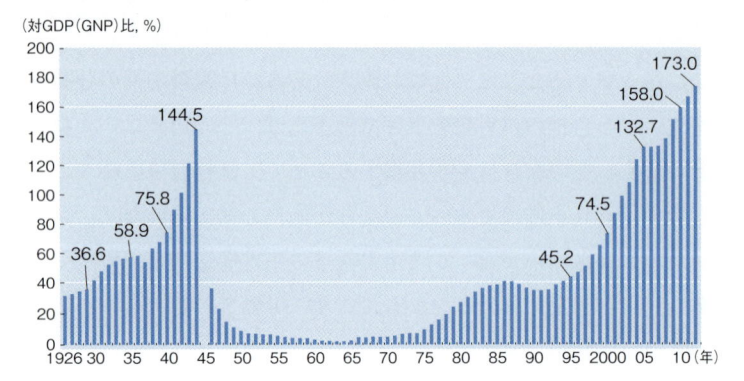

(対GDP(GNP)比, %)　数値ラベル: 36.6, 58.9, 75.8, 144.5, 45.2, 74.5, 132.7, 158.0, 173.0（年次 1926〜2010）

（出所）　財務省「国債統計年報」，内閣府『平成25年版経済財政白書』長期統計，総務省統計局「日本長期統計総覧」，大川一司・高松信清・山本有造（1974）『長期経済統計1――推計と分析　国民所得』東洋経済新報社より作成。
（注）　政府債務は名目の年度末国債残高（内国債および外貨債）。比率を求めた際の分母は，1929年までは粗国民支出（市場価格），1930〜1954年まではGNP，1955年以降はGDPを用いた。

インフレを一斉に受け入れればデフレを抜け出せます。インフレ目標の意義はそこにあります。

ただし，それを達成するための量的・質的金融緩和は大きな問題も抱えています。それは大量の国債買い入れです。

第1章で学んだように，戦前の高橋財政期には，金輸出再禁止や日本銀行の国債引き受けなどによるリフレ政策により，日本経済はデフレから脱却することができました（とはいえ，そのときは，インフレ予想に働きかけたというよりも，金本位制からの離脱や軍事費増大に伴う民間投資増加の効果が大きかったと考えます）。けれども，その後，日本銀行が国債を引き受けたことにより財政規律が弱まり，軍事費が膨らむ結果となりました。

現在では，軍事費増大の心配はないかもしれませんが，図表Ⅱにあるように政府債務の水準（対GDP（GNP）比）はすでに戦前以上です。そして，社会保障が膨らみ続けています。また，とくに地方において，政府の公共投資への期待が大きくなっています。このような財政歳出増加は，日銀の国債

■図表Ⅲ　GDP および GDI の実質季節調整系列

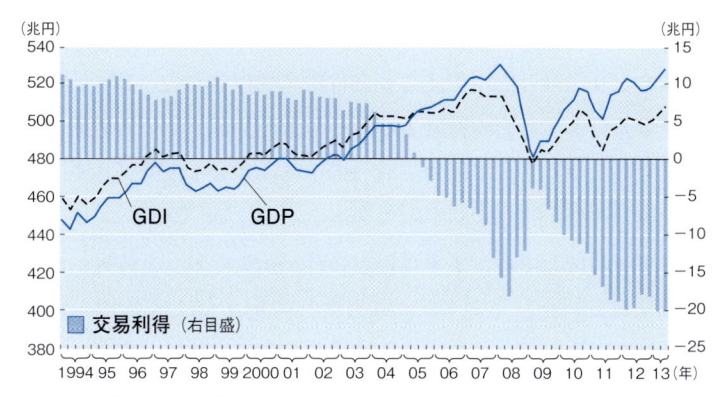

(出所)　内閣府「国民経済計算」，1994 年 1-3 月期〜2013 年 4-6 月期 2 次速報値〈2013 年 9 月 9 日公表〉より作成。

大量買い入れによる低金利（金融抑圧）によって，実現可能になってしまいます。この点では戦前の軍事費増加と同じ構造です。

　ただし，財政が破綻した場合に戦後のようにハイパーインフレになるとは限りません。本質は財政の破綻であり，その結果生じるのは，厳しい増税や社会保障の大幅削減という可能性もあります。いずれにしても，国民生活が苦境に陥るのには違いはなく，財政破綻は絶対に避けなければいけません。増税もやむを得ない状況ですが，社会保障を中心に歳出を抑えることのほうがより重要でしょう。

　ところで，2013 年夏頃まで重要な問題が隠れていました。その後も景気回復で目立たない状況です。実質所得の海外への流出は，エネルギー関連輸入が増大したため円高にもかかわらず，2012 年でも増えました（**図表Ⅲ**の交易利得のマイナス拡大）。交易損失は，一時，原油価格下落で持ち直したものの円安調整のため，その後は再び拡大の傾向がみられます。

　この交易損失は，上で見た労働賃金とコスト転嫁の問題に関係します。たとえば，2005 年頃から 2008 年にかけて交易損失が拡大したことがありました。上でみたように，デフレ下での交易損失の拡大は，労働所得の低下圧力

になります。よく，小泉構造改革で格差が拡大したといわれますが，部分的には，この交易損失が賃金を下落させた影響を錯覚しています。

安倍内閣では，GNI（GDI に海外から純要素所得を加えたもの）を 10 年間で 1 人あたり 150 万円増やすことを目標に掲げました。150 万円の実現性については賛否あるものの，著者は，その方向性は正しいと考えます。GNI を増やすためには，ここでみた交易利得を増加させる政策が必要になるからです。

エネルギーに関しては，まずは電力会社が損失の多くを負担しました。けれども第 4 章で紹介したように，電力会社の積立金は枯渇し，2013 年半ば頃からは料金引き上げにより広く国民に負担されてきています。電気料金は企業の生産活動でのコストにもなるため，デフレ要因となる賃金下落にもつながり得ます（ただし，全労働者についてとは限らず，非正規雇用者など一部に偏りやすい）。デフレかインフレかは，実質賃金は「名目賃金/物価」ですので，分子の名目賃金が下落するか，分母の物価が上昇するかの違いにすぎません。

2013 年の景気は回復傾向にありましたが，これには，公共投資や消費税率引き上げの駆込み需要も作用しています。財政やエネルギーコストの負担は先延ばしされています。また，社会保障要因の財政赤字は持続可能には思えません。経済対策が途切れたり，財政的に厳しくなったり，金利が上昇したりすれば問題が表面化するでしょう。やっかいなことに，米国金融政策の出口（金融緩和政策の終了）も日本経済への混乱要因になり得ます。

とはいえ，日本経済はこれまで破滅的な状況からさえも立ち直ってきました。エネルギー問題にしても，エネルギー革命，天然ガスや原子力発電の利用，省エネルギー化などがありました。今後の見通しは不透明でも，企業と人々の自由な経済活動からのイノベーションに期待したいと思います。

人名索引

あ 行

安倍晋三　26, 215, 227, 228
有澤廣巳　83, 131

池尾和人　273
池田信夫　99, 236
池田勇人　88
石井寛治　9
石橋湛山　19, 78, 83
伊丹敬之　183
伊藤隆敏　200, 229
犬養　毅　25
井上準之助　13, 19, 22, 25
岩瀬　彰　8
岩田一政　154
岩田規久男　20, 216

ヴォーゲル（Ezra F. Vogel）　108, 158, 159
宇都宮浄人　57
梅田雅信　57

大内伸哉　217
大川一司　14
オークン（Arthur M. Okun）　220
岡崎哲二　79, 86

小川一夫　133, 137
翁　邦雄　282
小黒一正　267
尾高煌之助　6

か 行

片岡直温　19
勝又壽良　83
加藤　寛　170
川口大司　217

岸田　真　8

クルーグマン（Paul R. Krugman）　221
黒田祥子　215
黒田東彦　284, 285, 290

ケインズ（John M. Keynes）　188, 215, 247

小泉純一郎　227, 228, 238
小浜裕久　131
小林　進　157
小堀　聡　108
小巻泰之　57

さ 行

西郷　浩　37

鎮目雅人　22
清水谷諭　257
下村　治　88
シュンペーター（Joseph A. Schumpeter）93
新保　博　9

鈴木久美　237
鈴木　隆　19

た 行

高橋亀吉　19, 83
高橋是清　23, 25, 26, 75
高橋洋一　242
高山憲之　268
竹内　宏　63
武田晴人　9
竹中平蔵　163, 201
橘木俊詔　133
田中角栄　140, 264
田中義一　20, 75
團　琢磨　25

津島寿一　20, 75

トービン（James Tobin）192
ドッジ（Joseph Dodge）81

な 行

永江雅和　75, 237
長岡新吉　19
中曽根康弘　169, 228
永濱利廣　57
中村隆英　6, 19
中村宗悦　237

ニクソン（Richard M. Nixon）138
西村幸浩　255

根井雅弘　236

野口悠紀雄　136, 149, 181, 198, 268

は 行

ハイエク（Friedrich A. von Hayek）236
橋本龍太郎　227, 236
濱口雄幸　19, 20, 21, 75
速水　融　99
原　朗　9
原田　泰　90
バロー（Robert J. Barro）254
半藤一利　68

ヒューム（David Hume）17

フィリップス（Alban W. Phillips）149
フェルプス（Edmund Phelps）149
ブキャナン（James M. Buchanan）27

フリードマン（Milton Friedman） 17, 149, 254

堀井伸浩 123
ボルカー（Paul A. Volcker, Jr.） 151, 154

ま　行

マーシャル（Alfred Marshall） 77
前川春雄 169
牧野　昇 63
牧野文夫 125, 145
マスグレイブ（Richard A. Musgrave） 247
松元　崇 24

三土忠造 20
南　亮進 125, 145
宮川　努 211
宮崎　勇 170
宮澤喜一 248

モディリアーニ（Franco Modigliani） 254

や　行

八代尚弘 236
藪　友良 37
山本　勲 215
ヤング（Ralph Young） 83

吉川　洋 107, 116, 128, 178
吉田　茂 83

ら　行

リカード（David Ricardo） 232, 254

レーガン（Ronald Reagan） 163

ロー（John Law） 190

わ　行

ワグナー（Richard E. Wagner） 27
渡辺真知子 131

事項索引

あ 行

アジア通貨危機　262
アベノミクス　26
安定恐慌　81
安定成長期　144

イールドカーブ　279
いざなぎ景気　90
異時点間の代替効果　256
石橋財政　78
一物一価の法則　176
一致指数　96
一般物価　38
イノベーション　93
岩戸景気　88
インフレ（インフレーション）　9
　――課税　80
　――目標　284

ウルグアイ・ラウンド　232

エコカー補助金　255
エネルギー革命　108
エネルギーコストの上昇　155
円キャリートレード　271
円高のメリット　171
円高不況　169

追い貸し　201
横断データ　35
大きな政府　235
オークンの法則　220
オーバーローン　136

か 行

海外需要　51
海外部門　115
外貨獲得　81
外貨準備　140
外貨割当制度　86
外国為替市場　179
外国為替特別会計　285
概算要求　247
外生的ショック　92
買出し列車　68
核家族化　129
拡張期　91
駆込み需要　256
貸し渋り　201, 276
貸倒引当金　275

事項索引

貸し手責任　200
貸し剥がし　276
過剰雇用　215
過剰消費　272
過剰投資　119, 272
過剰流動性　172
家電エコポイント　255
カバー付き金利平価　181
カバーなし金利平価　180
株価　183
株式会社　183
株式の持ち合い　159
貨幣数量式　77
貨幣数量説　77
貨幣的現象　72
貨幣の中立性　79
貨幣の流通速度　77
借換債　264
為替介入　284
間接金融　273
完全失業率　212
関東大震災　7
管理通貨体制　23

機関車論　264
機関投資家　273
企業系列　136, 229
企業再生支援機構　239
企業物価指数　43
技術進歩　102
記述統計量　35
季節調整済み値　54

帰属家賃　48
規模の経済効果　105
キャッチ・アップ　103, 147
キャピタル・ゲイン　185
キャピタル・ロス　185
旧大蔵省資金運用部　134
牛肉とオレンジの輸入自由化　229
旧平価　19
供給　68
　──曲線　68
競争原理　231
寄与度　55
均衡　68
　──予算主義　263
金の卵　128
勤勉革命　99
金本位制　17
金融危機　201
金融機能安定化2法　203
金融緊急措置　75
金融契約論　183
金融健全化法　203
金融再生プログラム　201
金融再生法　203
金融市場　115
金融自由化　181
金融収支　165
金融政策決定会合　281
金融仲介機関　273
金融庁　203
金輸出解禁（金解禁）　17
金輸出再禁止　23

304

金利修正 PER　191
金利チャンネル　286
金利平価　179

クラウディング・アウト　252
クリームスキミング　235
クレジット・クランチ（信用収縮）　201, 276
軍需　63
群集行動　188

計画経済　79
景気基準日付　90
景気動向指数　91, 96
軽工業　6
経済安定化機能　247
経済安定九原則　81
経済安定本部　78
経済財政諮問会議　237
経済統制　16
経済のグローバル化（グローバリゼーション）　222
傾斜生産方式　78
経常収支　86, 164
携帯電話サービス　230
系列　159
ケインズ型消費関数　250
ケインズ政策　247
ケインズの美人投票　188
限界消費性向　250
限界生産力　101
　――逓減　101
現金通貨　287

原子力　155
　――発電所　109
建設国債　263
現地生産　169
減耗　43
減量経営　149

コアコア指数　42
コア指数　42
交易条件　52, 167
交易利得・損失　52
公開市場操作（オペレーション）　278
効果ラグ　248
鉱工業指数　93
公債金　263
耕作放棄地　233
恒常所得仮説　254
更新投資　102, 145
合成の誤謬　116
構造不況論　90
後退期　91
公定歩合　135
公的企業　246
公的資本注入　200
公的需要　50
購買力平価説（PPP）　176
効率的市場仮説　186
国際協調政策　181
国際金本位制　17
国際決済銀行（BIS）　274
国際収支表　164
国債の貨幣化（マネタイゼーション）　23

事項索引

305

国鉄（日本国有鉄道）　228
国内純生産（NDP）　49
国内総生産（GDP）　47
国民皆年金　267
国民経済計算体系　47
国民所得　49
国民総所得（GNI）　49
国民総生産（GNP）　49
小作争議　14
小作農　11
小作料　11
護送船団方式　133
国庫短期証券　285
国庫負担　266
固定為替レート　83
コブ＝ダグラス型生産関数　104
米騒動　9
米と繭の経済　9
コモディティ化　222
雇用者報酬　215
雇用不安　217

さ 行

在庫循環　93
在庫循環図　93
最後の貸し手　90
財・サービス市場　115
財産税　64
最終財　222
財政　246
財政赤字　263

財政構造改革法　237
財政収支　263
財政政策　247
財政的現象　65, 72
財政投融資資金　134
財政投融資制度　241
財政年度　247
財政の3機能　247
財政破綻　65
財政ファイナンス　23
裁定取引　176
財投機関債　244
財投債　244
財閥解体　64
最頻値（モード）　32
三角貿易　222
産業構造の変化　124
産業再生機構　239
産業の空洞化　222
3公社の民営化　228
三種の神器　130
三位一体改革　240
三面等価の原則　48

時価総額　183
時間軸効果　279
時間選好　186
直物レート（スポットレート）　180
時局匡救事業　25
時系列データ　35
資源配分機能　247
資源配分の効率性　105

自己実現的期待形成　188
自己資本比率　274
資産買入等の基金　284
資産価格バブル　187
資産効果　171, 286
市場型間接金融　273
市場の失敗　234, 247
市場メカニズム　234
自然失業率（NAIRU）　150, 220
自然独占　235
時短（労働時間の短縮）　158
失業なき労働移動　215
実効為替レート　138
実行ラグ　248
実質GDP　51
実質為替レート　138, 177
実質値　37
実質賃金の上昇　124
実質利子率　38
自動安定化装置（ビルト・イン・スタビライザー）　247
四半期　45
社会資本ストック　44
社会的損失　234
社会的余剰　68
社会保障関係費　265
社会保障基金　246
社会保障と税の一体改革法　267
社内失業　214
ジャパン・パッシング　196
重化学工業　6
衆議院の優越　247

就業者1人あたり実質GDP　208
終身雇用制　158
住専（住宅金融専門会社）　199
　——処理問題　199
住宅エコポイント　255
集中排除政策　64
需要　68
　——曲線　68
　——の先食い　256
準財政政策　284
準通貨　287
準備預金　280
準備率　280
省エネルギー化　149
証券投資　166
証券取引所　183
証券不況　90
少子高齢化　208
乗数　251
　——効果　252
消費革命　127
消費者物価指数　39
情報カスケード理論　188
昭和恐慌　20
昭和金融恐慌　19
昭和東北大飢饉　14
昭和40年不況　90
食料安全保障　233
食糧管理制度　16
食料自給率　233
女性の労働参加　208
所得効果　69

事項索引

所得再分配機能　247
所得収支　165
所得倍増計画　88
人為的低金利政策　135
新円切り替え　75
新規求人倍率　213
人口 1 人あたり実質 GDP　209
新古典派の成長理論（ソロー成長モデル）
　　100
新平価　19
人本主義企業　183
神武景気　85
信用乗数　288
信用創造　287
信用チャンネル　286

スタグフレーション　147
ストック　43

正貨　17
正規分布　36
政策金融　239
政策金利　278
生産関数　104
清算主義　22
生産年齢人口　208
生産要素　104
製糸業　6
成長会計分析　104
成長戦略　231
セイの法則　251
製品の差別化　222

政府案　247
政府の失敗　234
整理回収機構　276
世界大恐慌　21
石炭　155
世代間格差　268
説明責任　281
ゼロ下限（非負制約）　279
ゼロ金利政策　281
ゼロ・シーリング　265
先行指数　96
戦後恐慌　9
戦時補償債務　72
全要素生産性（TFP）　104

総供給　70
総合指数　42
総需要　70
　　——分析　119
相対価格　38
相対的購買力平価　177
相対度数　33
総量規制　198
ソフトな予算制約問題　234
ソロー残差　105

た　行

第 1 次石油危機　141
耐久消費財　126
対数　4
大戦景気　8

代替効果　69
代替財　69
第2次石油危機　142
対日輸出禁止　61
第2の国家予算　242
兌換紙幣　17
ダグラス＝有澤法則　131
団塊の世代　128

地域経済活性化支援機構　239
地域貿易自由化　232
小さな政府　235
遅行指数　96
地方から都市への労働移動　128
地方政府　246
地方分権　240
中央省庁の再編　236
中央政府　246
中央値（メジアン）　34
中間財　222
中間投入額　48
チューリップ狂事件　189
超過需要　66
超均衡予算　81
調整インフレ論　142
朝鮮特需　81
超氷河期　217
直接金融　273
直接投資　166
貯蓄投資バランス　100
貯蓄率　133

通貨の信認　76
積立方式　267

定常状態　101
低成長期　144
適応的期待形成　154
デフレ（デフレーション）　8
　——・スパイラル　116
　——予想　289
天然ガス　155
電力国家統制法　26

投資の利子弾力性　253
道州制　240
トービンの q　192
独立行政法人化　239
独立性　281
特例国債（赤字国債）　263
度数　32
土地神話　195
土地本位制　195
ドッジ・プラン　81

な　行

内外価格差　160
内需拡大策　170
内生的景気循環　93
なべ底不況　87
南海バブル事件　189

ニクソンショック　138

事項索引

二重構造　86
日銀当座預金　280
日銀特融　90
日銀の国債引き受け　23
日米経常収支不均衡　164
日米構造協議　229
日米貿易摩擦　164
日経平均株価　184
日本銀行　281
　　──券発行高　74
日本専売公社　228
日本的経営　158
日本的雇用システム　214
日本電信電話公社　228
日本道路公団　239
日本列島改造論　140
ニューケインジアン　154
　　──・フィリップス曲線　154
認知ラグ　248

ネズミ講　190
年功賃金　158
年度　45
年率換算　54

農地改革　64
ノー・フリー・ランチの原則　255
ノンバンク　199

は 行

パーシェ型　40

配当　184
ハイパー・インフレーション　65
派生預金　288
パネルデータ　36
バブル経済　183
バランスシート（貸借対照表）　275
　　──調整問題　201

比較優位　232
ヒストグラム　32
非正規雇用　217
ビッグ・プッシュ　100
非伝統的金融政策　279
非不胎化　140
　　──介入　285
非貿易財　40, 178
標準偏差　36
費用逓減産業　234

フィリップス曲線　149
付加価値　48
賦課方式　267
不胎化　140, 285
双子の赤字　161
物価　37
　　──スライド制　150
　　──・正貨流出入機構論　17
復金インフレ　79
復興金融公庫　78
復興金融債券　79
プライマリー・バランス（基礎的財政収支）
　263

プラザ合意　168
ブラック・マンデー　181
不良債権問題　197
ブレトン・ウッズ体制　138
フロー　43
ブロック経済化　25
分散　36

平均値　32
平均配当利回り　191
平均費用　234
ペティ＝クラークの法則　126
変化率　45
変動相場制　138

貿易財　40, 178
貿易収支　165
包括的な金融緩和政策　284
豊作貧乏　14
ポートフォリオ・リバランス効果　280
ボーナス　158
ホーム・メイド・インフレ　150
補完当座預金制度　280
保護貿易　25
補正予算　248
母体行責任　200
本源的預金　287
ポンジ・スキーム　190

ま　行

マーケット・ファンダメンタルズ　184

マーシャルの k　77
マーシャル＝ラーナー条件　169
マイナス・シーリング　265
前川レポート　170
マクロ経済スライド　268
マクロ経済の構造　114
窓口規制　136
マネーストック　286
マネタリーベース　282
慢性的不況　9
マンデル＝フレミング・モデル　253

3つの過剰　216
ミニマムアクセス　232
民間需要　51

無限責任　183
無裁定条件　179
無担保コールレート（オーバーナイト物）　278
6つの改革（6大改革）　236

名目GDP　51
名目値　37
名目賃金の下方硬直性　215
名目利子率　38
メインバンク制　136, 158
綿紡績　6

モノ不足　65

や 行

闇市（ブラックマーケット） 65

有限責任 183
有効求人倍率 213
有効需要の原理 251
ユーザーコスト 252
郵政 3 事業の民営化 240
輸出物価指数 43, 166
ユニバーサル・サービス 235
輸入物価指数 43, 166

要素価格の均等化 219
預金金利の自由化 229
預金保険機構 276
予算 247
予想（期待）為替レート 180
預貯金の封鎖 75

ら 行

ライフサイクル・モデル 254
ラスパイレス型 40

リカード・モデル 232
利潤率 252
利子率の期間構造 278
リスク・アセット 275
リストラクチャリング（リストラ） 216
利払い費 264
リフレーション（通貨再膨張）政策 23

流動性の不足 281
流動性の罠 78
流動性預金 287
量的緩和政策 280
量的・質的金融緩和政策 284
臨時軍事費特別会計 25, 72

累進課税 247
ルイス理論の転換点分析 125
累積相対度数 33
ルーブル合意 168

レーガノミックス 163
暦年 45
連鎖基準方式 40

労働市場 115
労働制度改革 64
労働分配率 215
労働力人口 208, 213
60 年償還ルール 264

わ 行

割引現在価値 184
割引率 186

数字・欧字

45 度線分析 250
CI（コンポジット・インデックス） 97
DI（ディフュージョン・インデックス） 97

EPA（経済連携協定） 232
FTA（自由貿易協定） 232
GATT（関税及び貿易に関する一般協定） 232
GDP（国内総生産） 47
GDP ギャップ 150
GDP 成長率のゲタ 55
GDP デフレーター 52
GHQ（連合国軍最高司令官総司令部） 63
ICT（情報通信技術） 212
IMF（国際通貨基金） 89
IS バランス 161

IT バブル 262
J カーブ効果 169
M1 287
M2＋CD 287
M3 287
NAIRU（自然失業率） 150
OECD（経済協力開発機構） 89
PBR（株価純資産倍率） 191
PER（株価収益率） 191
TOPIX（東証株価指数） 184
TPP（環太平洋戦略的経済連携協定） 232
WTO（世界貿易機関） 232

事項索引

著者略歴

釣　雅雄（つり　まさお）

1972 年　北海道小樽市生まれ
1997 年　高崎経済大学経済学部卒業
2002 年　一橋大学大学院経済学研究科博士後期課程単位修得退学
2005 年　博士（経済学）（一橋大学）
現　在　岡山大学大学院社会文化科学研究科（経済学系）准教授

主要著書

「少子高齢化と財政収支・経常収支」『少子化の経済分析』（分担執筆，東洋経済新報社，2006 年）

『財政』東アジア長期経済統計第 6 巻（共著，勁草書房，2008 年）

『グラフィック財政学』（共著，新世社，2009 年）

「第 8 章　財政・財政政策」『入門・日本経済［第 4 版］』（分担執筆，有斐閣，2011 年）

『ジョーンズ　マクロ経済学　第 I 巻・第 II 巻』（共訳，東洋経済新報社，2011 年）

経済学叢書 Introductory
入門 日本経済論

2014年3月25日©　　　　　　　　　初 版 発 行

著 者　釣　　雅 雄　　　発行者　木 下 敏 孝
　　　　　　　　　　　　印刷者　加 藤 純 男
　　　　　　　　　　　　製本者　米 良 孝 司

【発行】　　　　　　　株式会社 新世社
〒151-0051　東京都渋谷区千駄ヶ谷1丁目3番25号
編集☎(03)5474-8818(代)　　　サイエンスビル

【発売】　　　　　　　株式会社 サイエンス社
〒151-0051　東京都渋谷区千駄ヶ谷1丁目3番25号
営業☎(03)5474-8500(代)　　振替 00170-7-2387
FAX☎(03)5474-8900

印刷　加藤文明社　　　　　製本　ブックアート
《検印省略》

サイエンス社・新世社のホームページのご案内
http://www.saiensu.co.jp
ご意見・ご要望は
shin@saiensu.co.jp まで。

本書の内容を無断で複写複製することは，著作者および出版者の権利を侵害することがありますので，その場合にはあらかじめ小社あて許諾をお求めください。

ISBN 978-4-88384-205-6
PRINTED IN JAPAN

経済学叢書 Introductory

財政学入門

西村幸浩 著
A5判／304頁／本体2,700円（税抜き）

本書は，財政学をはじめて学ぶ人が，予備知識がなくても楽しく読んでもらえることを目指した入門テキストである．わが国が直面している経済政策課題を，正しい知見と分析力で考察できるように，トピックを厳選し，各トピックには多くのページ数を充てて，発展的議論，ケーススタディ，応用例などを豊富に掲載した．数学は加減乗除のみを用い，また数式とリンクさせたグラフを多用して，直観的な説明を充実させた．その上で，必要な限り経済モデルを明示的に用いた分析を紹介することで，長期間使えるしっかりした内容のものを目指した．さらに，発展的思考を啓発するための工夫として，章末の練習問題において発展・応用のための問題も用意し，解説を充実させた．もう一度学び直したい方や，財政への経済学的アプローチに興味のある方にもおすすめの一冊である．2色刷．

【主要目次】
経済における財政の役割／政府支出・減税の効果Ⅰ：ケインズ派モデルにおける総需要管理政策／政府支出・減税の効果Ⅱ：リカードの等価定理および恒常所得仮説／世代間資源配分の問題／社会資本と地方財政／マクロ経済学の新展開と財政政策のあり方／租税と社会保険料：概観および原則／租税の経済効果Ⅰ：物品税と生産要素課税／租税の経済効果Ⅱ：所得税／所得税制：理念と実現，および変遷／税制改革の視点

発行　新世社　　発売　サイエンス社

経済学叢書 Introductory 別巻

初級 統計分析

西郷 浩 著
A5判／208頁／本体1,800円（税抜き）

社会の様々な統計数値から現状や動向を読み解く統計分析の素養は，調査研究のみならず企業活動においても必須のリテラシーといえよう．本書はあらゆる統計分析の基礎である記述統計の考え方と方法を一からひもといた入門テキストである．分析手法の数理的な側面よりもデータの分析を通して調査対象をよりよく理解することを重視して解説した．読みやすい2色刷．

【主要目次】
I　1次元データの分析／度数分布表とヒストグラム／累積度数分布と分位点／代表値／バラツキの尺度／不均等度の捉え方／度数分布表からの近似計算／分布のその他の表現方法
II　2次元データの分析／相関／回帰分析の基本／回帰分析の発展：対数変換／回帰分析の発展：重回帰分析／分割表の分析
III　時系列データの分析／時系列データの見方／時系列データの分解

発行　新世社　　発売　サイエンス社

グラフィック［経済学］4

グラフィック
財政学

釣　雅雄・宮崎智視　著
A5判／320頁／本体2,600円（税抜き）

本書は，財政学をはじめて学ぶ人が，経済学に関する予備知識がなくても，無理なくその基礎を理解できるよう配慮したテキストである．実際の経済の状況や政策動向を踏まえた内容を扱うことで，現実の経済と財政の仕組み・政策の効果との関係を考えながら読み進めることができる．本文解説と豊富な図表・コラムが対応する見開き構成とし，直観的理解にも配慮した．2色刷．

【主要目次】
イントロダクション：政府の経済活動
Ⅰ　制度／日本の財政制度／租税制度／財政運営／地方財政
Ⅱ　理論／政府介入の基礎理論 1：市場の失敗，外部性と費用逓減／政府介入の基礎理論 2：公共財と公共選択／租税理論
Ⅲ　政策／日本財政の変化／所得再分配政策／マクロ経済政策／財政と金融

発行　新世社　　発売　サイエンス社